Jobs für Be

campus concret
Band 67

Uta Glaubitz berät Berufssuchende und Wechselwillige bei der Berufswahl. Sie gibt Seminare und Workshops, veranstaltet Konferenzen und schreibt Bücher, unter anderem den Bestseller *Der Job, der zu mir passt* (1999).

Information und Kontakt: www.berufsfindung.de

Sabine Hertwig leitet das Beratungsbüro beruf + konzept in Berlin und hält Seminare und Vorträge zu Themen rund um Karriere und Bewerbung. Als Ko-Autorin hat sie von ihrer eigenen jahrelangen Erfahrung in der Beratung und im Coaching profitiert.

Information und Kontakt: www.beruf-konzept.de

Uta Glaubitz & Sabine Hertwig

Jobs für Beratertypen

Machen Sie Ihr Talent zum Beruf

Campus Verlag
Frankfurt/New York

Die Deutsche Bibliothek – CIP-Einheitsaufnahme

Ein Titeldatensatz für diese Publikation ist bei
Der Deutschen Bibliothek erhältlich
ISBN 3-593-36909-5

Copyright © 2002 Campus Verlag GmbH, Frankfurt/Main
Umschlaggestaltung: Guido Klütsch, Köln
Umschlagmotiv: © The Image Bank
Satz: Fotosatz L. Huhn, Maintal-Bischofsheim
Druck und Bindung: Media-Print, Paderborn
Gedruckt auf säurefreiem und chlorfrei gebleichtem Papier.
Printed in Germany

Besuchen Sie uns im Internet: www.campus.de

Inhalt

Teil III
Workshop

Teil IV
Service

Teil I
Machen Sie Ihr Talent zum Beruf

Lieber arbeiten als sich langweilen.

Gustave Flaubert, Schriftsteller

Wenn ich so viel Erfolg hatte, dann nur, weil ich nie auf die Leute gehört habe, die dauernd sagten, was ich machen muss, um Erfolg zu haben.

Jack Nicholson, Hollywoodstar

Bisweilen gehört nicht weniger Klugheit dazu, auf einen guten Rat zu hören, als sich selbst einen zu geben.

François de La Rochefoucauld, Schriftsteller

1.

Mit Beratung Geld verdienen

Haben Sie für Ihre Freunde stets ein offenes Ohr? Macht es Ihnen Spaß, anderen zuzuhören und mit Rat und Tat zur Seite zu stehen? Haben Sie schon einmal darüber nachgedacht, aus Ihrem Beratungstalent einen Beruf zu machen? Dann hilft Ihnen dieses Buch, den Job zu finden, der zu Ihnen passt.

Wenn Sie als Berater oder Beraterin arbeiten möchten, bieten sich zahlreiche Karrieren an. Denken Sie an die Unternehmensberater, die sich im Auftrag von Firmen und Konzernen Gedanken über neue Geschäftsstrategien, alternative Produktkonzepte, passende Mitarbeiter, Arbeitsklima und Unternehmenskultur machen. Denken Sie an Finanzberater, Versicherungsmakler und Existenzgründungsberater. Denken Sie an die psychologischen Berater, die bei persönlichen Krisen, Beziehungs- und Familienproblemen helfen. Und natürlich an all die Themen, mit denen wir im Alltag konfrontiert werden, von denen wir aber selten mehr als das Nötigste wissen: Aktien, Software, Ernährung, Stil ...

Auf den folgenden Seiten begegnen Sie Leuten, die in diesen Bereichen tätig sind. Außerdem machen wir Sie mit Berufen bekannt, von denen Sie noch nie im Leben gehört haben. Oder wissen Sie bereits, was ein Music-Consultant und ein Outplacementberater macht? Oder womit Still- und Messie-Berater ihr Geld verdienen?

Worum geht's?

»Arbeit muss weh tun.« Und: »Qualität kommt von quälen.« Mit diesen und ähnlichen Sätzen sind die meisten von uns groß geworden. Kein Wunder also, dass viele blockiert sind, wenn es darum geht, ein geeignetes Berufsziel zu finden, das nicht nur das nötige Kleingeld ins Portemonnaie schafft, sondern auch Spaß macht und ein erfülltes berufliches Leben verspricht.

Traditionell läuft Berufsfindung etwa so: Man fragt sich:

- Was könnte ich mit dieser oder jener Ausbildung werden?
- Welche Planstelle könnte es für mich geben?
- Was kann ich mit meinem Schulabschluss werden?
- Was kann ich mit meinem Notendurchschnitt studieren?
- Was kann ich mit meinem Studium werden?
- Was für Weiterbildungen werden vom Arbeitsamt angeboten?
- Was raten meine Eltern, meine Freunde, mein Partner, meine Partnerin?
- In welchen Berufen hat man heute die größten Chancen?

Leider helfen solche Fragen überhaupt nicht dabei herauszufinden, welcher Job wirklich zu Ihnen passt. Daher geht dieses Buch anders vor. Es fragt: Was für ein Typ sind Sie? Und welcher Beruf passt dazu? Zur Anregung finden Sie zahlreiche Berichte über Leute, die ihr Geld mit Beratung verdienen. Und eine Anleitung, wie man aus dem eigenen Spaß am Zuhören und Lösungen entwickeln einen Job macht.

Dabei kommt es nicht darauf an, ob Sie bereits in einem Beruf arbeiten – und möglicherweise keinen Spaß daran haben – oder ob Sie als Schülerin, Student oder Arbeitsloser auf der Suche nach einer Tätigkeit sind, die zu Ihnen passt.

Berufliche Chancen für Beratertypen, Ratgeber und Problemlöser

Warum braucht man überhaupt Berater? Eigentlich kann sich jeder selbst informieren, was das Beste für ihn ist. Überall gibt es Fachbücher, Magazine, Broschüren und digitale Informationen, wie man Karriere macht, jung und schön bleibt, mit der Zeit geht und voll im Trend liegt. Eigentlich ist es heute ein Leichtes, sich auszukennen mit Anlagemöglichkeiten, Computern und Internet, Diäten und Ayurveda. Wenigstens ansatzweise weiß jeder, wie man die Umwelt schont, Energie spart und Abfall trennt.

Doch wenn Probleme auftauchen, wenn die Firma nicht mehr läuft oder die Beziehung auseinander geht, die Gesundheit kränkelt oder eine unerwartete Erbschaft ins Haus steht, erst dann merken viele, dass sie von bestimmten Themen selbst nicht genug Ahnung haben. Und aus genau diesem Bedürfnis heraus sind Beraterberufe entstanden, als Antwort auf die Suche nach Experten, die sich nicht nur in ihrem Fach auskennen, sondern dieses Wissen auch als Dienstleistung an andere weitergeben. So zum Beispiel der Finanzberater, der seine Klienten durch den Dschungel von Anlagemöglichkeiten, Aktien und Kursen lotst; oder der EDV-Berater, der das unbekannte Wesen Computer in ein Arbeits- und Hilfswerkzeug verwandelt; der Energieberater, der durch Veränderungen im Arbeitsablauf seinen Klienten Kosten spart oder aber der psycho-soziale Bereich, in dem es nur zum Teil um Fachwissen – aber eben auch um seelischen Beistand – geht.

Gerade in diesem Bereich wird klar, dass Berater nicht nur gut Bescheid wissen müssen. Selbst Leute, die an der technischen Hotline eines Computerherstellers arbeiten, müssen neben den notwendigen Kenntnissen auch Kontaktfähigkeit mitbringen, Vertrauen aufbauen können und Überzeugungsarbeit leisten. Entscheidend dafür ist die Fähigkeit, den Standpunkt des anderen einzunehmen und seine Probleme zu verstehen. Dazu braucht ein Berater Kommunikationstalent und Einfühlungsvermögen, Offenheit, Geduld und auch eine gute Portion Pragmatismus und gesunden Menschenverstand.

Über dieses Buch

Sie möchten wissen, wie man mit Beratung Geld verdient? Der zweite Teil des Buchs präsentiert Ihnen eine Fülle von Jobs für Beratertypen und Leute, die immer wieder von anderen um Rat gefragt werden.

Dabei haben wir darauf geachtet, überwiegend Berufe zu präsentieren, für die Sie nicht unbedingt eine formale Ausbildung oder ein zusätzliches Studium benötigen. Das bedeutet allerdings nicht, dass Sie keinerlei Fachkenntnisse brauchen. In den meisten Fällen werden Sie sehr viel dazulernen müssen. Ob Sie dafür jedoch (noch einmal) eine Ausbildung machen oder eine Universität besuchen, liegt ganz an Ihnen. In jedem Fall finden Sie Hinweise, wo es das nötige Zusatzwissen gibt und wie Sie Ihre Fähigkeiten ausbauen können.

Die vorgestellten Tätigkeiten werden durch konkrete Beispiele und Interviews mit Leuten aus der Praxis illustriert. Die großen Bereiche dabei sind

- Unternehmensberatung
- Beruf, Karriere, Erfolg
- Medien und Werbung
- Sport, Gesundheit, Beauty
- Psycho-soziale Beratung
- Sonstiges

Tipps von Experten, Literaturangaben, Adressen und Informationen runden den zweiten Teil ab.

Die vorgestellten Berufe dürfen jedoch über eins nicht hinwegtäuschen: Keins der Beispiele erspart es Ihnen, sich über den Job, der zu Ihnen passt, eigene Gedanken zu machen. Im dritten Teil finden Sie daher einen Workshop darüber, wie Sie sich ein individuelles Berufsziel erarbeiten. Schritt für Schritt zeigen wir Ihnen, wie Sie klar über Ihre Fähigkeiten und Motivationen nachdenken können.

Im Schlusskapitel geht es um das Basis-Know-how der Beratung, um die Grundregeln der Kommunikation und Gesprächsführung.

Die Arbeitswelt von heute ist voll von Anglizismen. Niemand bemüht sich mehr, deutsche Ausdrücke für *Cashflow* oder *Headhunting* zu finden. Weil nicht jeder alles wissen kann, gibt es im Anhang ein kleines Wörterbuch für die im Text gebrauchten Begriffe. Ein Register der vorgestellten Berater-Berufe schließt das Buch ab.

Ein erster Tipp: Umgeben Sie sich während der Lektüre dieses Buchs mit Leuten, die nicht nur gern mit Ratschlägen um sich werfen, sondern die Sie unterstützen. Ideentechnische Bremsklötze mit ihrem ewigen »das bringt doch sowieso nichts« oder »das schaffst du nie«

können Sie jetzt nicht gebrauchen. So haben auch wir uns während des Schreibens streng an diesen Grundsatz gehalten. Unentbehrliche Hilfe leisteten Dr. Dorothea Kress, Karin Bares, Anna Stretz und Susanne Kliem, die unzählige Interviews mit Beratern, Trainern, Problemlösern und Experten führten. Ohne die Journalistin Julia Richter und den Fachautor Hajo Völler wäre das Buch nur halb so schön geworden. Tausend Dank an alle.

2.

Sechs Fragen und Antworten zu *Jobs für Beratertypen*

In diesem Buch geht es um die Frage, wie Sie für sich selbst ein Berufsziel erarbeiten – auch wenn Sie noch keinen blassen Schimmer haben, in welchem Bereich Sie Ihr Beratungstalent einsetzen könnten. Bevor Sie sich im Folgenden von anderen professionellen Beratern zu eigenen Berufsplänen inspirieren lassen, hier noch einige Antworten auf häufig gestellte Fragen.

Für wen eignet sich dieses Buch?

Dieses Buch gibt Berufssuchenden ein Werkzeug an die Hand, eigene berufliche Ziele auszuloten. Damit ist *Jobs für Beratertypen* geeignet für alle, die sich beruflich orientieren oder umorientieren möchten: Berufstätige und Arbeitslose, Schüler und Schülerinnen, Studenten und Studentinnen. Sie lernen, sich systematisch mit der Frage auseinander zu setzen, wie sie ihr berufliches Leben gestalten möchten. Dabei setzt die im zweiten Teil des Buchs geschilderte Methode der Individuellen Berufsfindung keine bestimmten Qualifikationen voraus, sondern die Bereitschaft, seine bisherige Biografie zu durchleuchten und neue Wege der Berufsfindung zu gehen.

Muss man heute nicht froh sein, überhaupt einen Job zu haben?

Wer heutzutage über Befriedigung im Beruf, Spaß an der Arbeit und vielleicht sogar über Traumberufe spricht, wird schnell mit Resignation und Aggressivität konfrontiert. »Heute kannst du froh sein, wenn du überhaupt etwas kriegst« lautet die gängige Antwort. Auf der Suche nach echten Motivationen und Herzenswünschen wird man schnell zum Spinner abgestempelt.

Ist die Suche nach dem maßgeschneiderten Beruf nur etwas für gute Zeiten? Ganz sicher nicht: Denn gerade in schwierigen Situationen ist es für den Berufssuchenden notwendig, sich zu orientieren und konkret darüber nachzudenken, auf welchem Gebiet er wirklich arbeiten will. Schließlich ist er nur dort in der Lage, mit (zwangsläufig auftretenden) Rückschlägen fertig zu werden und langfristig gute Arbeit zu liefern. Dabei kann es sich niemand leisten, auf den Zufall zu hoffen und sich ohne einen konkreten Plan ziellos in der Arbeitswelt zu bewerben.

Verdirbt es einem nicht den Spaß am Beraten, wenn man es zum Beruf macht?

»Arbeit muss wehtun. Und wenn du mit etwas, was du gerne tust, dein Geld verdienst, macht es dir spätestens dann keinen Spaß mehr.« Solche und ähnliche Sprüche geistern durch die Welt der Berufsberatung. Bei unseren Recherchen haben wir jedoch eins festgestellt: Keiner der befragten Berater und Beraterinnen stöhnte über die vielen Gespräche mit anderen oder darüber, immer wieder seine Mitmenschen unterstützen zu müssen. Im Gegenteil: Gerade das gemeinsame Erarbeiten von Lösungsmöglichkeiten und die intensive Auseinandersetzung mit anderen machen Berater am Arbeitsplatz zufrieden. Übrigens denkt auch niemand, Mick Jagger habe keine Lust mehr zum Singen, Oliver Bierhoff keine Lust mehr zum Fußballspielen und Jil Sander keine Lust mehr auf Mode. Die persönliche Leidenschaft und der Spaß an der Aufgabe sind vielmehr Voraussetzung für den beruflichen Erfolg.

Ist es nicht gefährlich, sich festzulegen?

Stellen Sie sich vor, Sie geben Ihr berufliches Ziel in einen Computer ein und starten ein Programm, mit dem der Computer automatisch einen Weg findet, dieses Ziel auch zu erreichen. Das hört sich gut an? So einen Computer besitzen Sie bereits – es ist Ihr Gehirn. Wenn Sie Ihrem Gehirn ein klares Ziel vorgeben, wird es auch einen Weg finden, dieses Ziel zu erreichen. Genau dafür wurden wir von Geburt an mit grauen Zellen ausgestattet. Bleibt Ihre Software jedoch ohne klare Zielvorgabe, kann sie keinen Lösungsweg finden.

»Ich möchte gern etwas mit Beratung machen« zählt dabei noch nicht als klare Zielangabe. Oft ist erst die Spezialisierung eines Wirtschafts- oder Finanzberaters, einer Medien- oder Werbeberaterin der Schlüssel zum Erfolg. Herkömmliche Berufsratgeber empfehlen oft das Gegenteil:»Bleiben Sie flexibel, legen Sie sich nicht zu sehr fest, und halten Sie sich möglichst viele Optionen offen.« Diese Strategie birgt jedoch einen entscheidenden Nachteil: Als Bewerber, der sich alle Möglichkeiten offen hält, werden Sie bei Ihrer Arbeitssuche stets auf viele andere Bewerber treffen, die sich ebenfalls alle Optionen offen gehalten haben. Arbeitgeber (und Kunden) suchen aber nicht Leute, die sich alle Optionen offen halten, sondern Arbeitskräfte, die für ein ganz bestimmtes Problem eine ganz bestimmte Lösung anbieten können.

Wer garantiert mir, dass das Konzept der Individuellen Berufsfindung auch funktioniert?

Mithilfe der Individuellen Berufsfindung legen Sie zwei Dinge fest: Ihr persönliches berufliches Ziel und den Weg dorthin. Damit allein haben Sie Ihre Chancen auf dem Arbeitsmarkt bereits um ein Vielfaches erhöht, und zwar denen gegenüber, die weder über ein Ziel noch über eine Strategie verfügen – und das sind viele.

Der Rest wird sich an Ihrem persönlichen Einsatz und Ihrem Durchhaltevermögen entscheiden. Wenn Ihnen auf dem Weg zu Ihrem beruflichen Erfolg Zweifel kommen, so akzeptieren Sie diese als vollkommen normale Erscheinung. Die meisten haben jahre- und jahrzehntelang diverse Abwehrmechanismen trainiert, wenn es darum geht, das eigene Schicksal selbst in die Hand zu nehmen. Einer dieser Mechanismen ist die Produktion von Versagensängsten.

Sind Sie wieder einmal an dem Punkt angelangt, an dem Sie »ganz sicher« sind, dass Ihre beruflichen Pläne niemals funktionieren werden, halten Sie sich eine Situation vor Augen, in der Sie etwas geschafft haben, das Sie (und alle anderen) vorher für unmöglich hielten. Dann wird Ihnen wieder bewusst, dass man so ziemlich alles schaffen kann, wenn man es sich erst einmal in den Kopf gesetzt hat.

Und noch etwas: Alle erfolgreichen Berater, die in diesem Buch vorgestellt werden, haben einmal klein angefangen.

Wer hilft mir, wenn ich nicht weiterkomme?

Zu Beginn Ihres Berufsfindungsvorhabens engagieren Sie ein Unterstützungskomitee von etwa zwei bis vier Freundinnen und Freunden, die Ihnen während Ihrer Berufsfindung zur Seite stehen. Niemand bleibt von Phasen verschont, in denen er Schwierigkeiten hat, den nächsten Schritt zu planen oder in denen er sich einfach nur wenig zuversichtlich fühlt.

Viele Vorhaben scheitern daran, dass der Berufssuchende einen wahren Fundus an Vermeidungsstrategien bereithält, um gerade erst beschlossene Schritte auf keinen Fall in die Tat umsetzen zu müssen. Daher empfiehlt es sich, einen Freund einzuschalten, der einem gegebenenfalls auf die Füße tritt. Rufen Sie ihn an, sobald Sie eine Entscheidung gefällt haben. Teilen Sie ihm mit, bis wann welche Schritte in die Tat umgesetzt sein sollen. Verabreden Sie, dass er anruft und kontrolliert, ob Sie alles erledigt haben. Sie können Ihrem Freund, Ihrer Freundin auch eine Kopie Ihres schriftlich ausgearbeiteten Plans schicken. Bei Ankunft des Briefs gilt der Inhalt als verbindlich.

Undefinierbare Motivationsprobleme lösen Sie also am besten, indem Sie über andere Leute Verbindlichkeiten schaffen. Das Wichtigste aber ist: Wenn in Ihrem Berufsfindungsprozess Probleme auftauchen, so ist das für Sie noch lange kein Grund aufzugeben. Beweisen Sie stattdessen Problemlösungskompetenz, und finden Sie Mittel und Wege. Wenn Ihnen keine einfallen, fragen Sie jemanden, der erfahrener ist als Sie. Aber lassen Sie sich nicht auf halbem Weg von lösbaren Problemen entmutigen.

Teil II
Reportagen

Willst du Kohle auf die Schnelle
rück dem Kunden auf die Pelle.
Guck dich um und guck ihn an!
(Kombiniere: Was liegt an?)
Blick ihm fest unter die Brauen,
Heb hervor: »Mir könn' Se trauen!«
Schwurbel ein paar feine Worte
(woher nehmen?! a. a. O.)
Fehlt noch die Präsentation –
(»Und die Kosten?« »Seh'n wir schon!«)
– und der Kunde gehört dir.
Die Kohle auch. Ich gratulier!

Christine Demmer,
Unternehmensberaterin und Autorin von Managementsatire

3.

Unternehmensberatung

Die Rede vom War for Talents begann 1998 bei *McKinsey*, einer der
führenden internationalen Unternehmensberatungen. Von dort machte das Wort die Runde quer durch die deutsche Wirtschaft und auf die
Titelseite des *Manager Magazins* im Oktober 2001. Den Beratern war
aufgefallen, dass die klassischen Studiengänge für Nachwuchsconsul-
tants wie Wirtschaftswissenschaften und Jura nicht mehr genügend
geeignete Kandidaten hervorbringen. Die Gründe: Die Zahl der Er-
werbstätigen sinkt, es gibt immer weniger Uniabsolventen, und die
globale Konkurrenz auf dem Bewerbermarkt wird härter. Internationale Headhunter durchkämmen für amerikanische Beratungshäuser
auch den deutschen Markt. Gleichzeitig gehen altgediente Berater in
den Ruhestand. Ein Vorteil für Quereinsteiger: Auch Mediziner, Na-
tur- und Geisteswissenschaftler, sogar Exoten wie Opernregisseure
und Priesteramtskandidaten, bekommen als Rookies eine Chance –
wirtschaftliches Interesse und Beratungstalent vorausgesetzt.

Unternehmensberatung ist ein expansives Geschäft: Spätestens seit
Ende der 80er Jahre wurden die Stabslinien in den Unternehmen aus-
gedünnt und viele Manager der mittleren Ebene entlassen. Infolge
neuer Organisationskonzepte wie Lean Management suchten erfah-
rene, aber stellenlose Arbeitskräfte nach neuen Einsatzgebieten für
ihre Kompetenzen und ihr Fachwissen. Über 100 Milliarden Euro
setzten die Unternehmensberatungen 2001 weltweit um, davon
10 Milliarden Euro in der Bundesrepublik, doppelt so viel wie zehn
Jahre zuvor.[1]

In der Regel sind es die Leute mit sehr guten Studienabschlüssen,
gerne mit zusätzlichem MBA oder Doktortitel und überdurchschnitt-

lichem Ehrgeiz, die sich zur Unternehmensberatung hingezogen fühlen. Eine Erklärung gibt Dr. Gerhard Kebbel von der *Boston Consulting Group*: »In einer Unternehmensberatung herrscht eine ganz spezielle Atmosphäre. Da ist man von Leuten umgeben, die ehrgeizig, sehr begabt und motiviert sind und die dort arbeiten, weil sie etwas lernen wollen.« Im Unternehmen dagegen stoße man viel eher auf verkrustete Strukturen, unmotivierte Mitarbeiter und engstirniges Denken. »Da ist es oft wichtiger, pünktlich den Griffel fallen zu lassen, als ein dringendes Projekt vorzubereiten. Das gibt es in Beratungshäusern überhaupt nicht. Da sind die Leute heiß und denken von selbst mit, was noch gemacht werden muss«, erklärt Kebbel. In der Unternehmensberatung seien darüber hinaus die Herausforderungen ganz andere: Die Consultants befinden sich permanent in Konfliktsituationen mit Menschen und Strukturen. »Man sammelt sehr schnell umfangreiche Erfahrungen, und man reift sehr schnell«, so Kebbel. Beraterjahre zählten daher doppelt.

Consultants haben Managern gegenüber den Vorteil, dass sie sich nicht im täglichen Geschäft aufreiben müssen. Dafür erfordert die Beratung durch die häufig wechselnden Projekte hohe Belastbarkeit und Stressresistenz. Die Freiräume sind groß: Je weiter man in der Hierarchie nach oben steigt, desto selbstbestimmter arbeitet der Berater in der Kundenbetreuung und -akquise.

Klassischerweise versteht man unter Unternehmensberatung die Strategieberatung, in der die oberste Managementebene von externen Consultants in Fragen der grundsätzlichen Unternehmensausrichtung beraten wird. Besonders entwickelt hat sich in den letzten Jahren das IT-Consulting, also die Planung und Implementierung von Hard- und Software inklusive Programmierung. Internet-Consulting meint die Beratung bei E-Commerce- und E-Business-Projekten. Weitere Beratungsbereiche in den Unternehmen sind Organisation, Personal, Outplacement, Vergütung, Logistik, Arbeitszeitmodelle, Unternehmensgründung, Outsourcing, Marketing, Webdesign, Arbeitssicherheit, Marktforschung, Recht und Steuern, Allianzen, Mergers & Akquisitions. Bei großen Veränderungen, beispielsweise durch Fusionen von Unternehmen mit unterschiedlicher Kultur, kommen Change-Manager zum Einsatz, im Krisenfall Krisenmanager.

Sind die Berater im Unternehmen selbst angestellt, heißen sie Inhouse Consultants. Der Vorteil: Die internen Berater kennen die unternehmensspezifischen Bedingungen und brauchen eine kürzere Einarbeitungszeit. So bleibt das Unternehmen unabhängig von teuren Beratungshäusern und das angesammelte Wissen im Konzern. Aber auch interne Beratungsfirmen müssen sich dem Markt stellen und Aufträge von außen akquirieren.

Externe Berater dagegen haben den Vorteil, dass sie weniger betriebsblind und nicht mit den Strukturen des Unternehmens verwachsen sind. Sie müssen weniger Rücksichten nehmen – zum Beispiel auf das, was sich eingefahren hat oder was ein Abteilungsleiter unhinterfragt für richtig hält. Sie können von außen auf die Dinge schauen und so leichter Fehler im System feststellen. Daher haben die externen Berater bislang noch einen besseren Ruf. Weitere Unterscheidungsmerkmale: Der Job in einer Unternehmensberatung hat mehr Glamour, die Gehälter sind höher (da sie sich nicht in die Gehaltsstruktur des Unternehmens einfügen müssen), dafür sind die Arbeitszeiten länger.

Die Kunden der großen Beratungshäuser sind hauptsächlich Industrieunternehmen, Banken, Versicherungen, Handelsunternehmen, Telekommunikationsunternehmen, Versorger, Dienstleister, die öffentliche Verwaltung, aber mittlerweile auch Mittelständler und Non-Profit-Organisationen.

Info-Box

Berufsinteressen vertreten:

Bundesverband deutscher
Unternehmensberater
Zitelmannstr. 22
53113 Bonn
Tel.: (02 28) 9 16 10
Fax : (02 28) 91 61 26
www.bdu.de

Fédération Européenne des
Associations de Conseil en
Organisation
Avenue des Arts 3/4/5
B-1210 Brüssel
Tel.: 00 32 (2) 2 50 06 50
Fax: 00 32 (2) 2 50 06 51
www.feaco.org

Neben dem klassischen Universitätsstudium bieten auch Fachhochschulen entsprechende Studiengänge an, zum Beispiel:

Fachhochschule für Wirtschaft
Weiterbildungsstudiengang
Internationale Unternehmens-
beratung
Ernst-Boehe-Str. 4
67059 Ludwigshafen
Tel.: (06 21) 5 20 30
Fax: (06 21) 5 20 31 30
www.fh-ludwigshafen.de

Fachhochschule Oldenburg/
Ostfriesland/Wilhelmshaven
Studiengang Business Consulting
Constantiaplatz 4
26723 Emden
Tel.: (01 80) 5 67 80 70
Fax: (01 80) 56 78 07 10 00
www.fho-emden.de

Managementberater

Guter Rat ist teuer. Doch manchmal geht es nicht ohne. Zum Beispiel, wenn zwei Banken fusionieren, ein Staatsbetrieb privatisiert wird oder ein Konzern einen Mittelständler kauft. Dieser wurde unter Umständen bislang von einem Eigentümer geführt, der wenig Ahnung von Betriebswirtschaft und Management hat. In solchen Fällen reicht das innerbetriebliche Know-how nicht aus, um die strategische Ausrichtung des Unternehmens zu bestimmen. Also werden externe Berater eingekauft, die den Ist-Zustand analysieren und Vorschläge für die Business-System-Optimierung unterbreiten.

Ein ausführlicheres Beispiel: Das Management eines Süßwarenproduzenten stellte Mitte der 90er Jahre fest, dass sich bestimmte Produkte nicht mehr verkaufen und ganze Marktsegmente wegbrechen. Die Produktmanager konnten die Gründe dafür nicht in Eigenregie analysieren, da jeder Einzelne vor allem daran interessiert war, die eigene Marke zu halten. Externe Berater wurden gerufen, die zunächst Gespräche mit ausgewählten Personen führten: mit Managern, Betriebsratsvorsitzenden, Chefsekretärinnen und dem Pförtner. Vierzig Juniorberater wurden mit umfangreicher Marktforschung beauftragt. Sie recherchierten in europäischen Nachbarstaaten nach Konkurrenzprodukten und beobachteten vor Ort (heißt: im Supermarkt) das Kaufverhalten.

Nach einigen Wochen präsentierten die Berater ihre Ergebnisse: Welche Produkte sollten eingestellt, welche relaunched und mit neuem Image auf den Markt gebracht werden? Welche Märkte können neu erobert, welche Allianzen eingegangen werden? Wie viel Geld sollte wo investiert werden? Aus einer solchen Beratung ergeben sich oft Folgeaufträge. Wenn die Produktpalette vollständig geändert wird, muss möglicherweise auch das Rechnungswesen umgestellt werden.

Der Medienwissenschaftler Eberhard Opl ging zu Zeiten der europäischen Telecom-Wars als Berater zu *McKinsey*. In den späten 90er Jahren sahen sich die Telekommunikationsanbieter nach langen Jahren als Monopolisten auf einmal dem Wettbewerb ausgesetzt. Der Bedarf an Beratung war riesengroß. Schließlich mussten Strategien erarbeitet werden, die die ehemaligen Staatsbetriebe für den Wettbewerb fit machten: Kosten, Leistungsniveau und Service mussten auf ein konkurrenzfähiges Marktniveau gebracht werden. Staatswirtschaftliche Strukturen mussten in privatwirtschaftliche transformiert werden. Der tatsächliche Wert der riesigen Unternehmenskonglomerate musste im Hinblick auf die geplanten Börsengänge gemäß dem Aktienrecht ermittelt werden, ebenso die tatsächlichen Kosten der einzelnen Dienstleistungen, um so eine faire Berechnungsgrundlage für die Verrechnung mit anderen Anbietern zu bekommen. Beispiel Transfer-Pricing: Zu welchem Preis stellt die Deutsche Telekom die letzten Meter Telefonleitung für Wettbewerber zur Verfügung? Die Berater erstellten eine Gesamtkostenerhebung für das Unternehmen »vom Vorstandsbezug bis zur einzelnen Toilettenpapierrolle« und brachen dann die Kosten auf einzelne Meter Telefonleitung herunter.

Vor seiner Tätigkeit als Consultant war Opl in Sachsen für die Regierung Biedenkopf tätig. Nach dem Mauerfall wurde er Referent für politische Grundsatzfragen, Statistik und Demoskopie. Er baute das Landesamt für Statistik und ein Umfragewesen mit auf. Der damalige Ministerpräsident wollte »neben den Parolen von Bauernverband und Gewerkschaft« wissen, welche Probleme die Bevölkerung wirklich bewegen. »Dabei ging es nicht darum, die Lufthoheit über den Stammtischen zu erobern. Wir wollten ein mittelfristiges politisches Steuerungssystem installieren. Biedenkopf wollte wissen, was politisch für die Leute ansteht, was sie bedrückt und was ihnen wichtig ist«, erzählt der Düsseldorfer.

Opl initiierte auch den »Tag der Sachsen«, ein Volksfest, auf dem sich sächsische Institutionen – Vereine, Religionsgemeinschaften, Medien – über 300 000 Besuchern jährlich präsentieren. »Für so eine Aktion braucht man erstmal gute Ideen, also Kreativität, sonst gibt es nachher nur rein kommerzielle Würstchenbuden und Karussells. Dazu setzt man sich am besten mit ein paar Freunden beim Bier zusammen und spinnt los«, erklärt Opl. Danach sind Pragmatismus und Kommunikationstalent gefragt: Die Verantwortlichen sprachen mögliche Mitveranstalter, Medien, Aussteller und Sponsoren an. Dabei half Opl vor allem seine eigene Begeisterungsfähigkeit, die nicht durch gespielte Freude an der Sache ersetzt werden kann: »Wer selbst ein Leuchten in den Augen hat, kann andere anstecken und mit ins Boot ziehen.«

Diese Erfahrungen bringt Opl heute als Managementberater bei *McKinsey* ein. »Auch hier geht es darum: erstens zusammensetzen, zweitens nachdenken, drittens diskutieren, viertens beschließen, fünftens umsetzen.« Dabei sieht er seinen Job immer wieder darin, andere für Veränderungen zu begeistern. »Wenn ich einem Hauptabteilungsleiter bei einem ehemaligen Staatsbetrieb sage, dass sein Callcenter ineffektiv arbeitet, dann antwortet der mir erst mal: ›Mag sein, ist mir aber egal. Das haben wir die letzten 50 Jahre so gemacht, das machen wir auch die nächsten 50 Jahre so.‹« Sein Job als Berater ist dann »to make the dinosaur dance«, heißt: Er muss den Pensionsberechtigten zur Kooperation bewegen – und das auch noch mit Begeisterung. »Ich will, dass der auch irgendwann das Leuchten in den Augen hat und sagt: ›Jawoll, das machen wir, wir machen das beste Callcenter der Welt.‹«

Apropos Callcenter: Woher weiß ein Berater, was bei der Organisation einer Telefonzentrale zu beachten ist? Da sind zunächst die Seminare im Beratungshaus und das umfangreiche Intranet, das jedem Berater ein enormes Unternehmenswissen zur Verfügung stellt. »Aber ich muss auch in der Lage sein, zu einem Kollegen zu gehen und zu sagen: ›Ich hab nicht die leiseste Ahnung von Callcentern, bitte sag mir mal die zehn wichtigsten Punkte, auf die ich achten muss‹«, erklärt Opl.

Um dramatische Veränderungen in verkrusteten Strukturen zu erreichen, braucht man, laut Opl, neben der Begeisterungsfähigkeit vor allem Umsetzungsstärke und Leistungswillen. »Man muss unbedingt das Beste für seinen Kunden rausholen wollen und starrköpfig genug sein, das auch gegen Widerstände durchzusetzen.« Erfolg im Projekt bedeutet für ihn, dass der Kunde das Gefühl hat, die Beratung habe wirklich etwas gebracht.»Das ist langfristig mehr wert als ein Folgeauftrag über eine Million«, ist Opl überzeugt. Dazu gehöre aber auch Mut zum Konflikt:»Ich kann und muss Aufträge ablehnen, die ich für falsch halte.« *Obligation and right to descend* heißt das im Beraterjargon. Das kann auch bedeuten, dass als Resultat einer Beratung ein Projekt abgebrochen wird. Ein Beispiel liefert Dr. Gerhard Kebbel von der *Boston Consulting Group*. Zwei Banken wollten einen Geschäftsbereich verschmelzen. Dabei wurden Anwälte damit beauftragt Verträge auszuarbeiten. Investmentbanker waren dafür zuständig, die Teile, die jede der Banken mit einbringt, zu bewerten. Die externen Berater dagegen wurden hinzugezogen, um alles zu bedenken, was im Interesse der Auftraggeberbank lag.»Der verschmolzene Geschäftsbereich muss ja mehr sein als die Summe seiner Einzelteile. Das Ganze ergibt nur Sinn, wenn man nachher bei Kosten und Ertrag günstiger dasteht als vorher«, erklärt Kebbel.

Da es in den internen Strategieabteilungen nicht genügend Ressourcen für das Projekt gab, engagierten beide Banken externe Berater. Für die *Boston Consulting Group* waren etwa zwanzig Berater in Teams zu den einzelnen Themen organisiert: Geschäftsmodell, Kostensynergien, Ertragssynergien, Bewertung, Personalfragen, Recht, Steuern, Bilanz und IT. Die Treffen fanden an geheimen Orten außerhalb Frankfurts statt. Dokumente wurden nicht per E-Mail sondern mit Boten verschickt. Selbst die Sekretärinnen wussten nichts von der Operation. Allerdings rieten Kebbel und seine Kollegen nach sechs Wochen zu einem definitiven Abbruch der Verhandlungen. Da man sich nicht über die *corporate governance* einigen konnte, platzte das Geschäft.»Dazu gehört auch eine Portion Basismut: Aufzustehen und klar Nein zu sagen, auch wenn man sich damit vielleicht unbeliebt macht«, erzählt Kebbel.

Er selbst hat Literaturwissenschaften studiert und über historische Romane promoviert. Das macht ihn zwar zum Exoten unter den Unternehmensberatern, doch in seinen Beziehungen zu Kunden öffnet es viele Türen:»Am Ende des Tages muss ich als Berater überzeugen, und das funktioniert nur, wenn ich als ganzer Mensch überzeuge.« Für ihn gehört es zur Grundeinstellung eines Beraters, immer weiter lernen zu wollen, strukturiert zu arbeiten und niemals stromlinienförmig oder schmalspurig zu werden.

Den menschlichen Faktor stellt auch die selbstständige Managementberaterin Christine Demmer aus Wiesbaden in den Vordergrund. Ihre Spezialisierung ist das, was man heute als weiche Faktoren bezeichnet – im Gegensatz zur rein wirtschaftlichen Managementberatung. »Krisen entstehen nicht durch Zahlen, sondern durch Menschen, beispielsweise wenn sich zwei Leute in der Führungsspitze nicht grün sind oder wenn im Unternehmen eine Angstkultur herrscht«, lautet ihre Überzeugung. Schlechte Zahlen dagegen seien lediglich ein Symptom. »Auch Fieber ist bloß ein Zeichen für eine Entzündung, die kuriert werden muss.« Demmers Rezept zur Genesung: »Ich werfe von außen einen Blick auf die Verhältnisse und die Verhaltensweisen. Der Rest sind gesunder Menschenverstand und der Mut, wichtigen Leuten auch unangenehme Dinge sagen zu können«, so Demmer. Beispielsweise wenn eine Eigentümerin wenig Ahnung vom Geschäft hat, aber jede Entscheidung mitbestimmen will.

Berater werden fast immer auf informellem Weg gesucht und kontaktiert. »Typischerweise sitzt man beim Mittagessen zusammen, zum Beispiel bei den Rotariern. Dann fragt einer: ›Du, ich hab da ein kniffliges Ding, hast du mal ein offenes Ohr für mich?‹«, erklärt Demmer. Fast immer fände die Kontaktaufnahme außerhalb des Unternehmens und des Beratungshauses statt, kaum ein Unternehmer reagiere auf Anzeigen. Oft stellen besorgte Banker oder Wirtschaftsprüfer den ersten Kontakt her. Daher sind die meisten Berater Mitglied in vielen Vereinen und »eher extrovertiert veranlagt«, so die studierte Volkswirtin und Informatikerin. Sie selbst ist von Haus aus Wirtschaftsjournalistin und durch das Schreiben über Beratung an die Beratung selbst gekommen.

Neben dem Beratungstalent ist Diskretion eine wichtige Voraussetzung für den Job als Unternehmensberater. Schließlich haben geplante Änderungen, wenn sie sich herumsprechen, frühzeitige Auswirkungen auf Betriebsklima und Börsenkurs. Auch ein Grund dafür, dass die Götter in Grau in der Regel betont konservative Kleidung tragen. Das signalisiert: Uns kann man Geschäftsgeheimnisse anvertrauen.

Consulting-Kultfirmen wie *McKinsey* und *Boston Consulting* haben eine wettbewerbsorientierte Personalentwicklungsstrategie: Unter dem Motto »grow or go« oder »up or out« werden die Berater dazu angehalten, sich kontinuierlich weiterzuentwickeln oder aus dem Beratungshaus auszusteigen. Arbeitszeiten sind traditionell lang und bewegen sich nicht im Umfeld der 40-Stunden-Woche. Wer das für sich testen möchte, kann bei vielen Beratungshäusern ein *Summerfellowship* absolvieren, ein Beraterpraktikum, in dem viel gearbeitet, aber auch verdient wird. »Danach weiß man, ob man für den Lebensstil taugt«, sagt McKinsey-Berater Opl.

Überhaupt das Geld: In den Unternehmensberatungen wird viel gearbeitet und viel verdient. Die Einstiegsgehälter für Hochschulabsolventen liegen kaum unter 50 000 Euro Jahresgehalt, mitunter deutlich darüber. Dienstwagen, Handy und Laptop gibt es dazu, möglicherweise auch Aktien und Zusatzversicherungen (Berufsunfähigkeit, Pensionsplan). Moderne Häuser halten Gesundheits- und Fitnessangebote bereit, auch wenn die Berater häufig beim Kunden vor Ort arbeiten. Die Weiterbildungsmöglichkeiten sind in der Regel überdurchschnittlich: Die Consultants sollen fit sein in Präsentation, Körpersprache, Moderation, Kostenrechnung und Unternehmensbewertung.

Nicht alle Strategieberater arbeiten bei den großen Beratungshäusern. Prominente Beispiele für erfolgreiche Einzelkämpfer sind – neben Christine Demmer – Gertrud Höhler (Schwerpunkt: Unternehmenskultur), Kerstin Friedrich (Engpass-konzentrierte Strategie) und Werner Then (Flexible Arbeitszeitmodelle).

Interview

Kerstin Friedrich arbeitete nach ihrem Volkswirtschaftsstudium zunächst als Wirtschaftsjournalistin und Autorin. Heute lebt die selbstständige Unternehmensberaterin in Dünsen bei Bremen. Ihr Spezialgebiet ist die *Engpass-konzentrierte Strategie* (EKS).

Frage: Wer kommt zu Ihnen in die Beratung?

Friedrich: In der Strategieberatung geht es immer um die Frage, wie und wofür man seine Kräfte einsetzt. Zu mir kommen Unternehmer oder Führungskräfte, die sich von ihren Konkurrenten abheben wollen und zu diesem

Zweck auf stärkere Spezialisierung setzen, zum Beispiel durch Konzentration auf bestimmte Produkte beziehungsweise Dienstleistungen und/oder durch Spezialisierung auf bestimmte Zielgruppen. Das kann ein Baumarkt sein, eine Restaurantkette oder ein Unternehmensberater. Aber es gibt auch den genau entgegengesetzten Fall: Erfolgreiche Spezialisten, die bereits Marktführer sind, suchen nach neuen Produkten, Dienstleistungen oder Zielgruppen.

Frage: Kommen die Leute in einer Notsituation oder aus dem Wunsch heraus, sich weiter zu verbessern?

Friedrich: Sowohl als auch. Die meisten kommen, weil sie ahnen, dass es so wie bisher nicht mehr weitergeht. Sie brauchen einen Sparringspartner, mit dem sie mögliche Expansionsszenarien entwickeln können. Einige haben natürlich auch großen finanziellen Druck. Es liegt wohl in der Natur der Sache, dass jemand, dem es gut geht, keinen übergroßen Bedarf an Ratschlägen verspürt. Die Besten allerdings zeichnen sich dadurch aus, dass sie gerade in wirtschaftlich guten Zeiten darüber nachdenken, wie sie noch besser werden können.

Frage: Wie helfen Sie den Leuten?

Friedrich: Indem ich erst mal mit dem weit verbreiteten Irrsinn aufräume, dass nur derjenige gut und erfolgreich ist, der alles kann und überall mitmischt. Viele Unternehmen orientieren sich an Konzernen wie *Daimler-Chrysler*, die weltweit in allen automobilen Klassen antreten. Dabei übersehen sie, dass *Porsche* der weltweit profitabelste Hersteller ist, der Image und Gewinn aus einer extrem engen Produktpalette zieht. Genau das versuchen wir dann herauszufinden: Wo liegt die Einzigartigkeit des Unternehmens, und mit welchen Leistungen und Problemlösungen kann es die Nummer eins auf seinem Markt werden? Erstaunlicherweise wissen die meisten schon, in welche Richtung es gehen müsste, und brauchen lediglich jemanden, der sie darin bestärkt oder der eine ganz neue Sichtweise auf das Geschäftsfeld ermöglicht.

Frage: Halten Ihre Kunden sich später an das, was Sie ihnen raten?

Friedrich: Schön wär's! Einige verfahren nach dem Motto: »Finde ich gut, mach ich aber nicht«. Generell gilt: Je größer der Druck, desto höher die Umsetzungswahrscheinlichkeit. Umso schöner ist es dann, wenn sich nachhaltig etwas zum Guten bewegt hat. Generell rate ich nicht zu irgendwelchen Konzeptionen, die ich im Kopf habe, sondern begleite den Entscheidungsprozess. Im Englischen gibt es den schönen Ausdruck facilitator. Dieser »Ermöglicher« bringt es besser auf den Punkt als der consultant, also der Ratgeber oder Berater. »Ratschläge sind Schläge« sagt der Volksmund, und von dieser Art des

Lernens und Veränderns haben wir uns aus gutem Grund bereits in der Kindererziehung verabschiedet.

Frage: Bekommen Sie Feedback?

Friedrich: Positives Feedback kommt von allein, negatives muss man sich abholen. Wer ein bisschen Feingefühl mitbringt, weiß allerdings auch ohne Worte, wie etwas gelaufen ist.

Frage: Was macht Spaß an der Beratung?

Friedrich: Ständig neu gefordert zu werden kann etwas sehr Erfüllendes sein. Am schönsten ist es, wenn völlig neue Ideen geboren werden, wenn sich ein Unternehmen neu definiert und das Team motiviert zur Sache geht und dabei Erfolg hat. Jeder Mensch will etwas bewirken, und das ist in diesem Beruf nicht anders.

Frage: Gibt es auch etwas, das nervt?

Friedrich: Ich bin zu der Erkenntnis gekommen, dass man sich nur selbst nerven kann – wenn man eine Situation falsch eingeschätzt hat, zum Beispiel. Andere Dinge, wie verpasste Anschlussflüge oder schlechte Hotelbetten gehören einfach dazu.

Frage: Was sind Ihrer Meinung nach die wichtigsten Voraussetzungen, um Strategieberater zu werden?

Friedrich: Hohe fachliche, soziale, methodische und persönliche Kompetenz. Dazu: Überzeugungskraft, Freude am Lernen, die Fähigkeit, sich sehr schnell in immer wieder neue, komplexe Zusammenhänge einzuarbeiten – ein Gespür dafür, was unter den gegebenen Voraussetzungen und mit dem bestehenden Team maximal zu erreichen ist. Und wie in fast allen Berufen sind Freude am Umgang mit Menschen und Kommunikationsfähigkeit unverzichtbar.

Frage: Gibt es etwas, das Ihnen persönlich geholfen hat?

Friedrich: Da wären zunächst die Beziehungen zu hervorragenden Trainern und Beratern, von denen ich sehr viel lernen konnte, und zwar methodisch wie fachlich. Und natürlich einige Kommunikationstrainings, von denen das mit Abstand Beste das der *Königsteiner Akademie* ist.

Frage: Wie legt man den Preis für eine gute Beratung fest?

Friedrich: Überall dort, wo das Ergebnis der Beratung in Zahlen messbar ist, kann man erfolgsabhängige Honorare vereinbaren. Ansonsten gilt: Was man selbst für richtig hält, ist der richtige Preis – vorausgesetzt natürlich, der Nutzen für die Zielgruppe stimmt.

Frage: Ihr persönlicher Tipp für den Nachwuchs?

Friedrich: Da mein Fachgebiet die Spezialisierung ist, rate ich natürlich immer dazu, sich auf eine Zielgruppe und/oder ein bestimmtes Problemfeld zu konzentrieren. Das setzt voraus, dass man seine eigenen Stärken und Neigungen sowie das Marktumfeld sehr gut kennt. Nach einer gewissen, breit angelegten Orientierungsphase sollte man also irgendwann mal zum Punkt kommen.

Info-Box

Die großen Unternehmensberatungen im Internet (hier finden sich auch Hinweise auf Recruitingveranstaltungen):

www.bcg.com	The Boston Consulting Group
www.mckinsey.de	McKinsey & Company
www.accenture.de	Accenture
www.adlittle.com	Arthur D. Little
www.kienbaum.de	Kienbaum
www.atkearney.de	A.T. Kearney
www.bain.com	Bain & Company
www.rolandberger.com	Roland Berger
www.cgey.de	Cap Gemini Ernst & Young
www.bah.com	Booz Allen & Hamilton

Auch Wirtschaftsprüfungsunternehmen wie PricewaterhouseCoopers (www.pwc-mcs.de) und KPMG (www.kpmg.de) drängen auf den Beratungsmarkt.

Literatur:

Phoebe Schnurr, *Gezielt bewerben bei Unternehmensberatungen*, Niedernhausen 1999.
Dietmar Fink, *Management Consulting Fieldbook*, München 2000.
Martin Hartenstein u.a., *Die Consulting Praxis*, Frankfurt/M. 2000.
Peter Economy, Bob Nelson, *Consulting für Dummies*, Bonn 2000.
Felix Breidenstein, Michael Hafemann, *Consulting in Deutschland, Jahrbuch für Unternehmensberatung und Management*, Frankfurt/M., Jährliche Neuauflage.
Kerstin Friedrich (siehe Interview), *Empfehlungsmarketing*, Offenbach, 1997.

Christiane Demmer, Rolf Hoerner (siehe Anfang des Kapitels), *Heiße Luft in neuen Schläuchen. Ein kritischer Führer durch die Managementkonzepte*, Frankfurt/M. 2001.
Kerstin Friedrich u.a., *Das neue 1 x 1 der Erfolgsstrategie*, Offenbach 2001.

Fachzeitschriften:

Viele Informationen über Unternehmensberatungen und Einstiegsmöglichkeiten finden sich regelmäßig in der *Jungen Karriere* (dort unter: www.jungekarriere.com) und im *Manager Magazin* (unter: www.managermagazin.de)

Inhouse-Consultant

Im Januar 2002 wurde das erste *Philosophische Quartett* aus der Gläsernen Manufaktur in Dresden gesendet. Die Location entsprach dem Wunsch der Fernsehredakteure nach einer offenen und transparenten Atmosphäre, in der vor der Kamera gedacht und diskutiert werden sollte. Die durch und durch transparente Architektur des Glaspalasts schien der exakte Gegensatz zum akademischen Elfenbeinturm.

Tagsüber allerdings werden in der Gläsernen Manufaktur in erster Linie Autos produziert und verkauft – und das vor den Augen der Kunden und Besucher. Das Ambiente für die *Volkswagen*-Luxusmarke *Phaeton* ist exklusiv: Die Fußböden sind aus Parkett, die Monteure tragen Weiß, eine neuartige Elektrohängebahn hebt, dreht und schwenkt je nach Produktionsablauf die Karosserie. In einem vierzig Meter hohen Glasturm werden die Limousinen auf sechs Ebenen zwischengeparkt. Über 180 Millionen Euro investierte Volkswagen in die Anlage, die als modernste Automobilfabrikation der Welt gilt.

Die Geschäftsvorgänge in der gläsernen Manufaktur wurden von hausinternen Beratern der *Volkswagen-Consulting* designed und umgesetzt. Dazu definierten sie zunächst, wie die Prozesse später gelebt werden: Wie erreichen die Lieferanten das Werk? Wie erfolgen die einzelnen Schritte der Produktion und Auslieferung? Wie wird der Lack des Fahrzeugs auf winzige Fehler kontrolliert? Auch die Bewegungen des Kunden, wie er ins Gebäude kommt, wen er wo anspricht, wie er sich im Fall einer Verspätung verhält und wohin er sich mit Reklamationen wendet, wurden in die Konzeption eingearbeitet. So planten die Consultants auf der Grünen Wiese, wie das Auto aus der Herstellung zum Kunden kommt.

Im Jahr 1999 wurde die *Volkswagen-Consulting* mit Sitz in Wolfsburg und Detroit gegründet. Als Strategieberatung für den Konzern ist sie wie ein externes Beratungshaus organisiert. Die Kunden sind die Führungskräfte im Unternehmen, die sich ratsuchend an die Consultants wenden oder von ihnen angesprochen werden. »Die Berater haben gleichzeitig einen Blick von außen und können Defizite schnell feststellen. Auf der anderen Seite kennen wir das Unternehmen besser als ein externer. Die Einarbeitungszeit in ein Problemfeld ist daher sehr viel kürzer«, erklärt Maik Stephan, Principal bei der *VW-Consulting*. Dass die Führungskräfte zu Beginn mehr Respekt vor den externen Beratern hatten, legte sich schnell. »Wenn die unsere Arbeit kennen lernen, merken sie, dass unsere Vorschläge viel realistischer sind. Und das wissen sie dann auch zu schätzen«, erklärt Stephan. Außerdem seien er und seine Kollegen während und nach der Umsetzung viel greifbarer als ein externer Berater. »Deshalb müssen unsere Projekte nachhaltig sein, jeder kann sehen, ob man gute Arbeit geleistet hat oder nicht«, so Stephan.

Die *VW-Consulting* berät nicht nur in Strategiefragen, sondern auch bei E-Businessprojekten, Reorganisationsaufgaben, Fragen der Arbeitssicherheit und Marktstudien. Sie hat das Ziel, intellektuelles Kapital im Unternehmen aufzubauen. »Wir generieren hier Wissen für den Volkswagen-Konzern, das auch anderen Unternehmen als Dienstleistung zur Verfügung gestellt werden kann«, so Stephan. Etwa 80 Prozent des Umsatzes werden jedoch mit Aufträgen aus dem Konzern bestritten.

Ein weiteres Projekt der *VW-Consulting* beschäftigt sich mit der Frage, wie mehr Elektronik-Know-how im Konzern angesammelt werden kann. Während sich ein Automobilhersteller traditionell mit Motorenentwicklung und Blechverarbeitung beschäftigt, nimmt die Elektronik heute einen Wertanteil von 20 bis 30 Prozent im Auto ein. »Im Golf I gab es noch ein einziges elektronisches Steuergerät, inzwischen sind Dutzende in den Fahrzeugen verbaut und untereinander vernetzt«, erklärt Stephan. Doch das konzerninterne Wissen sei nicht entsprechend verteilt. Neben den Mechanikern und Motorenentwicklern der alten Schule gibt es wenig Elektronik- und Software-Experten.

Die Inhouse-Consultants entwickelten eine Strategie, wie dieses Wissen bei Volkswagen aufgebaut werden kann: Zunächst wurden entsprechende Mitarbeiter eingestellt und eigene Elektronikkompetenz im Konzern aufgebaut. Dann entwickelten die Consultants Projekte, in denen quer durch die gesamte Wertschöpfungskette entsprechendes Know-how erarbeitet werden kann: von Forschung und Entwicklung, über Produktion, Qualitätssicherung, Vertrieb, bis zu Vermarktung und Wartung.

Als Beispiel für ein solches Elektronikprojekt nennt Stephan die telemetrische Diagnose. Die geht so: »Wenn jemand mit seinem Wagen in die Werkstatt fährt, kann der Mechaniker bereits erkennen, wo es ein Problem im System gibt.« Dazu erhebt eine Software im Fahrzeug sämtliche Daten und übermittelt diese – beispielsweise über eine Infrarotschnittstelle – in das Diagnosegerät der Werkstatt. Da die Software laufend weiterentwickelt wird, kann bei jedem Werkstattbesuch die neueste Version aufgespielt werden. »Trotzdem soll der Kunde so selten wie möglich in die Werkstatt müssen. Also überlegen wir weiter, wie die Software mit den Lebenszyklen des Autos verbunden werden kann«, erklärt Stephan.

Gerade bei solchen Projekten wird durch den Einsatz von Inhouse-Consultants der Abfluss von Know-how aus dem Unternehmen reduziert. »Wir können Projekte durchführen, die eine externe Beratung nie machen könnte, beispielsweise wenn es um einzigartige Wettbewerbsvorteile geht«, so Stephan. Unter den vierzig VW-Beratern sind Ingenieure, Betriebswirte, Naturwissenschaftler und Psychologen. Bei der geplanten Vergrößerung auf etwa hundert sieht Stephan auch Platz für exotischere Studiengänge.

Stephan selbst ist Diplom-Kaufmann und schätzt an seinem Beruf vor allem die »extrem vielseitigen intellektuellen Herausforderungen«. Als Grundvoraussetzung für eine Karriere im Inhouse-Consulting sieht er Erfahrungen aus vielen unterschiedlichen Branchen, nicht nur in der Beratung. Außerdem sollte man Fremdsprachen können: »In großen Unternehmen wird nie bloß Deutsch gesprochen, bei uns zum Beispiel auch viel Englisch und Spanisch. Außerdem fördert die Auseinandersetzung mit anderen Sprachen die eigene Persönlichkeit«,

ist Stephan überzeugt. Inhouse-Consultancies gelten als Nachwuchs-
schmiede für das Topmanagement im Konzern. Etwa 85 Prozent der
Mitarbeiter, die beispielsweise die *Siemens Management Consulting*
verlassen, wechseln in Führungspositionen im Unternehmen.»Man
kann hier alle fünf Jahre einen neuen Job annehmen, ohne die Firma
wechseln zu müssen; das persönliche Netzwerk nimmt man dabei
mit«, ergänzt Jürgen Uhl von der *IBM Unternehmensberatung*.[2]

Neben Volkswagen, Siemens und IBM haben auch DaimlerChrysler, ABB, BMW, Peek & Cloppenburg, der Otto Versand, BASF, Ber-
telsmann, die deutsche Telekom und die Großbanken eigene Beratungsfirmen gegründet.

Info-Box

Einige Inhouse Beratungen:

Volkswagen Consulting	ABB Process & Business Consultants
Major-Hirst-Str. 9	Kallstadter Str. 1
38442 Wolfsburg	68309 Mannheim
Tel.: (0 53 61) 8 97 35 00	Tel.: (06 21) 3 81 72 00
Fax: (0 53 61) 8 97 35 03	Fax: (06 21) 3 81 76 00
www.volkswagen-consulting.de	www.abb.de
Deutsche Post Consult	Siemens Management Consulting
Bundeskanzlerplatz 2–10	St.-Martin-Str. 76
53113 Bonn	81541 München
Tel.: (02 28) 18 27 51 63	Tel.: (0 89) 63 68 26 51
Fax: (02 28) 18 27 51 64	Fax: (0 89) 63 68 11 64
www.dpwn.de	www.smc.siemens.de

Personalberater

Ein Sieger im War for Talent stand von vornherein fest. Je schwieriger
es wird, gute Leute für Führungsaufgaben zu finden, desto mehr grei-
fen die Unternehmen bei der Suche auf externes Know-how zurück.

In Folge steigen die Zuwachsraten der Personalberatungen zweistellig. Im Jahr 2000 belief sich der Umsatz auf 1,3 Milliarden Euro – 20 Prozent mehr als im Jahr zuvor. Umsatzstärkster Anbieter sind die *Kienbaum Executive Consultants* in Gummersbach.[3] Personalberatungen bieten den Vorteil, dass die aufwändige Suche ausgelagert ist, die Vorgehensweise diskret. Schließlich kann eine Neubesetzung bereits im Vorfeld nach außen wie nach innen viel Staub aufwirbeln. Der Vorteil für die Kandidaten: Sie können erste Verhandlungen führen, ohne dass der alte oder der neue Arbeitgeber etwas davon mitbekommt. Und sie müssen sich – wenn ein Wechselwunsch vorliegt – nicht wie Berufsanfänger mit Lebenslauf und Lichtbild auf eine Stellenanzeige bewerben. Prominentes Beispiel für den Coup einer Personalberatung: Dr. Ron Sommer wurde 1995 als Chef von *Sony Deutschland* in den Vorstand der *Deutschen Telekom* abgeworben – eingefädelt von der *Delta Personalberatung* in Düsseldorf.

Der Job eines Personalberaters besteht zu 70 Prozent aus Gesprächen. »Zunächst muss ich mit den Fachabteilungen und den Personalern des Unternehmens sprechen und herausfinden, was für ein Mitarbeiter gesucht wird«, erklärt Silke Strauss von der *Stephan Unternehmens- und Personalberatung* in Bad Homburg. »Einzelkämpfer oder Teamplayer, diplomatischer Vermittler oder Macher? Manchmal hat das Unternehmen bereits feste Vorstellungen, manchmal klären wir das erst im Gespräch.« Gemeinsam fertigt man eine Arbeitsplatzbeschreibung an, die den genauen Verantwortungsbereich und die damit verbundenen Aufgaben, den Titel und die Vergütung nennt. Außerdem machen sich die Berater ein Bild vom Umfeld des Arbeitsplatzes, vom Arbeitsklima und von den zukünftigen Kollegen, um später zu beurteilen, welcher Kandidat zu der Abteilung passt.

Ist das Anforderungsprofil entworfen, beginnt das Headhunting – die Suche nach dem passenden Kandidaten. Der Personalberater schaltet eine Stellenanzeige unter seinem Namen und ohne Angabe des Unternehmens. Etwa so: Für unseren Klienten, ein mittelständisches Unternehmen der Pharmabranche, suchen wir ... Oder der Personalberater macht sich auf die Suche nach passenden Kandidaten in anderen, vorzugsweise branchennahen Unternehmen. Dazu befragt er telefonisch unter einem Vorwand beispielsweise die Sekretärin eines

Marketingdirektors. Wenn das nicht funktioniert, kann er frühmorgens oder lange nach Dienstschluss im Unternehmen anrufen und hoffen, dass die Sekretärin im Feierabend, die Führungskraft aber noch am Platz ist. Auch Privatanschlüsse und Mobilfunknummern von möglichen Kandidaten werden recherchiert.

Für die erste Kontaktaufnahme muss der Headhunter vor allem telefonstark sein. Um fünf geeignete Kandidaten ausfindig zu machen, werden oft zwischen fünfzig und hundert, manchmal zweihundert Manager kontaktiert. Und die meisten von ihnen sind noch nicht einmal beim ersten Anruf erreichbar. Echte Vieltelefonierer sind also gefragt.

Neben dem Telefon ist die wichtigste Informationsquelle des Headhunters sein Netzwerk aus guten Kontakten. Informelle Wege bieten – wie so oft – die schnellsten, zuverlässigsten und detailliertesten Informationen. Allerdings kann es passieren, dass ein Informant aus persönlichen Motiven handelt, indem er beispielsweise einen unliebsamen Konkurrenten zur Abwerbung empfiehlt.

Hat der Headhunter sein Objekt der Begierde endlich am Telefon, erkundigt er sich zunächst, ob möglicherweise Interesse an einem Wechsel vorliegt. Er gibt eine erste Beschreibung der zu besetzenden Stelle. »Ich habe noch nie erlebt, dass jemand verärgert auf einen solchen Anruf reagiert hat«, meint Sigrid Rödiger, von der Berliner Personalberatung *Rödiger&Rödiger*. »Im Gegenteil. Die meisten fühlen sich geschmeichelt.«

Wenn der Kandidat Interesse zeigt, bittet der Personalberater um vollständige Unterlagen, um sich ein genaueres Bild zu verschaffen: Wie verlief die Ausbildung? Welche Erfolge hat er oder sie vorzuweisen? Gibt es Brüche im Lebenslauf, hat man es mit einem Quereinsteiger zu tun oder ist hier jemand zielstrebig die Karriereleiter hochgeklettert? »Manchmal kann man auch ahnen, dass jemand aus Unfähigkeit immer wieder wegbefördert worden ist und jetzt festsitzt«, kommentiert Rödiger und lädt so jemanden zum persönlichen Gespräch gar nicht erst ein.

Im Laufe der Verhandlung gibt der Personalberater peu à peu weitere Daten preis. Dabei ist das Gespräch unter vier Augen der wichtigste und aussagekräftigste Teil der Arbeit. Denn Curricula verraten zwar einiges, aber längst nicht alles über den Kandidaten. »Da kann es passieren, dass man einen Ia-Lebenslauf auf dem Schreibtisch hat und im Gespräch sitzt einem jemand gegenüber, so aalglatt, so langweilig, der musste in seinem Leben noch keine einzige Herausforderung bestehen«, erzählt Rödiger. Bei anderen dagegen geht es im Lebenslauf überhaupt nicht stromlinienförmig zu.»Da sieht man: Die haben sich mehr als einmal an den eigenen Haaren aus dem Morast gezogen, die sind richtig tough und wissen, was sie wollen.« Und solche Kandidaten sucht Rödiger für ihre Auftraggeber. Denn das nötige Fachwissen bringen viele mit.»49 Prozent des beruflichen Erfolges basieren auf Fachwissen, 51 Prozent auf Persönlichkeit«, ist sie überzeugt.

Aufgrund der gesammelten Informationen wählen Auftraggeber und Personalberater etwa drei Kandidaten für weitere Verhandlungen aus. Dabei vermittelt der Headhunter in beide Richtungen, beispielsweise bei strittigen Punkten. Je seriöser er die Vermittlung abwickelt, desto größer seine Chance, auf beiden Seiten Verbündete fürs Leben zu finden. Denn wer weiß? Bei der nächsten Suche kann sicher jemand mit einem Tipp behilflich sein.

Ein stark wachsender Bereich der Personalberatung ist die Nachfolgeregelung in mittelständischen Unternehmen. Christine Demmer, Unternehmensberaterin aus Wiesbaden, beschreibt einen klassischen Fall:»Ein erfolgreicher Unternehmer hat seinen Laden nach dem Krieg aufgebaut und zum Erfolg geführt. Der Sohn aber interessiert sich nicht besonders für Betriebswirtschaft, hat sein Studium geschmissen und fährt lieber Porsche.« Auch in den hohen Positionen des Unternehmens findet sich kein geeigneter Nachfolger. Der Hauptprokurist beispielsweise kommt nicht infrage, weil die persönliche Chemie zum Chef nicht stimmt. In solchen Fällen suchen die Personalberater intern und extern nach geeigneten Nachfolgern oder schlagen vor, die Organisation umzubauen.

Traditionell arbeiten in der Personalberatung Juristen, Betriebswirte und Psychologen, aber auch Quereinsteiger sind zu finden, wie Lehrer oder Verwaltungsfachleute. Für den Kontakt zum Kunden müssen Personalberater eine gute Allgemeinbildung haben, vielseitig interessiert sein und gute Umgangsformen mitbringen.

Interview

Die *Fenner Personalberatung* in Potsdam ist spezialisiert auf die Vermittlung von Führungskräften im Bereich Finanzen, Consulting, Automobil, Medien, Maschinenbau, Energie, Elektrotechnik, Infrastruktur, Tourismus und Verkehr. Als Einziger in der Bundesrepublik bietet Uwe Fenner eine personalisierte Direktbetreuung an. Dabei werden erfolgreiche, bislang wechselunwillige Kandidaten langfristig (und ohne Abschlussdruck) von Fenner betreut und langsam an das neue Unternehmen herangeführt. Zur Betreuung gehören regelmäßige Telefonate, Essen und der Besuch von kulturellen und gesellschaftlichen Ereignissen. Im Vordergrund des Konzepts steht der Aufbau eines langfristigen Vertrauensverhältnisses – statt aggressiver Abwerbung.

Frage: Ihre Kunden sind Unternehmen auf der Suche nach Führungskräften. Warum suchen die Unternehmen nicht selbst?

Fenner: Weil Personalsuche und -auswahl durch die Spezialisierung des Personalberaters schneller, effizienter und kostengünstiger werden. Das suchende Unternehmen profitiert von den Erfahrungen des Personalberaters, dadurch wird das Ergebnis der Suche verlässlicher.

Frage: Mit welchen Vorstellungen kommen die Kunden auf Sie zu?

Fenner: Das ist ganz unterschiedlich. Je weniger Erfahrungen die Unternehmen mit Personalberatern haben, desto schneller und billiger wollen sie ihre Suche erledigt sehen. Vielfach stößt man dann beim Kunden auf die Vorstellung, dass der Personalberater bereits bei der Auftragserteilung mindestens einen geeigneten Kandidaten aus der Schublade holt. Aber das geht schon deswegen nicht, weil selbst mir bekannte wechselwillige Kandidaten sich einen solchen Schritt sehr sorgfältig überlegen müssen.

Frage: Wie verläuft das Beratungsgespräch mit dem Kunden?

Fenner: Ich unterhalte mich mit dem Kunden sehr konkret über die zu besetzende Position, das suchende Unternehmen und die Konditionen. Schließlich ist es wichtig, dass ich genau weiß, was vom Kandidaten erwartet wird, aber auch, was er vom Auftraggeber erwarten kann. Vor allem muss ich mir ein Bild von den Hintergründen der Suche machen: Wie funktioniert das Unternehmen? Was für eine Atmosphäre herrscht dort? Nur auf dieser Grundlage kann ich im Kandidateninterview einschätzen, ob der Kandidat auch wirklich zum Auftraggeber passt.

Frage: Können Sie ein Beispiel nennen?

Fenner: Einen Suchauftrag besonderer Art bekam ich vor einiger Zeit von einem Unternehmen, das Dichtungen herstellt. Ich wurde gebeten, jemanden als Leiter der Anwendungstechnik neu zu suchen. Den jetzigen Stelleninhaber hatte ich diesem Unternehmen anderthalb Jahre zuvor selber gebracht. Ich fragte natürlich, weshalb man unzufrieden war mit dem Mann, und warum ausgerechnet ich mit der Suche beauftragt werde, obwohl doch mein Kandidat nun durch einen besseren ersetzt werden sollte. Der gerecht denkende Auftraggeber sagte: »Ich habe das von Ihnen damals erstellte Kandidatenprofil noch einmal gelesen. Dort stehen genau die Schwächen beschrieben, die sich jetzt manifestiert haben. Wir haben diese Schwächen einfach unterschätzt.« Und so ist es eben, jeder Kandidat hat Stärken und Schwächen, es gibt keinen ohne Schwächen. Deshalb muss man abwägen zwischen den positiven und den weniger gewünschten Eigenschaften eines Kandidaten. Letztlich entscheidet das Unternehmen auf Grundlage der Interviewberichte, die der Personalberater über die Kandidaten anfertigt.

Frage: Im Fall der personalisierten Direktbetreuung bauen Sie einen langfristigen Kontakt zu einem oder mehreren Wunschkandidaten auf. Wie treten Sie an die Kandidaten heran?

Fenner: Bei diesem besonderen Beratungs-Approach werden die Traumkandidaten meist zusammen mit dem Auftraggeber identifiziert – denn der weiß in der Regel ganz genau, wen er am liebsten für eine bestimmte Position hätte. Diese Kandidaten werden dann angerufen oder angeschrieben und zu einem persönlichen Kennenlernen eingeladen – am besten sogar im Rahmen eines unverdächtigen *social event*. Das Besondere an diesem Ansatz ist, dass die Kandidaten eben normalerweise noch nicht wechselbereit sind und ständig von Personalberatern angerufen werden. Nur wenn der erste Kontakt nicht direkt etwas mit Personalberatung zu tun hat, kann auf der anderen Seite Gesprächsbereitschaft aufgebaut werden. Auf diesem behutsamen Erstkontakt basieren dann weitere Treffen: Theaterbesuche, Bayreuthaufenthalte, Essen. So baut sich langsam das Vertrauen auf – bis hin zum angestrebten Wechsel des Kandidaten zum Auftraggeber.

Frage: Erfolgreiche Führungskräfte haben wenig Zeit für private Aktivitäten. Wie pflegen Sie das Verhältnis?

Fenner: Die ganz erfolgreichen Führungskräfte sind eigentlich furchtbar einsam. Sie sind daher erstaunlicherweise besonders froh über menschliche Ansprache. Natürlich ist es dennoch immer schwierig, einen Termin mit ihnen zu bekommen; doch mit Geduld, einem ansprechenden Angebot und herzlichem Charme kommt man auch hier ans Ziel!

Frage: Wann unterbreiten Sie Ihr Angebot?

Fenner: Dafür gibt es keinen idealen Zeitpunkt. Natürlich muss ich mich dabei auch nach dem zuvor mit dem Auftraggeber vereinbarten Zeithorizont richten. Aber davon einmal abgesehen hängt das ganz von den Reaktionen und Befindlichkeiten des Kandidaten ab. Vielfach kann es durchaus günstig sein, schon zu einem sehr frühen Zeitpunkt die Karten auf den Tisch zu legen – denn wie dem Vertrauen, so kommt auch der Ehrlichkeit bei der Personalberatung als kommunikationsintensiver Tätigkeit eine herausragende Bedeutung zu.

Frage: Ihrer Meinung nach: Welche Voraussetzungen muss man für die Personalberatung mitbringen?

Fenner: Für die Personalberatung ist eigentlich kein konkreter fachlicher Hintergrund erforderlich; man muss also nicht Psychologie oder BWL studiert haben, um in diesem Metier Erfolg zu haben. Unverzichtbar ist aber eine gute Menschenkenntnis – Instinkt, Intuition, wenn man so will. Man muss schnell und zielgenau sein Gegenüber einschätzen können und immer wieder entscheiden, ob der Kandidat für die Position geeignet ist und ob das suchende Unternehmen dem Kandidaten entspricht. Vor allem muss man sich immer auch der großen, doppelten Verantwortung bewusst sein: einerseits für das Unternehmen, das sich auf die Expertise des Beraters verlässt und seinem Urteil und seiner Empfehlung folgt, und andererseits natürlich auch für den Kandidaten, der mit seinem Wechsel eine ganz weitreichende Entscheidung trifft. Der Berater muss daher *immer* ehrlich und alert sein und die Bedürfnisse nicht nur des Kunden, sondern auch des Kandidaten im Auge behalten. Diese Doppelseitigkeit der Verantwortung ist meiner Meinung nach einmalig im Beratungsgeschäft.

Frage: Was hat Ihnen persönlich in dem Geschäft am meisten geholfen?

Fenner: Ganz klar meine Kontaktstärke. Ich habe dadurch nicht nur meine Menschenkenntnis ausbauen und mir eine gute Intuition erwerben können. Als Selbstständiger muss ich ja vor allem auch verkaufen, und ohne meine Freude an Menschen und social events aller Art wäre mir das unmöglich. Natürlich war es auch ein Riesenvorteil für mich, dass ich das Handwerkszeug bei guten Lehrmeistern lernen konnte.

Frage: Ihr persönlicher Tipp für den Nachwuchs?

Fenner: Niemals verzagen! Das ist das Wichtigste. Heute hat man beste Voraussetzungen für ein abwechslungsreiches und spannendes Berufsleben mit persönlicher Erfüllung. Nie zuvor war das Spektrum der Angebote so vielseitig. Das wird bei den Klagen über die zugegebenermaßen hohe Arbeitslosigkeit immer vergessen; schließlich aber hat man heute nicht nur den nationalen, sondern den europäischen Arbeitsmarkt offen vor sich liegen! Daher mein Tipp: Sprachen lernen, wo und wann es nur geht, Englisch, am besten noch Französisch, Spanisch, Schwedisch, Holländisch – man vergrößert so seine Chancen ganz erheblich.

Info-Box

Berufsinteressen vertritt:

Fachverband Personalberatung
Im Bundesverband deutscher Unternehmensberater
Zitelmannstr. 22
53113 Bonn
Tel.: (02 28) 9 16 10
Fax : (02 28) 91 61 26
www.bdu.de

Die Personalberatung von Uwe Fenner (siehe Interview):

Fenner Personalberater
Bertinistr. 15
14469 Potsdam
Tel.: (03 31) 27 91 60
Fax: (03 31) 27 91 61 00
www.fenner.de

Die umsatzstärkste deutsche Personalberatung:

Kienbaum Executive Consultants
Ahlefelder Str. 47
51645 Gummersbach
Tel.: (0 22 61) 70 30
Fax: (0 22 61) 70 35 38
www.kienbaum.de

Literatur:

Silke Strauss, Rainald Krumpa, *Karrierestrategie: Headhunter. Wie Sie die Profis erfolgreich nutzen*, Niedernhausen 2001.

IT-Berater

Geht es in der IT-Beratung wirklich um Beratung oder eigentlich eher ums Programmieren? »Früher gab es einen Auftrag vom Management an die EDV-Abteilung, eine neue Anwendung zu entwickeln. Die Programmierer zogen sich daraufhin zurück und wurden monatelang nicht mehr gesehen«, erklärt Frank Schmitz, IT-Berater im Hamburger Softwarehaus *mindmatters*. Das Ergebnis war in solchen Fällen fast immer niederschmetternd: Über 70 Prozent aller EDV-Projekte in großen Unternehmen galten im Jahr 2000 als nicht wirklich erfolgreich, so eine Untersuchung des amerikanischen Martforschungsinstituts *Standish Group*.[4] Für die Bundesrepublik schätzt Schmitz die Zahl eher noch höher. Umso schlimmer, da Softwareentwicklung arbeitsintensiv und somit für die Unternehmen extrem teuer ist.

Laut Sprichwort liegt in jeder Krise eine Chance, und so bieten IT-Spezialisten heute nicht nur Programmierung, sondern auch Beratung und Qualitätssicherung als Dienstleistung an. »Softwareentwicklung funktioniert nicht wie der Bau eines Reihenhauses, wo nur festgelegt wird, wann der Eigentümer den Schlüssel kriegt«, so Schmitz. »Ich mache dem Management klar, dass sie sich von der Vorstellung verabschieden müssen: ›Wir haben da so eine Idee und die Entwickler sollen mal machen‹.«

Viele Manager kommen aus dem kaufmännischen Bereich, wissen wenig über Datenverarbeitung und können die komplexen EDV-Projekte kaum durchschauen. Die Folge: Sie fühlen sich von den teuren Entwicklern über den Tisch gezogen. Aufgabe der Berater ist daher, die Investition zu sichern und den Entwicklungsprozess für das Management transparent zu gestalten.

mindmatters begleitet große Unternehmen bei der Erstellung von Software für individuelle Businessprozesse. Ein Beispiel: Ein Versicherungskonzern gründete ein Tochterunternehmen, das Versicherungen direkt über das Internet vermarkten soll. Dafür musste ein System geschaffen werden, das nicht nur Daten präsentiert (wie jede Website), sondern auch Daten verarbeiten kann. Wenn also ein Versicherungswilliger seine persönlichen Parameter – Geburtsdatum, Risikofaktoren, angestrebte Versicherungsleistung – eingibt, kann die Software in Sekundenschnelle berechnen, wie hoch der monatliche Versicherungsbeitrag zu einer Renten- oder Berufsunfähigkeitsversicherung sein müsste. Dadurch spart die Versicherung Verwaltungskosten und die Provision für die Vertreter. Die Verträge im Netz können so deutlich preiswerter angeboten werden. Der Kunde kann außerdem verschiedene Modelle ausprobieren und sie mit Konkurrenzprodukten im Netz vergleichen. In ein solches Software-Projekt ist neben Management und betroffenen Fachabteilungen auch die EDV-Abteilung des Unternehmens involviert. »Das sind meistens Leute, die die Enterprise-Applications auf den Großrechnern pflegen und teilweise den Anschluss an aktuelle Softwaretechnologien verloren haben«, so Schmitz. Trotzdem müssten sie für neue Ideen gewonnen werden und sich auf die Vorgehensweise der Berater einlassen. Schließlich sollen die unternehmensinternen Programmierer in die Entwicklung eingebunden werden und später das System warten.

Werbe- und Internetagenturen, die für das Unternehmen arbeiten, konzentrieren sich mehr auf Grafik und Werbung und besitzen oft nicht das Fachwissen für eine geeignete Softwarearchitektur. Dennoch müssen auch sie in den gesamten Prozess integriert werden. Daher setzt sich Schmitz zu Beginn eines Projekts mit allen Beteiligten zusammen und klärt, wer die meiste Erfahrung für welche Aufgabe hat. »Dafür muss die Atmosphäre stimmen, sonst ist die Hälfte nachher beleidigt«, erklärt er.

Eine Atmosphäre der Akzeptanz ist auch Voraussetzung dafür, dass Beteiligte Fehler zugeben können. »Es gibt nichts Schlimmeres für so ein aufwändiges Unterfangen, als wenn jemand einen Fehler gemacht hat und sich nicht traut, ihn zuzugeben. Der Schaden wird dann immer größer, weil niemand ihn berichtigen kann«, so Schmitz. Daher sei es wichtig, auch über andere Sachen als Technik zu reden und Persönliches in die Waagschale zu werfen. »In der IT-Beratung gehört es dazu, sich über Hobbys, Sport, Kino, Urlaub und Erlebnisse zu unterhalten. Das sind vertrauensbildende Maßnahmen«, so Schmitz. Wer das nicht könne, werde von den anderen als Fachidiot wahrgenommen und nicht ernsthaft akzeptiert. »Allerdings müssen wir als Berater in der Lage sein, notfalls eben auch mit extrem unkommunikativen Leuten zusammenzuarbeiten, wenn die nun mal in der EDV-Abteilung des Unternehmens sitzen.« Nebenbei: Programmierer, die sich nur für EDV interessieren und wenig sonst im Leben machen, werden Anoraks genannt (änoräks ausgesprochen, in Anlehnung an die unförmigen Parkas, die viele Programmierer – zumindest im Klischee – tragen).

Im Gegensatz zu den meisten Kollegen schreiben die Berater von *mindmatters* nicht im Voraus detaillierte Projektpläne und Listen über die gesamte Projektlaufzeit. Für die erste Phase von drei bis sechs Wochen wird genau geschätzt, der Rest grob abgesteckt. »Niemand kann sagen, bis wann die Programmierung zu siebzig Prozent erledigt ist«, so Schmitz. Solche Zahlen böten ohnehin bloß eine Scheinsicherheit. »Bevor das ganze Projekt den Bach runtergeht, kann laut Plan alles vollkommen in Ordnung gewesen sein.« Statusberichte gäben eben keinen Aufschluss über den tatsächlichen Stand der Entwicklung.

mindmatters dagegen setzt auf ein iteratives System der Projektplanung: Drei bis sechs Wochen lang wird der lauffähige Prototyp eines Objekts entwickelt, getestet und dann dem Management präsentiert. Gemeinsam werden aufgezeichnete Testfälle durchgespielt, um Funktionalität und Benutzerführung kennen zu lernen. »Von dort aus machen wir Vorschläge, wie es weitergehen könnte. Aber das Management entscheidet«, erklärt Schmitz das System. Nach der ersten Iteration kommen die nächsten Wochen in die Feinplanung. Dann wird erneut präsentiert und beurteilt. Auf diese Weise liegt die Projektsteuerung nicht bei den Programmierern, sondern wird den Auftraggebern zurückgegeben.

Der IT-Berater muss bei dieser Vorgehensweise jede Komponente als abgeschlossene Einheit sehen. Programmiert wird vom Groben ins Feine. »Eine komplexe Anwendung darf nicht wie ein dickes Wollknäuel programmiert sein«, so Schmitz. Software sei gut, wenn sie richtig funktioniert und performant ist, also nicht übermäßig viel Zeit für die Rechenarbeiten benötigt. Sie muss erweiterbar und auch für andere Entwickler relativ leicht zu ändern sein. »Damit macht sich ein guter Berater auf Dauer überflüssig. Alles, was er tut, muss so transparent sein, dass es jederzeit von anderen weitergeführt werden kann«, so Schmitz.

Um das zu gewährleisten müssen die Berater vor allem im Interesse des Kunden denken können. Das erfordert Einfühlungsvermögen und Verständnis für die Abläufe im Unternehmen. Gerade »Nur-Programmierer« täten sich oft schwer damit, anderen zu erklären, was sie sich bei dieser oder jener Programmierung gedacht haben. »Außerdem sollte man als IT-Berater frei reden können, Autorität ausstrahlen und anderen gern technisches Wissen vermitteln«, sagt Schmitz. Dazu sollte man gut in Bildern oder Szenarien denken können, die das Gegenüber aus dem richtigen Leben kennt. *mindmatters* wird auch um Rat gefragt, wenn die Unternehmen per Anzeige neue Mitarbeiter für die EDV-Abteilung suchen.

Bei *mindmatters* arbeiten nicht nur Techniker, sondern auch Politik- und andere Geisteswissenschaftler. »Im Informatikstudium lernt man weder, gute Software zu programmieren noch zu kommunizieren. Die Uni bringt einem eher bei, formal sauber zu arbeiten und Sachen auch bis zum Schluss durchzuziehen«, so Schmitz. Doch das könne man eben auch in anderen Studiengängen lernen. »Programmieren nicht durch Studieren, sondern: Software bauen, Software bauen, Software bauen«, lautet Schmitz' Devise. Und die Kommunikation lerne man am besten in der Auseinandersetzung mit möglichst unterschiedlichen Leuten. »Man muss ein funktionierendes Sozialleben haben und darf sich auf keinen Fall nur Programmierer als Freunde suchen«, rät Schmitz.

IT-Berater finden sich in Unternehmensberatungen, bei Hardwareherstellern wie *Compaq* und *IBM*, in Softwarehäusern, den EDV-Abteilungen großer Unternehmen und als Selbstständige. Gut am Markt vertreten sind betriebswirtschaftliche Systeme wie *SAP* oder *BAAN*, mit denen Unternehmensprozesse wie Produktion, Vertrieb, Lager, Logistik, Personalwesen und Finanzbuchhaltung gesteuert werden. Nach der Implementierung werden die Mitarbeiter des Unternehmens für die tägliche Anwendung der Software geschult. So haben die IT-Berater im Lauf eines Projekts oft Kontakt zu Mitarbeitern auf allen Ebenen: vom Vorstand bis zum Lagerarbeiter, der jetzt bei der Warenannahme und -auslieferung andere Eingaben machen muss und dem neuen System möglicherweise ablehnend gegenübersteht.

Interview

Dr. Carsten Wengel ist promovierter Physiker und arbeitet bei *IBM Global Services* in München als Principal für das Geschäftsfeld Versicherungen. Seine Aufgaben sind der Vertrieb von Dienstleistung und Service-Projekten, Angebotserstellung und die Begleitung von akquirierten IT-Projekten beim Kunden vor Ort.

Frage: Neben Versicherungen betreuen Sie auch Firmen der New Economy. Mit welchen Anliegen kommen die Kunden auf Sie zu?

Wengel: Die häufigsten Probleme sind fehlendes Know-how in IT-Spezialgebieten oder fehlende Mitarbeiter in internen Projekten. Hier können wir meist kurzfristig und mit hoher Qualität aushelfen. Ferner werden wir gerufen für die Erarbeitung neuer Geschäftsfelder, zum Beispiel im E-Business, und auch später für die Umsetzung und Implementierung von dazugehörigen IT-Produkten und Lösungen.

Frage: Wie gehen Sie bei der Beratung vor?

Wengel: Man kann sich die Beratung wie eine Spirale vorstellen: Beim ersten Gespräch spricht man ausführlich über die Probleme und Fragestellungen des Kunden. Beim nächsten Termin bringt man erste Ideen, Analysen und Lösungsansätze mit. Dies führt dann zu weiteren Fragestellungen und somit zu einer Verfeinerung des ursprünglichen Themas. Gleichzeitig erfährt man viel über die Denkart des Gegenübers und lernt besser auf ihn oder sie einzugehen. So geht das spiralförmig weiter, bis man einen konkreten Auftrag oder ein Projekt formulieren kann. Hört sich einfach an, ist aber nicht ohne! Denn jeder Mensch ist verschieden. Häufig nehmen an solchen Gesprächen auch schon Spezialisten mit Branchen- oder IT-Know-how teil, um möglichst schnell mit dem Kunden auf den Punkt zu kommen.

Frage: Ist das ein vorgegebenes Schema oder entscheiden Sie ad hoc?

Wengel: Natürlich habe ich in der Regel einen Fahrplan für mein Gespräch im Hinterkopf, im konkreten Fall muss man dann aber oft flexibel reagieren. Sonst wäre es ja langweilig.

Frage: Gab es einmal eine besonders knifflige Aufgabe?

Wengel: Schwierig wird es immer unter Zeitdruck, und den gibt es oft. Wenn der Kunde mir heute sein Problem nennt und morgen die implementierte Lösung braucht, muss man ihn erstmal von seinen unrealistischen Erwartungen runterbringen, was sehr schmerzhaft sein kann. Gleichzeitig läuft man Gefahr, den Auftrag zu verlieren. Leider passiert das ziemlich häufig und kann manchmal ganz schön nerven. Wenn man dann aber den Kunden so weit hat, dass er bereit ist, einen gemeinsamen Fahrplan zu erarbeiten, funktioniert die Zusammenarbeit später umso besser.

Frage: Wie lange dauert die Zusammenarbeit mit einem Kunden durchschnittlich?

Wengel: Das kann von einem Workshop über zwei Tage bis zu langfristigen Projekten und Geschäftsbeziehungen über mehrere Jahre gehen. Alles ist möglich, und alles habe ich in meiner Arbeit bisher erlebt.

Frage: Macht es für Ihre Arbeit einen Unterschied, ob Sie bei einer Unternehmensberatung oder bei einem Hersteller tätig sind?

Wengel: Das Schöne bei *IBM* ist, dass wir beides sind, sowohl Hersteller für Hard- und Software als auch das größte Beratungsunternehmen (*IBM Global Services*) der Welt mit insgesamt 180 000 Beratern rund um den Globus. Von daher ist mir diese Unterscheidung egal, und in der Arbeit kommen natürlich auch Nicht-IBM-Produkte vor, je nachdem, was am besten zum Kunden passt.

Frage: Was muss man für die IT-Beratung können?

Wengel: Zuhören. Das häufigste Problem ist, dass die Kunden sich schlecht oder gar falsch verstanden fühlen. Das führt bei Projekten dann häufig zu Problemen, wenn Erwartungen des Kunden und Lieferung des Lösungsanbieters nicht zusammenpassen. Ferner sollte man kreativ Ideen entwickeln können, sei es technisch oder organisatorisch, und auch ein gutes Stück soziale Kompetenz mitbringen, denn Beratung ist vor allem immer auch persönliche Beratung.

Frage: Wo haben Sie das gelernt?

Wengel: Ich habe in den USA Theoretische Physik studiert und im Bereich Computational Science promoviert. Ferner habe ich die Nebenfächer Sozial- und Organisationspsychologie belegt. Aber da kommt dann eher die Theorie her. Alles Weitere lernte ich im Job, man muss die Risikobereitschaft haben, auch mal auf die Nase zu fallen. Außerdem lasse ich mich coachen, um mich fit zu halten und ständig weiter zu entwickeln.

Frage: Gibt es auch etwas, das Sie am IT-Beratungsgeschäft stört?

Wengel: Wenn man aus einem sehr intellektuellen Bereich wie der Physik kommt, ist der Sprung zu den Real-Life-Problemen schon groß und fiel mir am Anfang nicht leicht. Außerdem stört mich, dass viele unserer Kunden ihre Probleme nur aus einem technischen Blickwinkel betrachten, obwohl häufig menschliche, strategische und organisatorische Probleme die Ursache sind. Aber genau hier setzt die Beratungsleistung an, und da gibt es auch den Mehrwert für den Kunden!

Frage: Wie wird sich die IT-Beratung in den nächsten Jahren Ihrer Meinung nach entwickeln?

Wengel: Sie wird sich zusehends weiter spezialisieren. Dabei tritt der Mensch mit seinen Bedürfnissen, die vom Markt bedient werden müssen, immer mehr in den Vordergrund: Angebote, zum Beispiel im Versicherungsbereich, werden immer individueller auf den Käufer zugeschnitten. Individuelle Lösungen für den Kunden bedeutet auch individuelle IT-Lösungen für das Unternehmen, das einen solchen Service anbieten will, um sich damit am Markt zu differenzieren. Hier ist die IT- und Business-Beratung auch in Zukunft sehr gefragt.

Frage: Ihr Persönlicher Tipp für den Nachwuchs?

Wengel: Neben dem fachlichen Studium auf keinen Fall die Soft Skills vernachlässigen und ein Interesse für wirtschaftliche Zusammenhänge entwickeln. Motto: Du kannst noch so hoch qualifiziert sein, am meisten zählen aber gesunder Menschenverstand und Menschlichkeit.

Info-Box

mindmatters
Bernhard-Nocht-Str. 51
20359 Hamburg
Tel.: (0 40) 31 79 22 72
Fax: (0 40) 31 79 22 73
www.mindmatters.de

IT-Berater bei Herstellern arbeiten beispielsweise bei:

SAP
Neurottstr. 15a
69190 Walldorf
Tel.: (08 00) 5 34 34 24
Fax: (08 00) 5 34 34 20
www.sap.de

IBM Global Services
Postfach 22 00 26
80533 München
Tel.: (0 89) 4 50 40
Fax: (0 89) 45 04 36 32
www.ibm.de

BAAN
Günther-Wagner-Allee 19
Hannover
Tel.: (05 11) 8 50 40
Fax: (05 11) 8 50 42 99
www.baan.de

Compaq
Humboldtstr. 8
85609 Dornach
Tel.: (0 89) 9 93 30
Fax: (0 89) 99 33 11 66
www.compaq.de

Unternehmensberatungen mit Schwerpunkt IT:

CSC Ploenzke
Am Hahnwald 1
65399 Kiedrich
Tel.: (0 61 23) 93 0
Fax: (0 61 23) 93 34 99
www.cscploenzke.com

Mummert & Partner
Hans-Henny-Jahnn-Weg 29
22085 Hamburg
Tel.: (0 40) 22 70 30
Fax: (0 40) 2 27 03 79 99
www.mummert.de

Existenzgründungsberater

Kein Chef mehr. Keine schlecht gelaunten Kollegen. Keine unsinnigen Anordnungen von oben. Mit solchen Stoßgebeten beginnt oft der Wunsch nach beruflicher Selbstständigkeit. Manchmal ist es eine zündende Geschäftsidee, eine unvorhergesehene Chance – manchmal ein langer Prozess des Nachdenkens, Diskutierens, Probierens, bis aus einem gelangweilten Angestellten ein risikobereiter Unternehmer wird. Doch der Schritt in die Selbstständigkeit ist für viele mit Unsicherheiten behaftet. Um Idee und Finanzplanung der Nachwuchsunternehmer zu prüfen, stehen Existenzgründungsexperten bereit, die ihr eigenes Wissen über Branchen, Markt, Finanzierung und Marketing in den Dienst ihrer Klienten stellen. Dabei haben die Berater selbst mitunter durchaus eine Festanstellung: Bei einer Handwerkskammer zum Beispiel, die die 94 Vollhandwerksbetriebe, wie Dachdecker, Gerüstbauer, Fleischer, Augenoptiker, Glaser und Gebäudereiniger beraten, aber auch 57 handwerksähnliche Gewerbe wie Bestattungsunternehmen, Kosmetiker oder Änderungsschneidereien. Angestellte Existenzgründungsberater arbeiten auch bei Banken, den großen Beratungshäusern oder Gesellschaften, die Wagniskapital an Technologiefirmen vergeben.

Andere Existenzgründungsberater leben den Klienten die Selbstständigkeit vor. Die etablierten und qualifizierten unter ihnen sind bei den Zuwendungsleitstellen registriert, die Gelder für günstige staatliche Förderprogramme verwalten. Das sind zum Beispiel die örtlichen Industrie- und Handelskammern oder die Fachverbände, wie der *Deutsche Hotel- und Gaststättenverband*. Hier brauchen die Berater neben fundierten betriebswirtschaftlichen Kenntnissen auch das aktuelle Know-how der jeweiligen Branchen. Schließlich unterscheiden sich Marktchancen und Investitionsbedarf von Bäckern wesentlich von den Chancen einer neuen Internetplattform.

In der Existenzgründungsberatung wird zunächst untersucht, welche Chancen die Idee auf dem Markt hat. Oft rechnen sich Gründer im Businessplan reich, ohne den zukünftigen Umsatz wirklich abschätzen zu können. Die Banken, die den Großteil der nötigen Investitionen finanzieren sollen, sind da deutlich vorsichtiger. So kann aus einem Existenzgründungsberater auch der Totengräber einer Idee

werden, die schlecht kalkuliert oder schlicht ihrer Zeit weit voraus
ist.

Neben Betriebswirtschaft und Berufsstandrecht muss der Existenzgründungsberater auch in juristischen und steuerrechtlichen Fragen
fit sein: Ist es im Einzelfall günstiger, eine GmbH oder eine Personen-
gesellschaft zu gründen? Wie muss ein Gesellschaftervertrag aussehen? Aber auch Marketingwissen ist gefragt, wenn es um Vertriebs-
wege, Werbung und Preisgestaltung geht.

Manche Existenzgründungsberater haben sich auf eine Zielgruppe
spezialisiert. So berät *Economista* seit 1988 in Berlin zukünftige Unternehmerinnen und veranstaltet entsprechende Kurse. Zwei Monate
lang unterrichten Existenzgründungsberaterinnen in Betriebswirtschaft, Gesellschaftsrecht und -formen, Kostenrechnung und Kalkula-
tion, Buchhaltung, Finanzierungs- und Investitionsplanung, Steuern,
Marketing und Werbung, Kommunikation und Interaktion, Verhandlungsführung und Zeitmanagement. Dabei entwickeln die Teilnehmerinnen ihr Gründungsvorhaben durch einen Gründungsfahrplan von
der Idee bis zum Konzept, von der Finanzplanung bis zur Geschäfts-
eröffnung. Ideen, Qualifikationen und Voraussetzungen werden analysiert, Stärken und Schwächen herausgearbeitet sowie Schwierigkeiten und Ängste thematisiert. Außerdem organisieren die Beraterinnen
von Economista Betriebsbesichtigungen und Austauschmöglichkeiten
mit bereits erfolgreichen Unternehmerinnen.

An eine andere Klientel wendet sich das *Existenzgründer-Institut*
in Berlin. Neben Workshops wird hier seit 1996 der Businessplan-
Wettbewerb Berlin-Brandenburg organisiert. Darüber hinaus findet
alle zwei Monate die Media Lounge statt, in der neu gegründete Me-
dienunternehmen Kontakt zu den etablierten Medien knüpfen und so
wertvolles Know-how und Tipps erhalten können. Kapitalsuchende
Teams aus den Hightechbranchen werden durch die Organisation eines Venture-Forums betreut. Zusätzliche Projekte sind der Venture-
Capital-Kongress sowie der Branchentalk des Instituts.

Handwerker, die sich nach bestandener Meisterprüfung selbstständig machen wollen, können sich von den Handwerkskammern kostenlos beraten lassen. Dabei wenden sich vor allem drei Gruppen an die
Berater: Erstens die Neugründer, die bis auf die Kurse im Meistervor-
bereitungslehrgang noch nicht viel Wissen im Bereich Selbstständig-

keit haben. »Wenn die Vorstellungen allzu verschwommen sind, schlage ich allerdings vor, die Selbstständigkeit um ein paar Jahre zu verschieben. Das kann manchmal der beste Rat sein«, sagt Joachim Schermer, Abteilungsleiter im Geschäftsbereich Gewerbeförderung bei der Kölner Handwerkskammer. Die Meisterprüfung garantiere zwar die fachliche Qualifikation, oft fehle aber die unternehmerische Erfahrung. »Zum Führen eines Betriebs gehört eben auch Persönlichkeit«, so Schermer. Die deutliche Mehrheit der Ratsuchenden sei jedoch nicht naiv, sondern wäge sehr sorgfältig Chancen und Risiken ab.

Nach dem ersten Anlaufgespräch bekommt der Gründungswillige eine Art Fahrplan von der Handwerkskammer, mit dessen Hilfe er ein eigenes Gründungskonzept erarbeiten kann. Beim nächsten Termin werden dann häufig weitere Personen hinzugezogen: Steuerberater, Wirtschaftsprüfer, Banken, Rechtsanwälte oder Notare. »Dabei führen wir die Gespräche untereinander immer sehr offen, allerdings unter strenger Geheimhaltung nach außen«, so Schermer.

Die zweite Gruppe, die zur Beratung in die Handwerkskammer kommt, arbeitet bereits in einem Betrieb mit und hat nebenbei in Abendkursen die Meisterschule absolviert. Diese Nachwuchsgründer wollen sich – in Absprache mit dem jetzigen Unternehmer – darauf vorbereiten, den Betrieb eines Tages zu übernehmen. Dabei geht es in der Beratung auch darum einzuschätzen, welchen Wert das Unternehmen hat und welche Übernahmefinanzierung günstig ist. »Da gibt es natürlich unterschiedliche Vorstellungen. Wir müssen dann eine Lösung finden, die sowohl die wirtschaftliche Zukunft des Betriebs sichert als auch dem Verkäufer eine vernünftige Altersversorgung bietet«, erklärt Schermer. Fragen der Nachfolgeregelung würden in Zukunft noch dringender: Viele Unternehmer gehen in Ruhestand und suchen händeringend nach einem geeigneten Nachfolger, der durchaus nicht Sohn oder Tochter sein muss.

Die dritte Gruppe besteht aus frisch gebackenen Meistern, die gerne einen Betrieb übernehmen würden, bislang aber keinen Kontakt aufgebaut haben. Hier bietet die Handwerkskammer eine Betriebsbörse, in der durchschnittlich über 300 Betriebe vertreten sind. »Natürlich müssen wir bei der Vermittlung sehr diskret vorgehen. Wenn sich im Betrieb Gerüchte über eine Übernahme breit machen, kann sich das sehr negativ auf das Arbeitsklima auswirken«, erklärt Schermer.

Neugründung, Beteiligung, Übernahme – das sind die üblichen Modelle für junge Meister, die sich selbstständig machen wollen. Dabei handelt es sich um Betriebe zwischen ein und tausend Mitarbeitern, wie beispielsweise bei einem Gebäudereiniger. Manchmal wollen sich zwei Meister gemeinsam selbstständig machen und brauchen Hilfe bei der Vertragsgestaltung. »Wir machen zwar keine Vertragsberatung, aber wir weisen darauf hin, was unbedingt beachtet werden muss, zum Beispiel Fragen der Berufsunfähigkeit. Oder was im Fall des Todes eines Mitunternehmers der Witwe zusteht«, erklärt Schermer. Auch in Schwierigkeiten geratene Betriebe melden sich bei seinen Beratern, wenn sie Liquiditätsprobleme haben oder ihr Marketing verbessern wollen. Bei der Beratung der Handwerkskammer arbeiten Kaufleute, Volkswirte und Ingenieure.

Für alle Existenzgründungsberater gilt: Wer anderen helfen will, sich eine selbstständige Existenz aufzubauen, braucht eine Menge Menschenkenntnis. Schließlich muss er gegebenenfalls feststellen, ob der zukünftige Unternehmer genug Durchhaltevermögen und Durchsetzungskraft hat, um sich in der Branche zu behaupten. Fingerspitzengefühl und Verantwortungsbewusstsein für den Umgang mit den Träumen anderer sind gefragt, wenn es gilt, aus einer innovativen Dienstleistung ein etwas traditionelleres Angebot zu gestalten, um ein höheres Kundenpotenzial für die Neugründung zu gewinnen. Um zu erkennen, welche Idee wirklich gut ist, sollte jeder Existenzgründungsberater viel von der Welt wissen und ein Gespür für Trends mitbringen.

Info-Box

Existenzgründungsberater arbeiten unter anderem:

- in den Industrie- und Handelskammern: www.ihk.de
- in den Handwerkskammern: www.hwk.de
- bei Berufsverbänden, zum Beispiel in den Kreisverbänden der Wirtschaftsjunioren Deutschland: www.wjd.de
- bei den Existenzgründungsstellen der Arbeitsämter, zum Beispiel das Existenzgründungsbüro im Arbeitsamt München: www.bfe-muenchen.de
- an den Volkshochschulen: www.vhs.de

- an den Fernschulen, zum Beispiel: www.akademie.de
- bei privaten Beratungsgesellschaften, zum Beispiel Economista (siehe Text): www.economista.de

Viele Informationen zum Thema Existenzgründung gibt es auch beim Bundesministerium für Wirtschaft und Technologie: www.bmwi.de, und den Wirtschaftsministerien der Bundesländer, zum Beispiel: www.saarland.de. Weitere Informationsquellen sind die Gründerzentren und Technologieparks. Adressen über die Arbeitsgemeinschaft Deutscher Technologie- und Gründerzentren: www.adt-online.de. Leitstellen, bei denen Anträge auf staatlich geförderte Existenzgründungsberatung gestellt werden können, sind unter anderem:

IHK-Gesellschaft zur Förderung
der Außenwirtschaft und der
Unternehmensführung
Breite Str. 29
10178 Berlin
Tel.: (0 30) 2 03 08 23 53
Fax: (0 30) 2 03 08 10 00

Zentralverband des
Deutschen Handwerks
Mohrenstr. 20–21
10117 Berlin
Tel.: (0 30) 20 61 90
Fax: (0 30) 20 61 94 60

Energieberater

»Ich bin nicht Energieberater, ich bin Problemlöser!« lautet das Motto von Reinhold Waßmuth. Als selbstständiger Ingenieur im niedersächsischen Bösel löst er die Probleme von Unternehmen in Sachen Energieverbrauch. »Die meisten Geschäftsführer, die mich anrufen, haben bereits großen Leidensdruck: Sie geben Riesensummen für Energie aus und fragen sich, ob das so sein muss, ob das wohl ein Naturgesetz ist.« Viele würden dann ihre Kollegen fragen. »Aber auch die nicken nur schweigend, bis einer sagt: ›Nee, nee, das ist gar kein Naturgesetz.‹« Erst dann horchten die Unternehmer auf, und griffen – im besten Fall – zum Hörer, so Waßmuth.

Dann schlägt die Stunde des externen Energieberaters. Er wird von außen in das Unternehmen eingeladen, da die eigenen Mitarbeiter oft betriebsblind sind oder Rücksicht nehmen müssen, vor allem auf die, die für den problematischen Zustand verantwortlich sind. Wer verändern will, impliziert ja auch: Hier wird seit Jahren etwas falsch gemacht und Geld verschwendet. Wer von außen kommt hat dagegen den *fresh eyes* Vorteil. »Die eigenen Leute denken viel zu schnell: ›Bei uns ist alles top‹. Ich laufe dann durch den Betrieb und mache erst mal eine Liste von 135 Punkten, die gar nicht top sind und die es zu verbessern gilt«, berichtet Waßmuth. Zu seinen Kunden zählen neben Mittelständlern auch große Namen wie *Nestlé, Tchibo, Daimler-Chrysler* und *Volkswagen.*

Wenn Waßmuth zum ersten Mal ein Unternehmen betritt, erklärt er dem gehetzten Geschäftsführer meist im Stenogrammstil zwischen Tür und Angel, dass er möglicherweise 30 Prozent seiner Energiekosten einsparen kann: »Technik muss man so erklären können, dass es auch ein Kind versteht, sonst taugt man nicht zum Berater«, so Waßmuth. Der Geschäftsführer müsse nach einer gemeinsamen Fahrt im Aufzug bereits das Gefühl haben, dass er »alles total verstanden hat«. Notfalls gibt der Energieberater Anschauungsunterricht, steigt mit dem Chef aufs Dach und zeigt ihm, wo teure Druckluft freigesetzt wird. »Dann wird der da oben erst mal ganz wild, und ich kann mein Angebot unterbreiten«, erklärt Waßmuth. Dazu sei es von Vorteil, wenn man keine technik-verliebte Sprache spricht und möglichst viel Kontakt zu Nicht-Technikern pflegt. »Und man sollte schon mal in einem anderen Beruf gearbeitet haben, zum Beispiel als Autoverkäufer.« Direkt von der Uni oder vom Labor in die Beratung zu gehen, hält Waßmuth für ungünstig. »Schließlich muss der Berater wissen, wo das Herz und der Puls der Menschen schlagen.«

Waßmuth ist Vorsitzender des Verbands unabhängiger Energie- und Umweltberater, in dem über 500 Mitglieder organisiert sind. Ein typisches Beispiel aus dem Berateralltag: Ein Unternehmen der Lebensmittelbranche betreibt ein Kühlhaus, durch das täglich 50 Tonnen Lebensmittel geschleust werden. Auf der Windseite ist ein großes Portal, ein zweites auf der gegenüberliegenden Seite. Da beide Tore immer nur gleichzeitig geöffnet werden können, wird das Kühlhaus mehrmals am Tag durch den (im Sommer warmen) Wind aufgeheizt. Danach muss das Kühlhaus unter hohem Energieaufwand wieder »heruntergekühlt« werden.

Im Küchenbereich desselben Lebensmittelherstellers findet sich der gegenteilige Effekt: Die zur Herstellung von Konserven benötigten

Riesenkessel müssen konstant auf einer Temperatur von 110 Grad Celsius gehalten werden. Durch die Rauchabzugschächte werden die Töpfe jedoch ständig von außen gekühlt. Für Waßmuth ein ganz typischer Fall: »Im Grunde muss der Energieberater sein technisches Wissen von allen weltfremden Sperenzchen befreien und sich fragen: ›Was passiert hier eigentlich?‹ Das ist eine ganz schlichte Reduktion auf den zentralen Ablauf.« Daher sollte der Energieberater auf keinen Fall Fachidiot, sondern eher Generalist sein.

Einsparen ist in der Bundesrepublik zu einem echten Erwerbszweig geworden. Und die Entwicklung ist erst am Anfang. Etwa 80 Prozent des Einsparpotenzials liegen Waßmuths Einschätzung nach noch brach. Die besten Geschäfte macht er mit »etwas ausgeschlafeneren Kaufleuten. Denen sage ich: ›Du schmeißt ja viel Geld zum Fenster raus mit deinen Abgasen‹, und dann bitten die gleich um einen Termin.« Bei dem Betreiber einer Steinschmelze wurde auf Waßmuths Anraten hin nach zehn Jahren eine Öffnung im Ofen geschlossen, durch die Wärme für etwa 60 000 Euro pro Jahr entwich. »Zusätzlich herrschte eine Affenhitze in der Halle, der Betriebsrat hatte sich schon über die Temperaturen beschwert«, erzählt Waßmuth. Daraufhin hatte man zunächst große Ventilatoren angebracht, die zusätzlich Strom verbrauchten.

Der Anstoß, sich an einen externen Energieberater zu wenden, kommt oft aus dem Benchmarking. »Ein Unternehmer liest, wie viel Gas die erfolgreiche Konkurrenz für ihre Fertigung benötigt und stellt fest, dass sein Betrieb doppelt so viel braucht.« Auch die Fachverbände veröffentlichen Kennziffern, wie hoch der durchschnittliche Strom-, Gas- und Wasserverbrauch und die Entsorgungskosten liegen. Diese Statistiken vergleicht Waßmuth mit den Abrechnungen seiner Kunden. Und siehe da: Bei einem Unternehmen beispielsweise lagen die Abwasserwerte 73 Prozent über dem Durchschnitt. In die undichten Abwasserleitungen drang Grundwasser und ließ die pro Liter berechneten Abwassergebühren in die Höhe schnellen. Durch Abdichten der Rohre konnten 90 000 Euro pro Jahr gespart werden. »Das hätte man natürlich auch im Unternehmen feststellen können, wenn man die Abwasserabrechnungen mal gelesen hätte. Aber für so was hat niemand einen freien Kopf«, erklärt der Energieberater.

Überarbeitete Mitarbeiter, lernunwillige Platzhirsche, ein allzu gutes Verhältnis zu den Lieferanten (zum Beispiel von Klimaanlagen oder Druckluftsystemen) und mangelnde Kommunikation innerhalb des Unternehmens, aber auch unter den Unternehmen derselben Branche hält Waßmuth für die Gründe, warum auch in Zukunft externe Energieberater gebraucht werden.»Es hat sich einfach immer noch nicht durchgesetzt, auch die Folgen von benutzter Technik abzuschätzen. Da wird eine Anlage installiert, weil der Verkäufer gut reden kann, und Jahre später wundert man sich über die hohen Energiekosten.«

Waßmuth hat seine Laufbahn als Montage-Ingenieur begonnen: Er nahm Großanlagen in China, Saudi-Arabien und in den USA in Betrieb. Auf den Großbaustellen trainierte er sein Verständnis für technische Zusammenhänge. Bereits zu Studienzeiten hatte er seine kommunikativen Fähigkeiten als AStA-Sprecher der Technischen Fachhochschule Darmstadt unter Beweis gestellt. Nicht verschwiegen werden soll, dass sich Waßmuth als entschiedener Gorleben- und Brokdorf-Gegner heute im Widerstand gegen die Castortransporte engagiert.

Viele Unternehmen arbeiten über Jahre mit Energieberatern, die auch Aufgaben im Controlling übernehmen. Sie überprüfen, welche Einsparziele erreicht oder nicht erreicht wurden und welche Gründe es dafür gibt. Wenn neue Betriebe hinzugekauft werden, kommt der Energieberater bei der Beurteilung der Anlagen zum Einsatz und erarbeitet Vorschläge für sinnvolle Überholungen oder Neuanschaffungen.

Nicht nur Unternehmen, auch private Hausbauer und -besitzer benötigen Unterstützung, um die Vielzahl von Umweltvorschriften und Richtlinien einzuhalten. Private Beratungsbüros und öffentlich angestellte Energieberater helfen beispielsweise beim Einbau von Solaranlagen in technischen, naturwissenschaftlichen, ökologischen und ökonomischen Fragen und geben Hinweise auf staatliche Fördermöglichkeiten. Energieberater arbeiten in Verbraucherzentralen, bei Stadtwerken und Stromversorgungsunternehmen. Sie veranstalten Aktionswochen, halten Vorträge, Volkshochschulkurse und Seminare für Handwerker und stehen als Ansprechpartner für Presse und Umweltgruppen bereit. Freie Energieberater können ihre Leistungen nach der Honorarordnung für Architekten und Ingenieure (HOAI) abrechnen. In einem Förderprogramm *Energiesparberatung vor Ort* des Bundesministeriums für Wirtschaft und Technologie stehen über 1000 Energieberater zur Vermittlung bereit.

Info-Box

Berufsinteressen vertreten:

Verband unabhängiger Energie-
und Umweltberater
Mühlenweg 9
29439 Bösel
Tel.: (0 58 41) 62 68
Fax: (0 58 41) 68 86

Verband Beratender Ingenieure
Budapester Str. 31
10787 Berlin
Tel.: (0 30) 26 06 20
Fax: (0 30) 26 06 21 00
www.vbi.de
Hier gibt es auch die Broschüre
*Selbstständig als Beratender
Ingenieur.*

Weiterbildungsprogramme Energieberatung:

Technische Akademie Esslingen
In der Akademie 5
73760 Ostfildern
Tel.: (07 11) 3 40 08 23
Fax: (07 11) 3 40 08 27
www.tae.de

Universität Kassel
Mönckebergstr. 19
34109 Kassel
Tel.: (05 61) 8 04 66 01
Fax: (05 61) 8 04 23 30
www.hrz.uni-kassel.de

Akademien des Handwerks
Mühldorfstr. 4
81671 München
Tel.: (0 89) 45 09 81 84
Fax: (0 89) 45 09 81 61
www.hwk-akademien.de

Technische Akademie Wuppertal
Hubertusallee 18
42117 Wuppertal
Tel.: (02 02) 7 49 52 51
Fax: (02 02) 7 49 52 02
www.taw.de

Energiesparberatung im landwirtschaftlichen Bereich fördert:

Bundesanstalt für Landwirtschaft und Ernährung
Adickesallee 40
60322 Frankfurt/M.
Tel.: (0 69) 1 56 43 32
Fax: (0 69) 1 56 44 44

Fachzeitschrift:

Beratende Ingenieure

Abfallberater

Gehören gebrauchte Kaffeefilter in den Biomüll? Dürfen Kronkorken in die gelbe Tonne? Bereits für Privathaushalte gilt: Müll ist nicht gleich Müll. Für produzierende oder weiterverarbeitende Unternehmen, aber auch für Baufirmen, Kfz-Werkstätten, Gastronomie, Einzelhandelsketten und Handwerksbetriebe stellt sich die Abfallfrage wesentlich komplexer.

Viele Betriebe leiden unter teuren Entsorgungsgebühren. »Die rufen bei uns an, weil sie zehn Container im Hof stehen haben und ihnen die Kosten davonlaufen«, erklärt Detlef König, Vertriebsinnendienstleiter beim Entsorgungsunternehmen *Nehlsen* in Bremen. »Dann schicken wir unsere Berater los, die sich vor Ort ein Bild vom Abfall machen.« Denn die Sicht des Laien weicht oft von abfallrechtlichen Bezeichnungen ab. Ein Beispiel: Ein Restaurant möchte seinen Verpackungsmüll loswerden. Vor Ort stellt sich aber heraus, dass es sich um überlagerte Lebensmittel – also Verpackungen mit Inhalt – handelt. Diese müssen zu einem Entsorger gebracht werden, bei dem jede Dose, jedes Glas und jede Tiefkühlpackung geöffnet und entleert wird.

Da jedes Unternehmen unterschiedliche Abfallsorten produziert, erarbeiten die Abfallberater individuelle Entsorgungslösungen. Ein Werk von *DaimlerChrysler* beispielsweise muss für seine Verwaltung Papier und Folien, für die Produktionsstätte Reifen, Metall und Holz und zusätzlich Sondermüll wie Öl und Lösungsmittel entsorgen. Das Papier wird bei *Nehlsen* verpresst und in Ballen zurechtgestellt. Dann beginnt die Vermarktung durch eine Tochterfirma. »Papier ist ein wertvoller Rohstoff, der an Papierfabriken verkauft werden kann. Sind die Preise gerade im Keller, suchen wir nach anderen Möglichkeiten«, so König. Dann werde auch mal eine Schiffsladung nach Asien verkauft, wo Computerhersteller Verpackungsmaterial aus den Ballen machen.

Gesammelte Kunststoffe dagegen werden zu Kunststoffgranulat verarbeitet, aus dem Gartenzäune und Dachpfannen hergestellt werden. »Bei einem kleineren Unternehmen kann es auch sein, dass die keinen Platz für sieben oder acht Container haben. Dann erwägen unsere Berater, einen Sammelcontainer aufzustellen, der dann zur Sortieranlage gebracht wird«, erklärt König. Dort wird der Abfall zunächst maschinell, am Schluss per Hand sortiert.

Neben den individuellen Entsorgungslösungen, bei denen Einsparpotenziale aufgezeigt und neue Verwertungswege erschlossen werden, ist es auch Aufgabe des Abfallberaters, dem Kunden Rechtssicherheit bei der Entsorgung zu garantieren. Schließlich sind laut Europäischem Abfallkatalog 405 der insgesamt 839 Abfallschlüssel besonders überwachungsbedürftig. Der Entsorgungsberater muss sich also mit gesetzlichen Auflagen, wie Sammelentsorgungsnachweise, Transportgenehmigungen, Zertifikate und Annahmekataloge der Entsorgungsanlagen auskennen.

Abfallberater werden auch bei betriebsinternen Unfällen oder LKW-Unfällen auf der Autobahn hinzugezogen. Hier ruft in der Regel die Feuerwehr einen Experten an die Unfallstelle, um dort zu entscheiden, was wie entsorgt werden kann, welche Fahrzeuge benötigt werden, welche Behälter erforderlich sind, wohin der Abfall transportiert wird und wer wie die Unfallstelle reinigt.

Um bei einem Entsorgungsunternehmen als Abfallberater zu arbeiten, sollten Beratungstalente kaufmännische Grundkenntnisse mitbringen. »Das technische Wissen, zum Beispiel über Fahrzeuge und Container, vermitteln wir dann in internen Schulungen«, so König. Außerdem arbeiten bei *Nehlsen* Biologen und Chemiker oder Leute mit landwirtschaftlichem oder logistischem Hintergrund. Ein guter Einstieg in die Entsorgungsberatung kann eine Tätigkeit als Betriebsbeauftragter für Abfall sein. Ab einer bestimmten Menge überwachungsbedürftiger Abfälle benötigt jedes Unternehmen einen solchen Abfallbeauftragten. Das sind in der Regel Mitarbeiter, die sich in einem einwöchigen Lehrgang qualifiziert haben.

Info-Box

Infos zur Ausbildung, zu Seminaren, Tagungen, Fern- und Online-Lehrgängen gibt es beim:

Bildungszentrum für die Entsorgungs- und Wasserwirtschaft
Dr.-Detlef-Karsten-Rohwedder-Str. 170
47228 Duisburg
Tel.: (0 20 65) 77 00
Fax: (0 20 65) 77 01 17
www.bew.de

Einige große Entsorgungsunternehmen:

Duales System
Frankfurter Str. 720–726
51145 Köln
Tel.: (0 22 03) 93 70
Fax: (0 22 03) 93 71 90
www.gruener-punkt.de

Alba
Postfach 13 10 65
13631 Berlin
Tel.: (0 30) 35 18 23 26
Fax: (0 30) 35 18 24 97
www.alba-online.de

Nehlsen
Furtstr. 14–16
28759 Bremen
Tel.: (04 21) 6 26 60
Fax: (04 21) 6 26 61 40
www.nehlsen.de

Literaturtipp für Betriebsbeauftragte für Abfall:

Peter Pulte, *Betriebsbeauftragte in der Wirtschaft*, Köln 2000.

Logistikberater

Je globaler die Unternehmen wirtschaften, desto mehr Bedeutung kommt der Logistik zu. Schließlich ist die gesamte Wertschöpfungskette weit verzweigt: Vom Einkauf des Materials in einem Land, über Lagerung in einem anderen, Produktion, Zwischenlagerung,

Weiterverarbeitung, Qualitätskontrolle, Verpackung bis hin zur Auslieferung an den Kunden müssen sämtliche Vorgänge unter Gesichtspunkten der Termingenauigkeit, Kosten und Qualität kontrolliert und optimiert werden. Wie können kürzere Durchlaufzeiten realisiert werden? Welche Vorgänge sollten besser ausgelagert werden? Wie kann das Unternehmen trotz geringer Lagerkapazitäten ständige Lieferfähigkeit garantieren? Der Logistiker muss die einzelnen Teile der Wertschöpfungskette zusammenführen und damit alle Materialflüsse im Unternehmen planen und die gesamte Supply Chain organisieren.

Logistiker kümmern sich um alle inner- und außerbetrieblichen Transportvorgänge. Ihr Motto: Die richtige Ware in der richtigen Menge zum richtigen Zeitpunkt am richtigen Ort. Dazu gehören die Absprache mit den Lieferanten und Distributoren, die Auswahl der Dienstleister – darunter Frachtführer, Spediteure und Lagerhalter – und die Entwicklung von Entsorgungssystemen. Moderne Just-in-time-Planungen stärken die Rolle der Logistiker weiter: Je knapper die Zeit für die Beschaffung beispielsweise von Bauteilen kalkuliert ist, desto mehr kommt es auf die präzise Planung der Logistiker an. Weitere Optimierungen können durch wirtschaftlichere und umweltschonendere Transportlösungen erzielt werden.

Der Karlsruher Logistikspezialist *Dr. Thomas + Partner* berät Unternehmen in Fragen der internen Materialflussplanung und Automatisierungstechnik. Das bedeutet: Früher nahm eine Telefonistin beispielsweise in einem Versandhaus die Bestellung des Kunden auf und gab den Bestellzettel ins Kommissionierlager. Dort wurden die gewünschten Produkte einzeln aus dem Regal geholt, verpackt und schließlich über die Poststelle an den Kunden verschickt.

Heute gibt der Callcenter-Agent die Bestellung in die EDV ein, die daraus einen Auftrag generiert. Oder der Kunde informiert selbst via Internet Lager, Versand, Beschaffung, Rechnungswesen und Transportabteilung. Um Gehwege im Lager kurz zu halten, werden die Aufträge automatisch sortiert und zusammengefasst. Über ein mobiles Datenerfassungsgerät erfährt der Lagerarbeiter, was zu tun ist. Er scannt beispielsweise den Barcode eines Regals und sieht dann auf seinem Display, wie viele T-Shirts er herausholen muss. Geht der Bestand zur Neige, wird automatisch die Einkaufsabteilung informiert. Über ein Behälterweiterreichsystem kommen die ausgewählten T-Shirts in die Sortieranlage der Packerei. Dort gehen vom Förderband Rutschen ab, durch die die Waren für die jeweiligen Kunden zusammengestellt werden: Rutsche 1 für Kunde 1, Rutsche 4 für Kunde 4. Am Ende der Rutschen stehen Packer, die das Paket für den Kunden fertig stellen. Aus dem Drucker kommen automatisch Rechnung, Überweisungsformular und Adressaufkleber.

Karl-Friedrich Warmulla, Projektleiter bei *Dr. Thomas + Partner* hat sich auf Fragen der innerbetrieblichen Reorganisation spezialisiert. Dabei handelt es sich nicht um neue Projekte auf der Grünen Wiese, sondern um »Reengineering von der alten in eine neue Welt«, so Warmulla. Während die alte, ineffizient gewordene Anlage weiterläuft, wird ein neues System aufgebaut. Seine Aufgabe als Berater ist es, Wege zu finden, wie der Übergang für den Kunden möglichst verlustarm gestaltet werden kann. »Und ich muss so früh wie möglich sagen können, wie viel eine Reorganisation kosten und wie viel sie später bringen wird«, erklärt er.

Da die Installation neuer logistischer Systeme tiefgreifende Veränderungsprozesse im Unternehmen auslösen kann, arbeiten die Berater von *Dr. Thomas + Partner* eng mit ihren Auftraggebern zusammen. »Wir machen aus unserem Kunden einen aktiven Kunden, jemand, der in die Projekte eingebunden ist, und der nicht nur dafür da ist, unsere Honorare zu finanzieren«, erklärt Warmulla. Nur dann sei es möglich, dass alle Beteiligten am selben Strick ziehen. »Jeder Berater muss wissen, dass er nur im Team mit dem Kunden erstklassig ist«, erklärt er. Dabei müsse er in der Lage sein, dem Vorstand eines Unternehmens das Projekt im feinen Konferenzraum vorzustellen, genauso wie einer 500-köpfigen Belegschaft in einer überfüllten Kantine.

Zahlreiche Logistikpreise der Kunden von *Dr. Thomas + Partner* bestätigen die erreichte Leistung: Der *Otto Versand* erhielt von der Bundesvereinigung Logistik den deutschen Logistikpreis für ein neues Distributionszentrum in Haldensleben bei Magdeburg, in dem 200 000 Kunden und 350 000 Artikel verwaltet und organisiert werden. Der *Baur Versand* wurde bereits dreimal mit dem deutschen Marketingpreis für den besten Kundenservice geehrt. Vom Sportartikelproduzenten Adidas wurden die Logistikberater aus Karlsruhe mit dem goldenen Fußballschuh für hervorragende Leistungen und partnerschaftliches Verhalten bei der Reorganisation eines Vertriebszentrums ausgezeichnet. »Unser Grundsatz lautet: Wir sind nicht preiswert, aber nach dem ersten Mal wissen Sie, warum«, kommentiert Geschäftsführer Frank Thomas.

Thomas ist ausgebildeter Rundfunk- und Fernsehmechaniker und studierte später Elektrotechnik. »Ich hatte das wahnsinnige Glück, während der Uni-Zeit kein Geld, aber eine Familie zu versorgen zu haben. In zig Jobs habe ich den Umgang mit Menschen gelernt: Ich habe Lumpen verkauft, Fernseher repariert und mit Elektrogeräten gehandelt«, erzählt Thomas. Dadurch hätte er keine Zeit gehabt, sich auf die Klausuren vorzubereiten und musste sich so eine Lerngruppe suchen. Da man in eine Lerngruppe nur aufgenommen wird, wenn man selbst etwas zu bieten hat, entschloss er sich, Vorlesungsskripte für seine Kommilitonen zu verfassen. Der Grundstein für eine Tätigkeit als Berater: »So habe ich gelernt zuzuhören und das Wesentliche zu Papier zu bringen«, resümiert er heute.

Als schlimmstes Defizit sieht Thomas beim Beraternachwuchs einen Mangel an echter Streitlust. »Viele sind nicht in der Lage, einen Diskurs auszutragen. Die wissen überhaupt nicht, wie man zu einem guten Konsens kommt, ohne dass einer nachher beleidigt ist. Die ganze Offenheit, die für so eine Kooperation nötig ist, fehlt.«

Einen großen Teil seines Erfolgs schreibt Thomas der Firmenkultur zu. »Wer den Kunden in Materialflussfragen berät, muss erst einmal einen lebendigen Informationsfluss im eigenen Laden haben«, erklärt er. Jeden Tag trinkt er gemeinsam Kaffee mit seinen Kollegen, »um die Weiterentwicklung in den Köpfen voranzutreiben«. Außerdem gibt es eine firmeninterne Rockband, eine Fußballmannschaft und einen vierteljährlichen KVP-Tag (Kontinuierlicher Verbesserungsprozess). Wenn beispielsweise eine Arbeitsgruppe sich in einer neuen Technologie weitergebildet hat, werden hier die Informationen an die anderen Berater weitergegeben und die daraus resultierenden Möglichkeiten diskutiert.

Logistikberater, die sich um die externe Logistik kümmern und Transportwege per LKW, Bahn, Flugzeug und Schiff organisieren, arbeiten auch bei der Post, die Logistiklösungen für *IBM, DaimlerChrysler* und den Vertrieb von Beaujoulais-Wein entwickelte. Auch die großen Transportunternehmen wie TNT, UPS und DPD bieten Logistikberatung als Dienstleistung an und beraten Unternehmen in Standortfragen.

Info-Box

Dr. Thomas + Partner
Am Sandfeld 9
76149 Karlsruhe
Tel.: (07 21) 7 83 40
Fax: (07 21) 7 83 41 19
www.tup.com
Hier werden auch Fachinformatiker ausgebildet.

Berufsinteressen vertreten:

Fachgruppe Materialfluss	Bundesverband Güterkraftverkehr,
im Verband deutscher Ingenieure	Logistik und Entsorgung
Graf-Recke-Str. 84	Breitenbachstr. 1
40239 Düsseldorf	60487 Frankfurt/M.
Tel.: (02 11) 6 21 43 00	Tel.: (0 69) 7 91 90
Fax: (02 11) 6 21 41 55	Fax: (0 69) 7 91 92 27
	www.bgl-ev.de

Logistikberatung für Unternehmen bieten auch die großen Transportunternehmen:

TNT	Danzas (Logistikunter-
Haberstr. 2	nehmen der Post)
53842 Troisdorf	Peter-Merian-Str. 88
Tel.: (0 22 41) 49 70	CH-4052 Basel
Fax: (0 22 41) 4 97 66 65	Tel.: 00 41 (6 12) 74 74 74
www.tnt.de	Fax: 00 41 (6 12) 74 74 75
TNT hat eine Akademie für	www.danzas.com
Logistik gegründet, an der sich	
auch Außenstehende qualifizieren	
können: www.tnt-akademie.de	

DPD
Wailandtstr. 1
63741 Aschaffenburg
Tel.: (0 60 21) 84 30
Fax: (0 60 21) 84 32 90
ww.dpd.de

Eine der größten Lehr- und Forschungsstätten auf dem Gebiet der Logistik ist das Institut für Technologie und Management der Technischen Universität Berlin: www.itm.tu-berlin.de. Das Bundesministerium für Verkehr, Bau- und Wohnungswesen plant eine Ausbildungsinitiative Logistik: www.bmvbw.de

Fachzeitschrift:

Logistik für Unternehmen

Historischer Berater

Jahrzehntelang fanden sich in den Jubiläumsfestschriften der Unternehmen lediglich ein paar verschwommene Hinweise auf deren Aktivitäten im Dritten Reich. Doch seit Mitte der 90er Jahre haben einige Unternehmen der Bundesrepublik ihre Rolle vor 1945 von Historikern erforschen und dokumentieren lassen. Dass die sonst üblichen Festschriften als nicht mehr ausreichend empfunden wurden, hat unter anderem mit dem Ende des Kalten Krieges zu tun. Unter öffentlichem Druck, vor allem auch aus den USA, schien es einigen Vorständen klüger, selbst die Dinge in die Hand zu nehmen anstatt von findigen Journalisten öffentlich an den Pranger gestellt zu werden. Auch dass viele Manager aus der Zeit des Nationalsozialismus inzwischen verstorben waren, half.

Viele Unternehmen möchten mehr über ihre Vergangenheit erfahren und engagieren externe Berater mit der Erforschung der Unternehmensgeschichte. Bis Ende der 90er Jahre gingen diese Aufträge in der Regel an Professoren für Geschichte. Das sollte Unabhängigkeit und Seriosität der Dokumentation und Bewertung sicherstellen. Prominenter Vertreter der akademischen Unternehmensgeschichtsforschung ist Gerald Feldman, ein amerikanischer Wirtschaftshistoriker, der auch Mitglied der Historikerkommission zur Erforschung der Geschichte der Deutschen Bank war. Er veröffentlichte unter anderem eine über 700 Seiten starke historische Dokumentation *Die Allianz und die deutsche Versicherungswirtschaft 1933–1945*.[5]

Die meisten dieser historischen Projekte fanden bis vor kurzem ausschließlich im Rahmen der universitätsnahen Forschung statt – finanziert durch öffentliche oder halböffentliche Gelder (beispielsweise von Stiftungen). Das hatte zur Folge, dass die Sprache akademisch und die Reichweite der Dokumentationen auf eine kleine Gruppe beschränkt blieb. Eine neue Form des Umgangs mit Unternehmensgeschichte bieten dagegen die Historikerinnen Dr. Birgitt Morgenbrod und Dr. Stephanie Merkenich. Sie verkaufen die Erkundung der Vergangenheit als Dienstleistung. Die Auftragsforscherinnen aus Bonn und Mönchengladbach haben unter anderem Dokumentationen für das *Deutsche Rote Kreuz*, den *Zentralverband der Augenoptiker*, die *Autobahn Tank & Rast*, die *Vereinigten Kreidewerke Dammann*, das Labortechnikunternehmen *IKA* und die *Gebrüder Rhodius* erstellt.

Interview

Frage: Worum handelt es sich bei der historischen Beratung?

Morgenbrod: Mit unserer Agentur *Historische Beratung, Recherche & Präsentation* sprechen wir Unternehmen, Verbände und Institutionen an, die Hilfestellung bei der Aufarbeitung ihrer eigenen Geschichte benötigen. Anlass zur Rückbesinnung sind häufig Jubiläen, bei denen die Geschichte von Organisationen als wesentlicher Teil ihrer corporate identity wahrgenommen wird. Wir bieten eine individuelle Beratung über die verschiedenen Möglichkeiten einer historischen Unternehmens- oder Verbandspräsentation. Wir betreiben Quellenrecherche und verfassen Texte für Dokumentationen und Festschriften, für repräsentative Bildbände oder für die Nutzung im Internet und für Multimedia-Anwendungen. Bei der technischen Realisierung der unterschiedlichen Publikationsformen arbeiten wir mit Partnern zusammen. Darüber hinaus erstellen wir wissenschaftliche Expertisen zur Klärung historischer Einzelfragen.

Frage: Was unterscheidet Sie von der klassischen universitätsnahen Geschichtsforschung?

Merkenich: Früher fand historische Forschung ausschließlich im Elfenbeinturm Universität statt. Mit dieser Form der Geschichtsaufarbeitung – aber auch mit der dazugehörigen Sprache und den Präsentationsformen – haben wir ganz bewusst gebrochen. Wir wollen keine Wälzer für die Universitätsbibliothek schreiben, sondern seriöse Forschung marktgerecht aufbereiten. Die Texte sollen gerne gelesen werden und unterhaltsame Lektüre für ein breites Publikum sein. Unsere Kunden können so ihre Geschichte auch als Marketinginstrument nutzen. Dabei muss die Methodik, also die Arbeit mit Quellen, genauso seriös bleiben.

Frage: Welche Quellen nutzen Sie?

Morgenbrod: Die Suche nach alten Dokumenten – Korrespondenzen, Verträgen, Protokollen – in den Bundes-, Landes- und Stadtarchiven ist ziemlich aufwändig. Wir stöbern auch in unternehmensinternen Archiven, regionalen Wirtschaftsarchiven, bei Berufsgenossenschaften und Amtsgerichten. Als wir die über hundertjährige Geschichte eines mittelständischen Labortechnikunternehmens aufgearbeitet haben, waren die zuerst skeptisch, ob wir nach drei Umzügen und einer kompletten Zerstörung des Archivs im Zweiten Weltkrieg überhaupt noch etwas herausbekommen. Dennoch haben wir alte Verträge bei Notariatskammern und Handelsregisterauszüge gefunden. Man muss schon eine detektivische Ader haben und gut mit Quellen umgehen können. Dafür erfährt der Kunde möglicherweise ganz neue Sachen über seine Firma.

Frage: Als Ihre Agentur Mitte der 90er Jahre gegründet wurde, war historische Beratung in Deutschland so gut wie unbekannt. Woher kommt das neue Interesse?

Merkenich: Geschichte entspricht dem Zeitgeist. Auf einmal interessieren sich die Leute dafür mehr als früher. Man kann vielleicht sagen, dass die Wissensgesellschaft sich neuen Themenbereichen öffnet. Das sieht man zum Beispiel im Fernsehen, wo archäologische Themen sehr beliebt sind oder Serien wie *Die Manns* zum Beispiel hohe Einschaltquoten hatten. Die Gründe für solche Erscheinungen liegen auf verschiedenen Ebenen. Unter anderem sind viele Recherchen überhaupt erst seit Maueröffnung möglich. Früher kam man gar nicht in die Archive der DDR oder gar der Sowjetunion. Viele Dokumente sind aber nach dem Krieg ins Ausland geschafft worden. Wenn wir heute Quellen zur Geschichte des Roten Kreuz suchen, recherchieren wir auch in Paris, Washington, London und Osteuropa. Ein weiterer Grund für das neue Interesse an Geschichte ist möglicherweise das Reisen. Früher flogen die Leute nach Mallorca. Heute ist es ganz normal, Ausgrabungen in Südamerika zu besuchen.

Frage: Gibt es internationale Vorbilder?

Merkenich: Public History ist in den USA eine feststehende Dienstleistung, die von Unternehmen, Museen, Sportvereinen, Parteien, Berufsverbänden und vielen anderen Institutionen in Anspruch genommen wird. Dort gibt es Agenturen mit sechzig, siebzig Mitarbeitern, die bereits Anfang der 70er Jahre gegründet wurden.

Frage: Welche Firmen nehmen hierzulande eine historische Beratung in Anspruch?

Merkenich: Zu unserem Kundenkreis gehören große und mittelständische Unternehmen sowie Verbände und öffentliche Institutionen. Dabei entstehen durchaus unterschiedliche Textformen. Beispielsweise hatte der *Zentralverband der Augenoptiker* eine Arbeit in Auftrag gegeben, die nicht nur die Geschichte des Berufsstands darstellt, sondern auch für Auszubildende als Lehrbuch über die historische Entwicklung dient.

Frage: Was muss man als historischer Berater können?

Morgenbrod: Für eine seriöse Vergangenheitsuntersuchung muss man wissenschaftlich fit sein. Das bedeutet in aller Regel ein abgeschlossenes Geschichtsstudium. Auch ein Doktortitel macht sich gut. Sinnvoll für das Wagnis der Selbstständigkeit sind berufspraktische Erfahrungen – etwa im Journalismus, in Verlagen oder in einer PR-Agentur. Auch kaufmännisches Know-how ist von Vorteil.

Frage: Welche persönlichen Fähigkeiten braucht man für den Beruf?

Merkenich: Neben der fachlichen Qualifikation braucht man geistige Flexibilität, die Bereitschaft, sich immer wieder in neue Themen einzuarbeiten, eine hohe Belastbarkeit, Kommunikations- und Organisationsfähigkeit sowie Entscheidungsfreude und Spaß an häufigen Reisen.

Frage: Wie sind Sie zu diesem Beruf gekommen?

Morgenbrod: Nach dem Studium der Geschichte und Germanistik und mehreren Jahren wissenschaftlicher Tätigkeit an der Universität sowie Berufserfahrung im Journalismus und in der Politik entstand der Wunsch, den akademischen Elfenbeinturm zu verlassen und das erworbene Wissen praxisnah einzusetzen. Anlass für die Gründung der Historischen Beratung war dabei die Erkenntnis, dass Unternehmen, Verbände und öffentlich-rechtliche Institutionen häufig große Schwierigkeiten haben, kompetente Hilfestellung bei der Aufarbeitung ihrer Geschichte zu erhalten. Schließlich kann auch der renommierteste Geschichtsprofessor nicht sagen, wie man eine Unternehmensgeschichte beispielsweise in einer interaktiven Multimedia-Anwendung präsentiert. Hier bestand eine Marktlücke.

Frage: Gibt es für Sie besondere Erfolgserlebnisse?

Merkenich: Schön ist zu sehen, dass in der Öffentlichkeit ein großes Interesse an historischen Themen besteht und dass die Rückbesinnung auf Vergangenes Identität und Vertrauen schafft. Dabei macht die detektivische Arbeit, mit der wichtige Informationen über ein Unternehmen – manchmal in letzter Minute – vor dem Vergessen bewahrt werden können, sehr viel Spaß. Zu den positiven Erfahrungen gehört auch die Tatsache, dass man befreit vom theorielastigen, teilweise verschraubten akademischen Schreibstil die Schönheit der Sprache wieder entdeckt und viel positive Resonanz dafür bekommt.

Frage: Was sind die spezifischen Belastungen Ihres Berufs?

Morgenbrod: Zu den großen Herausforderungen der Selbstständigkeit gehört das unternehmerische Risiko, die ständige ökonomische Unsicherheit. Unsere Kunden müssen durch eigene Initiative und Kontaktaufnahme akquiriert werden. Hier braucht es manchmal viel Überzeugungsarbeit und Geduld. Auch ist die Einarbeitung in komplizierte Themenbereiche, so etwa die Darstellung technischer Entwicklungen und Vorgänge, nicht immer leicht. Allerdings gehört dies zu den Herausforderungen, deren Bewältigung sehr viel Freude macht und nebenbei auch den eigenen Horizont ungemein erweitert.

Frage: Ihr persönlicher Tipp für Berufseinsteiger?

Merkenich: Berufseinsteigern raten wir, sich im klassischen Geschichtsstudium sehr gut zu qualifizieren und eine möglichst breite Themenkompetenz mit Schwerpunkt in der Unternehmens- und Verbandshistorie zu erarbeiten. Darüber hinaus sind Erfahrungen in der schreibenden Zunft wichtig. Hier empfehlen wir, schon während des Studiums ein Praktikum bei einer Zeitung, beim Radio oder auch Fernsehen, im Verlag, in einer PR-Agentur oder einem Redaktionsbüro zu absolvieren. Auch Kenntnisse über die Funktionsweise eines Wirtschaftsunternehmens oder kaufmännische Kurse bei der IHK können nicht schaden.

Info-Box

Dr. Brigitte Morgenbrod – Dr. Stephanie Merkenich
Historische Beratung, Recherche & Präsentation
Friedhofstr. 44
41236 Mönchengladbach
Tel.: (0 21 66) 24 82 58
Fax: (0 21 66) 25 48 96
www.historische-beratung.de

Ein Beispiel für amerikanische historische Berater – Historical Consultants – findet sich unter: www.heritedge.com, der Verband der Historiker unter: www.theaha.org. Die europäische *Society for European Business History (SEBH)* findet sich unter: www.businesshistory.de

Literatur:

Zentralverband deutscher Augenoptiker (Hrsg.), *Augenoptik im 20. Jahrhundert*, Heidelberg 2001.

Fachzeitschrift:

Zeitschrift für Unternehmensgeschichte, Damals

Trendberater

Sich nur mit der schnöden Gegenwart zu begnügen war dem Menschen wohl auf Dauer nicht genug. Also legte er eine außergewöhnliche Kreativität an den Tag, Methoden für den Blick in die Zukunft zu entwickeln: Orakel, Runen, Pendel, Karten, Sternendeutung, Glaskugeln, Innereien und was sich sonst noch anbot. Selbst den Kaffeesatz als Instrument der Zukunftsermittlung kennt heute fast jeder.

Doch seit der Erfolg vieler Unternehmen immer stärker davon abhängt, frühzeitig Trends aufzuspüren und entsprechende Produkte zu entwickeln, möchte man sich auf Sterne und Tarotkarten allein nicht mehr verlassen. Fundierte Voraussagen sind gefragt. Die Visionäre mit wissenschaftlichem Anspruch nennen sich Zukunfts- oder Trendforscher. Eine der erfolgreichsten Vertreterinnen dieser Zunft ist die Amerikanerin Faith Popcorn. Sie wird als Nostradamus des Marketing bezeichnet und prägte Begriffe wie *Cocooning*. Damit wird das Bedürfnis bezeichnet sich angesichts einer immer hektischeren Welt ins Private zurückzuziehen und es sich zu Hause gemütlich zu machen. Für die Möbelbranche war diese Prognose wertvoll. So haben die Designer von Ikea sich auf den Wunsch nach Häuslichkeit eingerichtet und Kuschelmöbel entwickelt.

Inzwischen gibt es den Beruf des Trendberaters auch im deutschsprachigen Raum. Der bekannteste deutsche Berufsvisionär ist Matthias Horx, und auch er kann sich mit eingetroffenen Prognosen rühmen. Bereits 1993 hatte er einen massiven Bad-Taste-Trend vorausgesagt: »Damals haben die Kunden uns für verrückt erklärt –

inzwischen kennt jeder Zlatko, dessen Stern inzwischen wieder am Sinken ist. Aber die Leute haben nach schlechter deutscher Schlagermusik getanzt und tragen auch heute noch Polyesterblusen«, erzählt Horx. Bevor er die Prophetenlaufbahn einschlug, hatte er zunächst Soziologie studiert und in den 80er Jahren als Redakteur für *Die Zeit* und *Tempo* gearbeitet. Er beschäftigte sich mit Themen wie Wertewandel und Modernisierung und veröffentlichte den Bestseller *Die Wilden Achtziger*.[6] Später wandte er sich der Konsum- und Trendforschung zu und war Mitbegründer des *Trendbüro Hamburg*, das Veränderungen der Stil- und Konsumgewohnheiten frühzeitig erfassen soll. 1996 gründete Horx dann sein eigenes Zukunftsinstitut.

Das Institut mit Hauptsitz bei Frankfurt erforscht mit seinen acht Mitarbeitern langfristige Trends in Ökonomie, Gesellschaft, Politik, Wirtschaft und Technologie. Hauptangebot sind Studien zur Zukunft von Lebenswelten, Konsummärkten oder einzelnen Branchen. Horx hatte erkannt, dass Unternehmen angesichts sich ständig wandelnder Märkte, Technologien und Management-Methoden einen erhöhten Beratungsbedarf haben. Verwertbares Wissen über Zukunftsentwicklungen war jedoch schwer zu finden: »Trendforschung kann wachen Unternehmen ein Frühwarnsystem zur Verfügung stellen«, so Horx. Jährlich entwickelt das Institut Voraussagen für zwanzig verschiedene Bereiche von Lebensstil über Freizeit bis Produktion und Design.

Diese Prognosen finden in der Wirtschaft Gehör, denn die Unternehmen wollen wissen, was der Kunde sucht. Und sie müssen es. Sind Autos in Zukunft eher mit verspieltem oder aggressivem Design gefragt? Soll die Lebensmittelindustrie eher auf Bio oder eher auf Genuss setzen? Schon Details können dazu führen, dass der Kunde ein Produkt schlicht ignoriert. Verständlich, dass Unternehmen sich nicht mehr nur auf die hausinterne Marketingabteilung verlassen, sondern für längerfristigere Planungen einen Trendberater konsultieren. Horx, der sich selber als »Future-Fitness-Trainer« für das Management bezeichnet, sieht seine Aufgabe so: »Wir coachen Unternehmen, die auch an die Zeit nach dem derzeitigen Marketing-Plan denken wollen.« Und der Erfolg gibt ihm Recht. Das Spektrum der Firmen, mit denen sein Institut zusammenarbeitet, reicht von Deutsche Bank bis Volkswagen – »dazwischen sind viele Newcomer und

Innovateure im Markt, von denen man noch hören wird«, so der Trendberater. Auch die Krise des Internetsektors sah Horx kommen: »Im Sommer 1999, als alles voller Euphorie dampfte, habe ich schon vor einem Rückschlag für die Internetindustrie gewarnt. Das war echt nicht leicht, aber zwei Jahre später war die Depression da.« Wie Horx zu seinen Ergebnissen kommt? Er arbeitet mit weniger spektakulären, dafür aber wissenschaftlicheren Methoden: Analytische Verwertung von statistischen Daten in Langfrist-Abgleichen und Delphi-Verfahren durch Expertenbefragungen gehören dazu. »Trends sind nichts anderes als Veränderungsbewegungen: man muss sie sehen, fühlen und dokumentieren können. Dafür braucht man ein bestimmtes Sensorium, das große Unternehmen oft nur unzureichend entwickeln können«, erklärt er. In die Zukunft zu schauen heißt für den Trendberater auch, aus der Geschichte zu lernen: »Wir können in der Rückschau die Mechanismen von Wandlungsprozessen erkennen. Alle neuen Technologien haben eine spekulative Pionierphase, in der sie zu Übertreibungen Anlass gaben. Und das konnte man dann auch beim Dotcom-Boom beobachten.«

Zusätzlich müssen Unmengen von Daten über die Bevölkerung, Konsumentenvorlieben und Marktentwicklungen ausgewertet werden, die vorigen Generationen nicht zur Verfügung standen: »Darauf haben wir heute einen viel effektiveren Zugriff als unsere Kollegen von früher«, so Horx. Außerdem arbeitet das Institut mit einem Netzwerk von Experten zusammen und bezieht die Ergebnisse der internationalen Trend- und Zukunftsforschung mit in die Prognosen ein.

Um den Kunden in Sachen Trends zu beraten, müssen sich die Zukunftsforscher mit der Gegenwart auseinander setzen und das Verhalten der Menschen und die Veränderungen der sozialen Systeme analysieren. Daraus werden Markterkenntnisse und Innovationsvorschläge gewonnen. Megatrend wird genannt, was über viele Jahre anhält und epochale Veränderungen bewirkt, wie etwa die Globalisierung: »Ein Megatrend verändert alles – von der Lebensalltäglichkeit der Menschen bis zur Mehrwerterzeugung.« Dann gibt es Produkt- oder Branchentrends, die sehr kurzlebig sind und kaum die nächste Saison überstehen. Zwischen beidem vermitteln die Konsumententrends, die – wenn sie gut sind – Halbwertzeiten von etwa zehn Jahren haben. Und dann spricht man von evolutionären Metatrends, die gewissermaßen

Ewigkeitswert haben. »Wir wollen die technologischen Wellen der nächsten 100 Jahre möglichst zuverlässig voraussagen. Welche Techniken werden sich im Informations- und Kommunikationsbereich durchsetzen und welche werden floppen?«, so Horx. Trotz vieler Instrumente blieben präzise Voraussagen schwer: »Wir stochern zwar nicht mehr so im Nebel wie früher, aber wir können Trends nicht erkennen, bevor sie Realität sind, sondern allenfalls, wenn sie noch klein sind«, räumt Horx ein.

Um die verschiedenen Komponenten sinnvoll zusammenzuführen und daraus Voraussagen abzuleiten, braucht es in erster Linie fähige Mitarbeiter, die dieses Wissen zusammentragen und in der Lage sind, daraus Schlüsse zu ziehen. Ein ausgeprägter Wissensdrang und Interesse an Zukunftsthemen sieht Horx daher als Voraussetzung. Trendforscher sollten sich aber nicht nur als Forscher, sondern vor allem als Berater verstehen. Schließlich sollen sie Veränderung und Innovation in den Unternehmen vorantreiben und den Horizont der Unternehmenskultur nach vorne öffnen.

Übrigens möchte Horx besonders den deutschsprachigen Ländern die Zukunftsangst nehmen und zeigen, »dass das Morgen besser ist als sein Ruf und dass Wandlung ungeheuer spannend und lohnend ist.« Wenn sich seine Prophezeiungen bewahrheiten, blicken wir tatsächlich in eine rosige Zukunft: »Viele große Menetekel der Menschheit sind mehr oder minder gelöst. Wir wissen heute, dass zum Beispiel die Bevölkerungsexplosion im 21. Jahrhundert nicht stattfinden wird und die meisten ökologischen Krisen können wir mit neuer Technologie bewältigen. Der Wohlstand wird weltweit wachsen und sich ausbreiten.«[7] Hoffentlich behält er Recht.

Info-Box

Zukunftsinstitut
Fischbacherstr. 6
65779 Kelkheim
Tel.: (0 61 95) 90 39 22
Fax: (0 61 95) 90 39 21
www.zukunftsinstitut.de

Die wichtigsten allgemein verfügbaren Trend-Studien aus dem Zukunftsinstitut:

Future Living – die Zukunft der Lebensstile
100 Top-Trends: Die wichtigsten Trendentwicklungen
für das Business von Morgen
Konsument 2010

Prognos	Institut für Zukunftsstudien
Missionsstr. 62	und Technologiebewertung
CH-4012 Basel	Schopenhauerstr. 26
Tel.: 00 41 (61) 3 27 32 00	14129 Berlin
Fax: 00 41 (61) 3 27 33 00	Tel.: (0 30) 80 30 88 0
www.prognos.com	Fax: (0 30) 80 30 88 88
(auch in Köln und Berlin)	www.izt.de

Ideenberater

Noch dachte Kolumbus, dass er Indien auf dem Seeweg erreicht hätte, als er zum zweiten Mal in die Geschichte einging. Einige Adelige am Hof der Isabella von Kastilien hatten versucht, den Erfolg des Genuesen herunterzuspielen. Schließlich, so ihre Argumentation, hätte es jeder nach Indien schaffen können, der nur lang genug gen Westen segelt. Kolumbus ließ daraufhin ein Ei bringen und fragte, wer unter den Spöttern es auf die Spitze stellen könnte. Jeder versuchte sich, es gelang niemandem. Daraufhin stellte, laut Legende, Kolumbus das Ei so auf die Spitze, dass die Schale knackste, das Ei aber stehen blieb. »Auch das hätte jeder gekonnt, aber ich bin als Erster auf die Idee gekommen«, soll Kolumbus den Spaniern gesagt haben.

Wenn die Legende stimmt, so hatte Kolumbus entweder spontan eine gute Idee oder er kannte sich mit so etwas aus. So wie Ideenberater Martin Gaedt, der mit seinem *KnackdieNuss!*-Team in Berlin Ideen für andere fabriziert. Und das ist echte Arbeit: »Die meisten Geistesblitze kommen nicht aus heiterem Himmel«, so der Ideenberater. »Im Gegenteil: Gute Ideen brauchen eine Menge Vorbereitung.«

Ideenberater arbeiten entweder in Werbe- und Kommunikations-
agenturen oder als Freiberufler, die sich von Unternehmen anheuern
lassen. »Das kann ein Einrichtungshaus sein, das neue Ideen fürs
Marketing braucht oder ein Verein, der neue Mitglieder gewinnen
will«, erklärt Gaedt. Er und sein Team entwickeln auch Ideen für
Events, Fundraising, Internetauftritte, Krisenmanagement, Mitarbei-
tergewinnung, Namensfindung, Slogans, Pilotprojekte oder Wettbewerbe. Aber auch Sonderaufträge wie eine außergewöhnliche Ge-
schenkidee für Kunden und Mitarbeiter oder ein neues System von
Businesskreditkarten kommen vor.

Externe Ideenberater werden gerufen, wenn die interne Struktur einer Organisation die Entwicklung neuer Ideen blockiert. »Viele kommen aus eigenen Stücken nicht weiter, andere haben das Gefühl, sie
brauchen frischen Wind und wollen etwas ganz Neues wagen«, erklärt Gaedt. Am Anfang stände dabei immer ein ausführliches Gespräch, in dem der Kunde seine Situation und seine Wünsche schildert. Ziele, Zeitrahmen und Budget werden festgelegt.

Roadshow, Präsentation, Architekten, Spiel: So hießen die Eckpfei-
ler eines Auftrags für die Softwarefirma *SoftTech*, in der ein Spiel für
die jährliche Produkt-Präsentation der Firma entwickelt werden sollte. Ziel war, neue und alte Kunden in neun verschiedenen Städten zu
begeistern – vom Spiel und damit von der Firma.

Da jedes Ideenprojekt des *KnackdieNuss!*-Teams mit einer groß angelegten Recherche beginnt, befragten Gaedts Mitarbeiter zunächst
zwei Dutzend Architekten, was sie in ihrer Freizeit machen und welche Spiele sie gut finden. Dabei ging es weniger um statistische Ergebnisse als darum, ein Stimmungsbild zu erhalten. Außerdem wurde recherchiert, welche Spiele es zum Thema Architekten und Architektur
bereits gibt.

Die Ergebnisse waren jedoch zunächst ernüchternd. Bei den Befra-
gungen kam nämlich heraus, dass Architekten meistens eigenbrötle-
risch und zweitens für Spiele schwer zu begeistern sind. Ein Problem?
Nur auf den ersten Blick. »In so einer Situation muss man sich vom
Problem lösen, damit es sich löst«, so Gaedt. Daher beschloss das
KnackdieNuss!-Team, kein Spiel zu entwickeln und das Thema zunächst brach liegen zu lassen. Der Trick dabei: Das Unterbewusstsein
ist bereits mit vielen Informationen gefüttert und arbeitet unaufhör-

lich, aber unmerklich weiter an dem Problem. »Meistens braucht es dann nur noch einen kleinen Anstoß«, so Gaedt.

Irgendwann saß das Ideenteam zusammen und witzelte über Erinnerungen an die 70er-Jahre-Show *Dalli Dalli* mit Hans Rosenthal. »Und plötzlich machte es klick«, erzählt Gaedt. Aus dem eigentlich bereits verworfenen Spielgedanken wurde das Spiel *Archi-Klick*. Dazu nahmen Gaedt und sein Team Fotos wie bei *Dalli-Klick*, diesmal allerdings von weltbekannten Architekturgebäuden statt von Prominenten. Diese wurden auf PowerPoint-Folien gescannt und – zunächst verdeckt – per Beamer auf eine gut zwei Meter hohe Leinwand projiziert. Stück für Stück wurden die Fotos dann freigegeben. Gewonnen hatte, wer als Erster das Gebäude erkannte. »Das Spiel war der Hit in allen neun Repräsentationsstädten«, so Gaedt. Er selbst hat Theologie studiert und seine Kreativität bei der Ausrichtung künstlerischer Wettbewerbe trainiert.

Für Ideenberater ist Ideenentwicklung ein Handwerk, genau wie Tischlern oder Fotografieren. Dazu gehört vor allem sehr viel Training. »Natürlich schadet ein gewisses Grundtalent nicht, dass man beispielsweise ein Gespür für Trends mitbringt. Wichtiger aber ist, dass man mit offenen Augen durch die Welt läuft und sich sehr viel anschaut«, so Gaedt. Schließlich entstünden die meisten neuen Ideen aus der Kombination von bereits bekannten Elementen. »Und dazu muss man eben sehr viel kennen. Man muss Fernsehen schauen, Ausstellungen besuchen, stundenlang in Kneipen sitzen und die Ohren aufmachen und nie in Alltagstrott verfallen.« Ideenberater müssen sich daher ständig über Aktionen, Erfindungen und Ereignisse informieren. Notizblock und Bleistift sind dabei ständige Begleiter.

Die Ideenentwicklung selbst funktioniert am besten in einem kleinen Team. »Da spielt man sich die Bälle zu. Meine Idee – deine Idee gibt es nicht. Am Schluss ist es immer das gemeinsame Ergebnis.« Eitelkeiten sind also fehl am Platz, ebenso wie unzureichende Disziplin, wenn es darum geht, komplexe Prozesse lange genug verfolgen zu können. »Auch Fachidioten haben in dem Job nichts verloren. Viel besser ist es, wenn man schon möglichst viele andere Sachen gemacht hat«, sagt Gaedt, und belegt die Behauptung gleich mit einer Geschichte: Ein Kaffeehausbesitzer möchte einen Tapetenwechsel für sein Lokal. Er holt einen Malermeister, der den Laden renoviert. Doch zufrieden ist der Kaffeehausbesitzer nicht. Er wollte ja auch einen Tapetenwechsel. Nun bestellt er den Wärter des Krokodilhauses aus dem Zoo und bittet ihn, sein Café zu verändern. Der nimmt daraufhin Schlingpflanzen, installiert kleine Wasserfälle und richtet ein Aquarium und einen großen Vogelkäfig im Lokal ein. Mithilfe von jemand ganz und gar Fachfremdem war aus dem alten Kaffeehaus etwas Neues geworden.

Info-Box

Ideenkurse bieten an:

Concept Nouveau
Schlossgärtnerei Langenzell
69257 Wiesenbach/Baden
Tel.: (0 62 23) 97 00 51
Fax: (0 62 23) 97 00 52
www.concept-nouveau.de

KnackdieNuss!
IdeenFitness & IdeenCoaching
Leipziger Str. 50
10117 Berlin
Tel.: (0 30) 20 64 80 40
Fax: (0 30) 20 64 80 42
www.knackdienuss.de

Literatur:

Es gibt Dutzende von Büchern über kreative Prozesse. Besonders empfehlenswert:

Jack Foster, *Einfälle für alle Fälle*, Wien/Frankfurt/M. 1998.
Gabriele Baron, *Ideen finden*, München 2001.

Weitere Jobs in der Unternehmensberatung

Krisenberater

Gerade Krisenfälle sind häufig nicht mit Bordmitteln zu lösen. Daher werden externe Berater für einen kurzen Zeitraum angeheuert, um den Karren aus dem Dreck zu ziehen. Berühmtester Vertreter dieser Zunft ist Rudolph Giuliani, Ex-Bürgermeister von New York. Nach seiner Amtszeit stellte er Wissen, Erfahrung und Beziehungen, die er sich im öffentlichen Leben aufgebaut hat, Unternehmen zur Verfügung. Zusammen mit dem ehemaligen Feuerwehrchef Thomas von Essen und dem früheren Polizeichef Bernard Kerik bereitet Giuliani Führungskräfte auf eventuelle Krisen vor oder begleitet sie in aktuellen Krisenfällen. Außerdem bietet die *Giuliani Partners* Unterstützung in Risikomanagement, Finanzierung, Versicherungsfragen und Angelegenheiten der öffentlichen Sicherheit. Die New Yorker Beratungsgesellschaft hat einen Kooperationsvertrag mit der Unternehmensberatung Ernst & Young.

Im Internet zu finden unter: www.giulianipartners.com

Humorberater

Dass Lachen gesund ist klingt nach Binsenweisheit. Doch möglicherweise können Fröhlichkeit und Verspieltheit die Mitarbeiter eines Unternehmens kreativer und produktiver machen. So berichtete die *Süddeutsche Zeitung* im Januar 2002 von einem neuen Beratungstrend aus den USA: »Auch das noch: Humortrainer und Humorberater sollen nach amerikanischem Vorbild die Produktivität der Mitarbeiter steigern.« Das gilt auch und vor allem für die Führungsriege. *Management by Fun* heißt das Buch des prominenten Humorberaters Matt Weinberg, Autor der US-weit ausgestrahlten TV-Sendung *Fun Works*. Weinbergs Unternehmensberatung *Playfair* betreut rund 400 Seminare jährlich, unter anderem für den Telekommunikationsanbieter AT&T.[8]

Im Internet nachzuschauen unter: www.playfair.com

Arbeitszeitberater

Flexible Arbeitszeiten gelten als Instrument zur Verbesserung der Mitarbeiter-, aber auch der Kundenzufriedenheit. Mit Teilzeitarbeit, Ampel-, Zeitbudget-, Langzeit- und Lebensarbeitszeitkonten, Vertrauensarbeitszeit und anderen Modellen werden den Mitarbeitern Freiräume gegeben und es wird zum sparsamen Umgang mit der Ressource Zeit angeregt. Arbeitszeitberater unterstützen die Unternehmensleitung darin, individuelle Lösungen für die Betriebe zu finden und neue, flexible Arbeitszeitmodelle einzuführen. Sie leisten außerdem Überzeugungsarbeit innerhalb der Belegschaften.

Die erste deutsche *Arbeitszeitberatung Dr. Hoff Weidinger* Hermann in Berlin wurde 1983 gegründet und findet sich im Internet unter: www.arbeitszeitberatung.de

4.

Beruf, Karriere, Erfolg

»Verlierer und Versager sind selbst schuld, mentale Fitness heißt die Lösung: Weil immer mehr Menschen so denken, haben Persönlichkeits-Coachs immer mehr Klienten. Die Arbeit selbst wird zum Dauerthema des Lebens – nicht nur für Manager«, titelte der Spiegel einen Artikel über die Trainer und Berater, die mehr Erfolg in Beruf und Leben versprechen.[9]

Anfang der 90er Jahre noch waren Trainer in erster Linie auf dem Fußballplatz anzutreffen. Heute dagegen gibt es persönliche Trainer für beinahe jede Lebenslage: Motivationsschwäche, Beziehungsprobleme, Geldsorgen oder Kommunikationsdefizite – die Liste der Angebote ist lang. Rund fünf Millionen Euro geben die Deutschen jährlich für Karriereberatungen, Motivationskurse, Persönlichkeitsseminare und entsprechende Bücher aus.[10] Schließlich hängt der Erfolg im Beruf nicht nur von fachlichen Qualifikationen ab, sondern auch von Ausstrahlung, Kommunikationstalent, Körpersprache, Gestik, Mimik, Stimme, Selbstvertrauen und Image.

Karriereberater

Wozu braucht man überhaupt einen Karriereberater? Früher ging es doch auch ganz gut ohne. »Früher kamen Babys auch ohne Hebamme zur Welt. Trotzdem sind wir heute froh, im Fall eines Falles professionelle Hilfe in Anspruch nehmen zu können«, sagt die Karriereberaterin Annegret Heesen. Außerdem seien heute die Anforderungen im

Berufsleben wesentlich komplexer. Gleichzeitig wachse die Menge an Informationen, sodass es für den Einzelnen schwierig wird, den Überblick zu behalten.

Karriereberater betreuen die berufliche Laufbahn ihrer Klienten. Dazu muss zunächst einmal herausgefunden werden, wo der Schuh drückt. »Manche Leute kommen zu mir und klagen über das miese Klima im Büro. Später erfahre ich, dass es an anderen Dingen hängt, zum Beispiel dass der Kunde den Job nur als Notlösung empfindet«, erklärt Heesen. Die Folge ist oft ein starkes, aber diffuses Unwohlsein. Auch bei der Zielsetzung hapert es: Viele Klienten kommen mit bestenfalls verschwommen formulierten Zielen in die Beratung. »Die können oft nicht mehr sagen als ›Ich möchte erfolgreich sein‹ oder ›Ich möchte mehr Geld verdienen‹.« Solche Wünsche reichten jedoch nicht aus. »Ohne eine konkrete Zielsetzung ist es sehr schwierig, überhaupt etwas zu schaffen, geschweige denn, wirklich erfolgreich zu sein«, so Heesen. Zur persönlichen Zielsetzung gehörten aber auch Zahlen, Daten und Fakten. In einem schriftlichen Plan muss konkret festgehalten werden, bis wann welches Zwischenziel erreicht sein soll, was noch geklärt, wer noch kontaktiert und welche Information noch beschafft werden muss.

In der Karriereberatung steht die Persönlichkeit des Kunden im Mittelpunkt. Dazu gehört, verdeckte Potenziale zu erkennen und herauszuarbeiten. »Der Kunde muss in der Beratung zu seinen eigenen Wurzeln finden. Ich suche nach positiven Anknüpfungspunkten und motiviere die Leute weiterzudenken. Und zwar nicht immer nur in Problemen, sondern in Lösungen und Alternativen«, so Heesen.

Zum Karriereberater kommen Leute zwischen 18 und 58. Die einen stehen vor der Frage, welche Ausbildung sie machen oder welches Studium sie beginnen sollen. Andere haben jahrelang in derselben Firma gearbeitet und müssen sich nach einer Betriebsschließung um etwas Neues kümmern. Die meisten Kunden allerdings sind zwischen dreißig und fünfzig Jahre alt. »Die fragen sich: War das schon alles? Könnte ich nicht noch etwas anderes machen? Was will ich eigentlich?«, erklärt Heesen. Manche haben auf einmal Führungsverantwortung für ehemalige Kollegen bekommen und sind unsicher, wie sie diese Rolle ausfüllen können.

Aufgabe der Karriereberaterin ist es dann, Perspektiven und Möglichkeiten zu klären und die nächsten Schritte der Laufbahn in die entsprechende Richtung zu lenken. Heesen sieht ihren Beitrag zur Karriere des Kunden darin, Ungeordnetes zu entwirren, Dinge auf den Punkt zu bringen und prägnant anzusprechen. »Der Kunde sieht oft den Wald vor lauter Bäumen nicht. Der Karriereberater dagegen sieht den Wald – und auch die Bäume. Wer in die Beratung kommt, geht anders raus als er reingegangen ist«, verspricht sie. Voraussetzung für diesen Wandel sei jedoch die Bereitschaft, sich zu öffnen, sich Kritik auszusetzen und Verantwortung für Veränderungen zu übernehmen. »Über einen schlechten Chef zu jammern ist einfach, das eigene Verhalten zu ändern dagegen mühsam.«

Als Voraussetzung dafür, mit dem Kunden über Begeisterung im Job zu sprechen, sieht Heesen, dass der Berater selbst Begeisterung ausstrahlt. »Wenn ich von dem, was ich tue, nicht überzeugt bin, kann ich andere nicht bewegen.« Das persönliche Erfolgserlebnis des Karriereberaters tritt ein, wenn er oder sie anderen zu Einsichten und Aha-Erlebnissen verhelfen kann. Da Heesens Büro in einer ländlichen Gegend in der Nähe von Aachen liegt, müssen die Klienten sich nicht nur gedanklich, sondern auch räumlich auf den Weg machen. Die meisten kommen mehrmals im Jahr. »Prinzipiell bin ich aber der Meinung, dass man in zwei, drei Gesprächen bereits sehr viel erreichen kann«, sagt Heesen.

Karriereberatung ist Hilfe zur Selbsthilfe. Heesen definiert sich nicht als Lösungsgeberin, sondern als Spiegel und Moderierende. »Ich stelle Fragen, auch unangenehme, zum Beispiel was den Kunden bisher daran gehindert hat sich zu ändern und was er jetzt bereit ist zu tun.« Oft gibt die Beraterin ihren Klienten Hausaufgaben mit auf den Weg, wie einen Terminplan oder ein Protokoll der Beratung zu schreiben. Das gibt zusätzlichen Anstoß zur Selbstreflexion.

Heese hat die Erfahrung gemacht, dass Männer und Frauen unterschiedlich an eine Karriereberatung herangehen. Männer sagen in der Regel: ›Ich habe ein bestimmtes Budget, das investiere ich in meine Zukunft‹, und fragen dann: ›Was kriege ich dafür?‹. Frauen dagegen überlegen: ›Darf ich das für mich ausgeben? Oder soll ich mir das Geld besser sparen?‹ Frauen seien, so Heesen, in der Regel kostenbewusster – nicht immer zu ihrem eigenen Vorteil.

Was braucht ein Karriereberater noch an persönlichen Voraussetzungen?»Das Wichtigste ist die Menschenkenntnis. Ich muss dem Klienten sympathisierend gegenüberstehen, aber neutral und wertfrei über ihn urteilen«, so Heesen. Nützlich dazu sind pädagogisches und psychologisches Know-how sowie wirtschaftliches Verständnis.»Karriereberater sollten außerdem eine gute Fragetechnik trainieren und überhaupt gut reden können.«

Heesen selbst ist staatlich geprüfte Musikschullehrerin, hat 14 Jahre unterrichtet und sich später im Personalwesen weitergebildet. Nach Tätigkeiten als Geschäftsführerin im Musikfachhandel und als Personaldisponentin in einem Zeitarbeitsunternehmen hat sie sich 1992 als Karriereberaterin und Personalvermittlerin selbstständig gemacht. »Das Schöne an meinem Beruf heute ist das Gefühl, schnell etwas bewegen zu können.«

Neben den Beratungen hat Heesen ein Buch zum Thema Ausbildungsplatzsuche veröffentlicht. Auch Karriereberater wie Petra Begemann, Hedwig Kellner, das Team Püttjer und Schnierda, Heiko Mell und viele andere haben ihr Wissen in Bücher gepackt. Zum Stichwort Karriere listet die Internetbuchhandlung *Amazon* immerhin über tausend Titel.

Info-Box

Beratungsbüro Annegret Heesen
Langgasse 38
52511 Geilenkirchen-Waurichen
Tel.: (0 24 51) 92 37 23
Fax: (0 24 51) 92 37 24
www.heesen-personal.de

In der Schweiz kann man einen Diplomstudiengang als Laufbahnberater belegen, zum Beispiel an der:

Hochschule für angewandte Psychologie
Merkurstr. 43
CH-8032 Zürich
Tel.: 00 41 (1) 2 68 33 33
Fax: 0041 (1) 2 68 33 00
www.fh-psy.ch

Die schweizerischen Laufbahnberater sind organisiert im:

Schweizerischer Verband für Berufsberatung
Beustweg 14
CH-8032 Zürich
Tel.: 00 41 (1) 2 66 11 11
Fax: 00 41 (1) 2 66 11 00
www.svbasosp.ch

Coach

Coach kommt nicht von Couch. Und Coaching ist keine Psychoanalyse oder -therapie. Coaching wendet sich stattdessen an Leute, die sich mit professioneller Hilfe weiterentwickeln wollen. Dazu gehören regelmäßige Treffen, bei denen gemeinsam überprüft wird, ob gesteckte Ziele erreicht wurden. Wenn nicht, wird überlegt, woran es lag und wie der Coachee seinem Ziel bis zum nächsten Termin näher kommen kann.

Sabine Asgodom, eine der profiliertesten Erfolgstrainerinnen der Bundesrepublik, arbeitet seit 1991 als Coach für Führungskräfte und Unternehmen wie die *Allianz, DaimlerChrysler* und *Lufthansa.* Ihre Themen: beruflicher Erfolg, Präsentation, Selbst-PR, Gelassenheit im Beruf, Ausstrahlung und Charisma, Work-Life-Balancing, Mentoring und Potenzialentwicklung. Ihre berufliche Laufbahn hat Asgodom als Journalistin bei den Zeitschriften *Eltern* und *Freundin* begonnen. Neun Jahre lang leitete sie das Ressort *Karriere, Finanzen und Multimedia* bei der *Cosmopolitan.* Asgodom schrieb zahlreiche Bücher, darunter die Bestseller *Eigenlob stimmt, Reden ist Gold, Erfolg ist sexy* und *Leben macht die Arbeit süß.*

Interview

Frage: Manchmal hat man den Eindruck, jeder, der gern mit anderen redet, nennt sich heute Coach. Was ist Ihre Dienstleistung?

Asgodom: Ich entwickle Potenziale. Dazu muss man erkennen, was alles in einem Menschen schlummert. Viele wissen nicht, welche Kraft in ihnen steckt. Daher lautet ein Motto in meinen Seminaren: Weck den Tiger in dir! Die Barrieren liegen meistens auf der Gefühlsebene und müssen überwunden werden. Mein Coaching öffnet die Schleusen.

Frage: Mit welchen Problemen kommen die Kunden zu Ihnen?

Asgodom: Immer mit Veränderungswünschen. Manche wollen sich selbstständig machen oder den Job wechseln, andere wollen ihr Verhältnis zum Chef verbessern. Aber das sind keine Jammerer, ich denke, das hängt auch mit dem Preis meiner Beratung zusammen. Der Preis ist eine Investition in die persönliche Veränderung. Meine Aufgabe sehe ich darin, die richtigen Anstöße zu geben und Lösungen herauszukitzeln. Coaching hat nichts mit rumlabern zu tun, deshalb dauert eine Sitzung bei mir in der Regel höchstens zwei Stunden. Es ist durchaus möglich, in dieser Zeit Konzepte und Strategien zu entwickeln. Dabei bin ich selbstverständlich gut vorbereitet. Mittels Fragebogen werden vorab alle wichtigen Informationen eingeholt. Gleich am Anfang wird ein Ziel festgelegt und dann hart gearbeitet. Und es kommt immer eine Lösung dabei heraus.

Frage: Woher diese Sicherheit?

Asgodom: Ich bin eine Verfechterin des Schriftlichen. Erst durch die schriftliche Form bekommt das Training Kraft. Meine spezielle Methode sind Coaching-Protokolle. Ich habe dieses Verfahren selbst entwickelt. Ich schreibe mit und strukturiere, manchmal bis zu vierzig Seiten in zwei Stunden.

Frage: Wie sind Sie zu Ihrem Beruf gekommen?

Asgodom: Ich bin übers Bücherschreiben ins Training und Coaching eingestiegen. Am Anfang habe ich Vorträge zu meinen Themen gehalten und einen Workshop auf einem großen Frauenkongress geleitet. Dieser Bereich entwickelte sich parallel zu meiner journalistischen Arbeit. Ab einem bestimmten Zeitpunkt kamen zu viele Anfragen für Seminare und Coachings, und so habe ich mich für das Neue entschieden.

Frage: Was gefällt Ihnen an dem Job besonders gut?

Asgodom: Das Wundervolle ist, dass Coaching und Training eine unmittelbare Wirkung haben und man so viel Positives zurückbekommt. Im Gästebuch auf meiner Homepage können Sie etwas über das Feedback meiner Kunden erfahren. Ich sage immer: Man ist auf dieser Welt, um sie ein bisschen besser zu machen. Mit meinem Beruf kann ich dazu beitragen, indem ich Menschen dabei unterstütze, Selbstbewusstsein zu entwickeln. Je selbstbewusster sie sind, desto friedvoller gehen sie miteinander um.

Frage: Gibt es auch etwas, das Ihnen nicht gefällt?

Asgodom: Manchmal habe ich im Jahr über 150 Vorträge und Beratungstermine. Die Nachteile dabei sind: Hotel, Hotelessen und Reisen. Die Herausforderung liegt darin zu lernen, Nein zu sagen.

Frage: Welche persönlichen Eigenschaften sollte ein Coach mitbringen?

Asgodom: Coaching ist der schönste Beruf der Welt, wenn man Menschen interessant findet. Mit Schubladendenken kommt man in der Beratung nicht weiter. Man darf Menschen nicht etikettieren, sondern muss in der Lage sein, ihnen in aller Offenheit zu begegnen.

Frage: Wie beurteilen Sie die Zukunft des Coachings?

Asgodom: Der Trend verschiebt sich von Seminaren hin zu Vorträgen und Einzelcoaching. Die Zukunft für Trainer sieht sehr gut aus.

Frage: Was raten Sie Berufseinsteigern?

Asgodom: Zunächst muss man ein möglichst aktuelles Thema besetzen und sich in diesem Bereich profilieren. Die Positionierung ist das Wichtigste. Ich selbst bin über ein Buch zum Thema Selbst-PR eingestiegen. Deshalb kann ich jedem nur empfehlen zu veröffentlichen. Ansonsten können Berufseinsteiger Seminare und Workshops bei der Volkshochschule anbieten. Der Druck ist dort nicht so groß. Man lernt ein Thema zu konzipieren und kann sich ausprobieren. Auch sollte man unter Umständen zunächst kostenlos Vorträge und Seminare halten. Am Anfang muss man investieren, also nicht nur auf das Geld schauen! Man sollte vor interessanten Zielgruppen auftreten, auch auf Kongressen präsent sein. Aus meiner Erfahrung kann ich sagen: Jeder einzelne Auftritt ist es wert. Ich musste noch nie eine Akquiseaktion durchführen. Im Training und Coaching spielen Kontakte und Beziehungen eine große Rolle. Nutzen Sie Netzwerke!

Frage: Noch ein persönlicher Tipp von Ihnen?

Asgodom: Ganz praktisch: Überlassen Sie das Büromanagement einer Fachfrau. Arbeiten Sie mit Profis zusammen und konzentrieren Sie sich auf Ihre Kernkompetenzen.

Info-Box

Asgodom Live
Bülowstr. 5
81679 München
Tel.: (0 89) 98 24 74 90
Fax: (0 89) 98 24 74 98
www.asgodom.de

Eine Coach-Ausbildung bieten an:

Contrain
Lanzelhol 34
55128 Mainz
Tel.: (0 61 31) 36 10 15
Fax: (0 61 31) 36 86 33
www.contrain-gmbh.de

DISG-Training
Königsbacher Str. 13
75196 Remchingen
Tel.: (0 72 32) 3 69 90
Fax: (0 72 32) 36 99 44
www.disg.de

Berufsinteressen vertritt:

European Coaching Association
Steinstr. 23
40210 Düsseldorf
Tel.: (02 11) 32 31 06
Fax: (02 11) 32 87 31
www.eca-online.de

Die International Coach Federation findet sich unter:
www.coachfederation.org

Literatur:

Zum Thema Coaching gibt es viele Fachbücher. Besonders informativ:

Britt A. Wrede, *So finden Sie den richtigen Coach*, Frankfurt/New York
    2000.
Astrid Schreyögg, Coaching. Eine Einführung für Praxis und Ausbil-
    dung. Frankfurt/New York 1995.

Bewerbungsberater

Die Frage, wie man sich richtig bewirbt, ist zu einer Wissenschaft für sich geworden. Das hat zur Folge, dass wer sich bewerben will vor einem Berg von Fragen steht: Soll der Lebenslauf bei der Grundschule beginnen oder mit der letzten Tätigkeit? Demonstriert man ein gesundes Selbstbewusstsein, wenn man das Unternehmen vorab anruft? Soll man die Sekretärin in ein Gespräch verwickeln oder sich besser gleich mit dem Geschäftsführer verbinden lassen? Oder verzichtet man – um nichts falsch zu machen – lieber ganz auf den telefonischen Erstkontakt und lässt allein die schriftlichen Unterlagen für sich sprechen? Wie nett darf eigentlich das Lächeln auf dem Foto sein, und sollte die Kleidung beim Vorstellungsgespräch eher modern oder lieber klassisch wirken, fragt sich der verwirrte Bewerber.

Wer Orientierung und Unterstützung bei der gesamten Bewerbungsprozedur wünscht, kann sich professionellen Rat holen. Dieser reicht von der Auswahl geeigneter Stellenanzeigen über das Zusammenstellen ansprechender Unterlagen bis hin zum Training des Vorstellungsgesprächs und der Gehaltsverhandlung. Berater helfen auch bei der Formulierung eines eigenen Stellengesuchs, beurteilen Arbeitszeugnisse und bereiten auf Assessment-Center vor. Bewerbungsberatung gibt es bei Volkshochschulen, Bildungsträgern, Karriereberatern und beim Arbeitsamt und dessen Hochschulteams. Auch bei Versicherungsunternehmen wie *MLP* finden entsprechende Kurse statt.

Ralf Havertz von *gaetan-data* in Berlin bietet vom Arbeitsamt und der Europäischen Union geförderte Bewerbungsseminare und -beratungen für verschiedene Zielgruppen an: Schüler, Hochschulabsolventen, Berufstätige mit Veränderungswunsch, Leute in gefährdeten Jobs und Arbeitskräfte über fünfzig. Gerade Letztere haben möglicherweise seit Jahrzehnten keine Bewerbung geschrieben und tun sich schwer mit den gewachsenen Anforderungen. »Manchmal muss man denen auch klarmachen, dass ein paar handschriftliche Kopien früher okay waren, aber heute eben nicht mehr akzeptabel sind«, so Havertz.

Oft beginnt die Beratung damit, den Bewerber von der Vorstellung zu befreien, er müsse sich als perfekter Arbeitnehmer präsentieren. »Den gibt es sowieso nicht«, ist Havertz überzeugt. Im Bewerbungsprozess ginge es darum aufzuzeigen, aus welchen Gründen der Kandidat die Aufgaben am Arbeitsplatz gut erfüllen kann. Dabei spielt der Gesamteindruck der Unterlagen eine entscheidende Rolle:»Die Mappe ist die erste eingereichte Arbeitsprobe und zeigt, wie man später arbeiten wird: präzise und strukturiert oder planlos.«

Das Anschreiben, das der Mappe beigelegt wird, richtet sich an eine konkrete Person und zeigt in einigen Sätzen die wichtigsten Qualifikationen und Stärken des Bewerbers auf.»Die ersten Sätze müssen einfach sitzen. Da muss rüberkommen, warum man für die Stelle gut geeignet ist«, so Havertz. Bewerber neigten dazu, sich in unwichtigen Details zu verlieren und ausschweifend über ihr bisheriges Leben zu berichten.»Auch im Anschreiben gilt: In der Kürze liegt die Würze, wer rumeiert, macht sich verdächtig«, so Havertz, der ursprünglich Politologie studierte, um Journalist zu werden. Er volontierte beim Sächsischen Tageblatt in Leipzig und entwickelte dort ein Gespür für Text und Layout.

Der vielleicht wichtigste Teil der Bewerbung ist das Foto.»Auf den meisten Bewerbungsbildern sieht man lediglich, ob jemand weiblich oder männlich ist und ob er oder sie eine Brille trägt«, so Havertz. Dabei fiele der Blick des Personalchefs in der Regel eben als Allererstes auf das Bild, das bekanntlich mehr sagt als tausend Worte. Einen unsympathischen Eindruck könne man hier kaum mehr durch gute Noten oder Zeugnisse wettmachen. Dabei sollte das Bild des Bewerbers etwa zigarettenschachtelgroß sein und auf einem Titelblatt präsentiert werden. Wer es traditioneller mag, klebt ein kleineres Foto in die rechte obere Ecke des Lebenslaufs.

Der Lebenslauf, auch Curriculum Vitae genannt, beginnt mit den persönlichen Daten wie Adresse und Geburtstag. Danach werden Qualifikationen und Erfahrungen aufgelistet – früher von der Grundschule bis zur zuletzt ausgeübten Tätigkeit. Heute geht man eher dazu über, mit dem Wichtigsten anzufangen.»Und das ist in der Regel der letzte Job. Der steht ganz oben im Lebenslauf, und danach zählt man chronologisch zurück«, so Havertz. Dabei müsse alles ganz klar und übersichtlich strukturiert sein. Auch Hobbys, Interessen und ehrenamtliches Engagement gehören in den Lebenslauf.

Um Fehler bei der Zusammenstellung der Mappe zu vermeiden, gibt der Bewerbungsberater Hilfestellung, verfasst allerdings nicht die Unterlagen für seine Kunden.»Das merkt ein Personaler spätestens im Vorstellungsgespräch, wenn da jemand nicht selbst gearbeitet hat«, so Havertz. Er geht mit dem Jobsuchenden die Unterlagen mehrmals durch, denn jede Veränderung birgt wieder neue Fehlerquellen. Für jedes Bewerbungsverfahren muss wenigstens das Anschreiben neu formuliert, manchmal auch der Aufbau des Lebenslaufs verändert werden.

Zusätzlich muss geklärt werden, wie die Mappe aussehen soll: Plastik oder Pappe, Spiral- oder Schienenbindung. Das verwendete Papier sollte weiß sein, manchmal ist auch eine dezente Farbe – Grau oder Eierschalenfarbe – erlaubt. Die Mappe enthält neben Titelblatt mit Foto und Lebenslauf auch sämtliche Zeugnisse, natürlich in Kopie.

Ein weiterer Bereich der Bewerbungsberatung ist die Simulation von Vorstellungsgesprächen. »Da gibt es Leute, die sind super in ihrem Fach, können sich aber überhaupt nicht verkaufen«, so Havertz. Andere hätten große Angst vor der prüfungsähnlichen Situation. Er trainiert mit den Kandidaten die Standardfragen und analysiert dann gemeinsam mit ihnen die Videoaufzeichnung. »Da kann man gut sehen, wie Körpersprache funktioniert, wie die Haltung von Armen und Beinen wirkt. Der Bewerber muss verstehen, welche Signale er sendet.« Zum Schluss der Beratung wird geklärt, mit welchen Gehaltsvorstellungen der Bewerber ins Gespräch gehen sollte, und wie er bei Geldverhandlungen argumentieren kann.

Bewerbungsberater stehen ihren Kunden in der Regel über die gesamte Bewerbungsprozedur zur Seite. Zu ehrgeizigen Kandidaten, die alle zwei Jahre die Stelle wechseln, kann sich so eine längerfristige Geschäftsbeziehung entwickeln.

Info-Box

gaetan-data
Storkower Str. 140
10407 Berlin
Tel.: (0 30) 4 21 27 40
Fax: (0 30) 42 16 13 48
www.gaetan-data.de

Literatur:

Es gibt unendlich viel Literatur zum Thema Bewerbung. Besonders bekannt sind die zahlreichen Bücher der beiden Autorenduos Püttjer und Schnierda und Hesse und Schrader.

Frauencoach

Frauencoachs sind auf die Steine spezialisiert, die Frauen in den Weg gelegt werden. – Oder? »Viele Frauen legen sich auch selbst ordentlich Steine in den Weg«, sagt Anja Kolberg, Trainerin speziell für Frauen nach der Kinderpause. »Sie ziehen ihre eigenen Grenzen zu eng, trauen sich nichts zu, halten berufliche Pläne nicht durch, sondern kneifen in letzter Sekunde.« Der Grund: In Erziehung und Gesellschaft dominiert immer noch das Bild der zurückhaltenden und wenig offensiven Frau.

Frauen mit Kindern wird von außen zusätzlich suggeriert: Du bist auf dem Arbeitsmarkt gar nicht richtig einsatzfähig. »So ein Quatsch! Frauen mit Kindern haben fast immer eine hohe soziale Kompetenz und ausgezeichnete Managementqualitäten. Schließlich müssen sie im Alltag stets das Unmögliche möglich machen«, betont Kolberg. Die Grenzen bestünden nicht in den Fähigkeiten der Frauen, sondern im Kopf des Vorgesetzten.

Wenn Mütter Teilzeit arbeiten wollen, gehen nicht nur Chefs, sondern auch Kollegen auf die Barrikaden. Das habe aber nichts damit zu tun, dass man den Job nicht auch in Teilzeit machen könnte. Häufig geht es unter Kollegen mehr um Neid: Wer Teilzeit will, nimmt sich etwas Besonderes heraus.

Weitere Problemfelder »typisch Frau«: Gehaltsverhandlungen und Teammeetings, in denen Frauen häufig nicht das Wort ergreifen, sondern abwarten, bis sie jemand fragt. »Damit überlassen sie anderen das Feld, die sich mit ihren Ideen und Vorschlägen profilieren können«, erklärt Kolberg. Frauen mangele es dabei oft an der selbstbewussten Einschätzung ihrer Fähigkeiten. Sie konzentrieren sich darauf, was möglicherweise alles schief gehen könnte. Frecher und forscher müssten sie sein, die Frauen, meint Kolberg und trainiert mit ihren Klientinnen auch Schlagfertigkeit, Verhandlungsführung und Rhetorik.

Als Frauencoach sieht sie ihre Aufgabe darin, Frauen zu stärken, ihre Kompetenzen deutlich herauszuarbeiten und Schwächen in Stärken zu verwandeln. Die Methode der Kölnerin: zuhören, Fragen stellen und ein Feedback geben. Dazu müsse ein Frauencoach offen, freundlich und tolerant sein. »Zusammenhänge erkennen und weiterdenken, das ist mein Job. Dabei behalte ich immer Respekt vor der Lebensgeschichte und den Wünschen meines Coachees.« Ein Coach dürfe niemals anderen seine Meinung aufdrücken wollen.

Kolberg unterscheidet zwischen Training und Coaching: Für eine Trainerin sei es enorm wichtig, gut und viel reden zu können. Sie muss sich vor Publikum frei und sicher fühlen. »Das wird niemandem in die Wiege gelegt, das ist Übungssache. Ein bisschen Lampenfieber – auch noch vor dem dreißigsten Seminar – schadet aber nicht.« Der Coach dagegen hebt seinen Klienten, den Coachee, hervor, und nicht sich selbst. Hier geht es um Ermutigung, nicht um Beeinflussung.

Übrigens: Das Frauencoaching ist keineswegs ein reiner Frauenberuf. »Schließlich kann es für eine Frau sinnvoll sein, bestimmte Situationen, zum Beispiel im Rollenspiel, mit einem Mann durchzugehen.« Allerdings haben Trainerinnen oft ein besseres Verständnis für frauenspezifische Probleme.

Kolberg selbst ist das beste Beispiel dafür, dass man als Coach nicht unbedingt ein Psychologiestudium und mehrere Weiterbildungen absolviert haben muss. Die Karriere der Selfmadefrau begann wenig spektakulär im Büro. Doch nach ein paar Jahren dachte sie: »Das kann's ja wohl nicht gewesen sein.« Über einige Zwischenstationen hat sie es heute mit Initiative, Optimismus und ausgeprägten kommunikativen Fähigkeiten geschafft, in ihrem Traumberuf zu arbeiten. »Wenn man wirklich will, findet sich immer ein Weg.« Eine Erfahrung, die sie auch ihren Kundinnen vermitteln möchte.

Info-Box

Zwei profilierte Frauencoachs:

Anja Kolberg Frauencoaching
Kirchweg 118
50858 Köln
Tel.: (02 21) 9 48 38 65
Fax: (02 21) 5 70 98 00
www.frauencoaching.de

Karriere-Hotline
Elke Schumacher
Reinhardwaldstr. 6
33332 Gütersloh
Tel.: (0 52 41) 4 61 88
Fax: (0 52 41) 46 02 16
www.karriere-hotline.de

Literatur:

Anja Kolberg, *Ab 40 reif für den Traumjob*, München 2001.
Anja Kolberg, *Die richtige Idee für Ihren Erfolg*, München 2001.
Doris Hartmann, *Frauen, die wissen, was sie wollen, sind nicht zu schlagen*, Frankfurt/M. 2001.
Isabel Nitzsche, *Abenteuer Karriere. Ein Survival-Guide für Frauen*, Reinbek 2000.
Kate White, *Die 9 Geheimnisse von Frauen, die alles bekommen, was sie wollen*, Berlin 2001.
Anni Hausladen, Gerda Laufenberg, *Die Kunst des Klüngelns, Erfolgsstrategien für Frauen*, Reinbek 2001.

Motivationstrainer

In ihren besten Zeiten füllten Motivations-Gurus wie Jürgen Höller ganze Stadien und ließen ihre Gäste über Glasscherben laufen, ähnlich wie ihr amerikanisches Vorbild Anthony Robbins, der seine Seminarbesucher unter dem Frankfurter Messeturm auf glühende Kohlen schickte.

Doch mit derartigen Veranstaltungen hat Motivationstrainer Ulrich Balde von *Impuls Training & Beratung* wenig zu tun. »Ich arbeite mit meinen Kunden konkret an ihrer Person und ihren Problemen, statt eine Masse mit markigen Reden zu bombardieren«, so der Ludwigshafener. Neues Wissen könne dann sofort in die Tat umgesetzt werden.

Wie etwa bei einem Zahnarzt, den Balde coachte, seinen Patienten nicht nur Kassenleistungen, sondern auch teurere Arbeiten zu verkaufen. »Zu Beginn des Coachings hatte der Mediziner nur fünf Prozent Privatpatienten, heute sind es über vierzig«, erzählt er. Wie Balde das hinkriegt? »Ich liefere keine fertigen Lösungen, sondern biete Techniken an, mit denen meine Kunden die Antworten auf ihre Fragen selber finden«, so Balde. Oft hilft den Teilnehmern bereits der Blick von außen oder der Abstand zu einem Problem. Und eine Lösung in erreichbarer Nähe zu sehen wirkt positiv und antreibend.

Zu Baldes Kunden zählen alle Berufssparten. In Einzel- und Gruppensitzungen coacht er sowohl Bankvorstände als auch einfache Büroangestellte. Einen festen Motivationsplan hat der Berater allerdings nicht. »Es gibt unendlich viele Motivationsmodelle. Als Trainer sollte man mehrere kennen und sie in die Arbeit einfließen lassen«, rät Balde. Als hilfreich für ihn hat sich beispielsweise das Corellsche Prinzip herausgestellt. Danach gibt es eine Primärmotivation, die uns Dinge um ihrer selbst wegen tun lässt. Und es gibt von äußeren Beweggründen gesteuerte Sekundärmotivationen, wie beispielsweise das Geldverdienen. Balde: »Ich frage meine Kunden, ob neben allen Verpflichtungen die primäre Motivation noch da ist. Wenn ja, müssen wir als nächsten Schritt herausfinden, was die Primärmotivation dennoch bremst.« Wenn Balde merkt, dass seine Klienten nach dieser Analyse über ihre persönliche Situation nachdenken, dann hat er sein erstes Etappenziel erreicht.

Erlernt hat der studierte Betriebswirt das Handwerkszeug in einer zweijährigen Ausbildung zum Coach, in seiner Arbeit als Kommunikationstrainer und in vielen Weiterbildungen. »Ich habe es mir zum Prinzip gemacht, mindestens 14 Tage im Jahr an Fortbildungsseminaren teilzunehmen«, erzählt er. Zum Beispiel in Neurolinguistischem Programmieren (NLP). »Ich glaube, dass ein Bauchladen an Methoden sinnvoller ist als sich einer Lehre zu verschreiben. Dann kann ich auch flexibel auf die Bedürfnisse der Menschen reagieren.« Wichtig sei dabei immer das nötige Fingerspitzengefühl im Umgang mit anderen.

Das Sendungsbewusstsein wurde Balde möglicherweise in die Wiege gelegt. »Ich wollte immer etwas in der Gruppe bewegen. Ich war Klassensprecher, habe die Jugendgruppe in der Kirche geleitet. Hauptsache, ich konnte die anderen mit meinen Einfällen mitreißen«, so der Trainer. Dass seine Art ansteckend war, merkte er schnell.

Balde nähert sich seinen Klienten über das DISG-Persönlichkeitsmodell, das Menschentypen bestimmte Motivationen zuordnet. »Wer dominant ist, braucht die Möglichkeit, zielorientiert und ergebniswirksam zu arbeiten. Dazu sind klare Anweisungen nötig. Bei einem sensibleren Menschen muss ich dagegen sorgfältig mit Kritik umgehen und sehr viel Geduld, Vorsicht und Erklärungen aufbringen, um ihn zu motivieren«, erläutert Balde. Bei allen Typen kommt es jedoch darauf an, dass der Motivationstrainer komplizierte Dinge einfach ausdrückt. »Das A und O ist die Kommunikation, mein Gegenüber muss genau verstehen, was ich meine.« Dazu kommt eine gesunde Portion an eigener primärer Motivation: »Meine Vision ist, Spaß an der eigenen beruflichen Laufbahn zu haben. Immerhin verbringen wir die meiste Zeit unseres wachen Lebens bei der Arbeit.«

Info-Box

Unternehmensberatungen, Volkshochschulen, Weiterbildungsträger, Seminarhäuser und Freiberufler bieten Motivationstrainings an, zum Beispiel:

Impuls Training & Beratung
Hauptstr. 203
67067 Ludwigshafen
Tel.: (06 21) 51 12 02
Fax: (06 21) 51 12 95
www.balde.de

Medienakademie
Im Mediapark 6
50670 Köln
Tel.: (02 21) 57 43 72 00
Fax: (02 21) 57 43 72 01
www.medienakademie-koeln.de

Eine Ausbildung zum Motivationstrainer bietet an:

Cicero Train the Trainer
Holler Allee 22
28209 Bremen
Tel.: (04 21) 3 49 10 75
Fax: (04 21) 3 49 12 17
www.cicero-training.de

Literatur:

Es gibt eine Vielzahl von Motivationsbüchern auf dem Markt. Besonders erfolgreich sind die Bücher von Rupert Lay, Vera Birkenbihl und aus dem Amerikanischen Anthony Robbins und die Autoren von »*Fish!*« (Stephen Lundin u. a.).

Outplacementberater

Eine Kündigung ist schlimm genug. Noch schlimmer, wenn der Ex-Arbeitnehmer das Gefühl hat, er stünde nicht nur ohne Job, sondern auch allein und orientierungslos da. Wer zehn Jahre im selben Betrieb geschuftet hat, weiß oft nicht viel über den Arbeitsmarkt, mit dem er sich im Zweifelsfall zuletzt in den Tagen nach dem Schulabschluss beschäftigt hat. Viele stehen außerdem unter Schock, wissen nicht einmal, wie sie der Familie den Rauswurf erklären sollen.

Doch auch das entlassende Unternehmen kann Gründe haben, seine Mitarbeiter bei der Kündigung gut zu behandeln, zum Beispiel um das Klima unter den Verbliebenen zu schützen. Außerdem kommt es durchaus vor, dass der Ex-Mitarbeiter bei einem Zulieferer oder Kunden des Unternehmens anheuert. Für so einen Fall erweist es sich als hilfreich, wenn er seinen ehemaligen Arbeitgeber nicht in schlechtester Erinnerung hat.

Was kann das Unternehmen dafür tun? Es kann einen Outplacementberater einschalten, der den entlassenen Mitarbeiter auf der Suche nach einer neuen und adäquaten Stelle unterstützt. Oft werden zu diesem Zweck Bewerberzentralen in unmittelbarer Nähe zum Unternehmen eingerichtet. Diese halten Kontakt zu Headhuntern, Personalberatungen, Zeitarbeitsfirmen und dem örtlichen Arbeitsamt. Die Kosten für die Beratung übernimmt das Unternehmen, dafür spart es hohe Abfindungen, beziehungsweise einen dazugehörigen langen Rechtsstreit. Manchmal ist die Outplacementberatung Teil eines Sozialplans, oder sie wurde bei Abschluss des Arbeitsvertrags ausdrücklich für den Fall des unfreiwilligen Ausscheidens vorgesehen.

Freigesetzt, nicht *gefeuert*, heißt es im Fachjargon der Outplacementberater. Nicht ohne Grund, denn Herbert Mühlenhoff hat den Anspruch, die freie Arbeitskraft des Klienten innerhalb von sechs Monaten wieder sinnvoll auf dem Markt eingesetzt zu haben. »Ich führe meine Kunden zum Ziel, ähnlich wie ein Lehrer seine Schüler auf die Sprachprüfung vorbereitet«, so Mühlenhoff. Den Test selbst allerdings müssten die Betreuten allein bestehen. Auf 70 bis 90 Prozent schätzt Heike Cohausz von der Agentur *von Runstedt & Partner* in Düsseldorf die Erfolgsquote.[11]

Die Coaching-Strategie der Outplacementberater beginnt mit einer Standortbestimmung: Wo liegen die Stärken und Schwächen, welche Qualifikationen bringt der Klient mit, welche Motivation treibt ihn an, welche Ängste blockieren ihn und wo können Energiereserven freigesetzt werden? Oft bringt die Beschäftigung mit den eigenen beruflichen Erfahrungen dem Entlassenen ein Stück Selbstvertrauen zurück.

Im Anschluss formulieren Klient und Berater neue Ziele. »Das kann sowohl eine gleichwertige Stelle bei einem ähnlichen Unternehmen sein. Oder aber wir finden einen Kindheitstraum und beschließen, dass es nun Zeit ist, diesen zu verwirklichen«, so Mühlenhoff. Dabei könne es durchaus sein, dass der entlassene Mitarbeiter sich selbstständig macht oder ins Ausland geht. »Der Klient ist wie eine Porzellanvase, die wir auf den Boden werfen und wieder zusammensetzen. In einem Drittel der Fälle sieht sie hinterher anders aus als vorher«, sagt der Kölner Berater Ulrich Krings.[12]

In Großbritannien, den Niederlanden und den USA ist die Unterstützung durch Outplacementberater beim Trennungsprozess zwischen Unternehmen und Angestellten üblich. Doch auch hierzulande wächst der Bedarf. Immerhin stieg der Umsatz der deutschen Outplacementberatungen im Jahr 2001 um gut 20 Prozent. Dabei haben rund 1 600 Kandidaten eine Einzel- und 13 700 eine Gruppenoutplacementberatung in Anspruch genommen. Zwei Drittel der Betreuten sind Führungskräfte.[13]

Es gibt jedoch auch Angestellte, die das Angebot ihrer Firma und die Dienstleistung des Outplacementberaters gar nicht erst in Anspruch nehmen. »Wenn das Tuch zerschnitten ist, kann die Firmenleitung ihre Mitarbeiter nicht zwingen«, sagt Mühlenhoff. Manche hätten auch Schwierigkeiten, das Beratungsergebnis zu akzeptieren. »Bei einer ausgiebigen Standort- und Zielbestimmung kann eben rauskommen, dass der Bankvorstand gar nicht für den Job geeignet ist.« Ob der das jedoch hören möchte, stünde auf einem anderen Blatt. »Der Erfolg der Methode ist immer abhängig vom Einzelnen selbst«, so der Geschäftsführer.

Dass die Verantwortung für das Ergebnis beim Kunden liegt, unterscheidet Mühlenhoff von einem Arbeitsvermittler: Der Outplacementberater hat keine Maklerrolle, sondern unterstützt die Klienten aktiv in jedem Schritt der Jobsuche, Unternehmensauswahl, Bewerbung, Einstellungsphase und oftmals bis zur Vertragsverhandlung. Dazu gehört auch, dem Klienten beizubringen, souverän mit seiner Geschichte umgehen. »Der darf auf keinen Fall im nächsten Vorstellungsgespräch ins Stottern kommen, wenn man ihn nach den Gründen der Kündigung fragt«, so Mühlenhoff.

Wie die Klienten auf die Beratung reagieren, hängt auch von den Umständen der Kündigung ab. »Mit politischen Entscheidungen können die Leute umgehen. Wenn aber betriebsbedingt gekündigt wurde, sind die sauer«, so der Düsseldorfer. Daher muss der Outplacementberater oft erst einmal helfen, über die erste Bestürzung hinwegzukommen. Und das bedeutet: zuhören und sich auf sein Gegenüber einlassen. »Eine gesunde Portion Humor und Dienstleistungsmentalität sollte man mitbringen«, sagt Mühlenhoff. Außerdem stehen den Outplacementberatern Psychologen zur Seite. »Für ein erfolgreiches Coaching muss man immer auch andere Fachleute zurate ziehen.«

Diplom-Ökonom Mühlenhoff arbeitete nach dem Studium zunächst als Personalentwickler bei der *Dresdner Bank*. »Aber nach zwanzig Jahren Gruppenarbeit wollte ich mich wieder mit Individuen beschäftigen.« Als geeignetes Abenteuer wählte er die Outplacementberatung. Und er hat es bis heute als Vorsitzender der Fachgruppe Outplacement im *Bundesverband Deutscher Unternehmensberater* nicht bereut: »Der Outplacementberater ist in vielen Karrieren für das Happy End zuständig.«

Info-Box

Mühlenhoff & Partner	Krings/von Busse
Salierstr. 8	Mittelstr. 3
40545 Düsseldorf	50672 Köln
Tel.: (02 11) 5 58 67 60	Tel.: (02 21) 92 58 85 0
Fax: (02 11) 5 58 67 77	Fax: (02 21) 92 58 85 22
www.muehlenhoff.com	www.krings-vonbusse.de

Informationen zum Berufsbild Outplacementberater von Jobbeschreibung bis zu Gehaltsmargen bietet der:

Bundesverband Deutscher Unternehmensberater
Zitelmannstr. 22
53113 Bonn
Tel.: (02 28) 91 61-0
Fax: (02 28) 91 61-26
www.bdu.de
Hier findet sich auch ein Mitgliederverzeichnis mit auf Outplacement spezialisierten Beratungsfirmen.

Unter: www.beraterWorkshops.bdu.de bietet der BDU auch Seminare zum Thema Outplacement an.

Einige Outplacementagenturen haben sich zu einem bundesweiten Netzwerk zusammengetan: www.outplacementpartners.com

Imageberater

»Der erste Eindruck besteht zu 56 Prozent aus äußerem Erscheinungsbild, zu 37 Prozent aus Stimme und nur zu sieben Prozent aus dem Inhalt des gesprochenen Worts«, sagt Angelica Egerth vom *Institut für Image & Präsentation* in Berlin. Kommunikation – aber non-verbale – ist ihr Spezialgebiet. Bei ihr sollen die Klienten lernen Eindruck zu machen, und zwar auf den ersten Blick ebenso wie auf Dauer.« »Vertrauen und Sympathie sind für jeden wichtig, egal ob Friseur, Arzt oder Steuerberater«, sagt Egerth. Bei Dienstleistungen, die nicht zu auf den ersten Blick quantifizierbaren Ergebnissen führen, liege die Bedeutung noch höher. »Politiker oder Kosmetikerinnen können nur erfolgreich sein, wenn sie authentisch und vertrauenerweckend wirken.« Und dazu gehören eben gute kommunikative Fähigkeiten – im verbalen und im non-verbalen Bereich.

In Seminaren und Workshops macht Egerth die Teilnehmer und Teilnehmerinnen *fit for business*, wie sie es nennt. Dazu gehören Stil-, Typ- und Farbberatung. Sie klärt, welche Kleidung zu welchem Typ passt und wie Schwachstellen kaschiert werden können. Manchmal geht die Imageberaterin mit ihren Kunden einkaufen oder führt ein Schulklassenseminar gleich im Kaufhaus durch.

Nach dem passenden Outfit, inklusive Frisur- und Make-up-Beratung gehören Stimme und Körpersprache zum Training für die positive Ausstrahlung. »Es nutzt nichts, wenn sich jemand fein rausputzt, aber nuschelt oder mit gequetschter Piepsstimme redet. Eine starke Stimme kommt aus dem Bauch, nicht aus dem Kehlkopf«, erklärt Egerth. Gerade Frauen neigen dazu, bei Aufregung hektisch zu atmen und die Wörter zu pressen. Damit die positive Ausstrahlung beim Gegenüber ankommt, trainiert Egerth mit ihren Klienten auch kundenorientiertes Denken.

Egerth hat ihren Weg in die Imageberatung über das Modedesign gefunden. Für sie lag es nahe, zunächst im Bereich Kleidung, Proportionen, Farben und Stil zu beraten. Dabei stellte sich heraus, dass die äußere Erscheinung nicht von Selbstwahrnehmung und Selbstbewusstsein zu trennen ist. »Deshalb war schnell klar, dass meine Arbeit auch immer Arbeit am Selbstbild des Menschen sein muss«, beschreibt Egerth. Daher geht es in ihren Beratungen zuerst darum, die individuelle Persönlichkeit deutlicher herauszuarbeiten. »Dazu muss ich mich in die Welt des anderen hineindenken können und herausfinden, was er will, was zu ihm passt, wie realistisch seine Vorstellungen über sich selbst und seine Möglichkeiten sind.«

Durch den Abgleich zwischen Eigen- und Fremdwahrnehmung und zwischen Ist- und Soll-Zustand, ergeben sich die weiteren Schritte. »Einen Lebensweg zu verändern ist harte Arbeit und nicht zu vergleichen mit einer kosmetischen Beratung, die in zwei Stunden abgeschlossen ist«, sagt Egerth. In der ganzheitlichen Imageberatung, die eben auch Elemente der Lebens- und Karriereberatung mit einschließt, müsse der Klient Zeit und Geld investieren.

Nach ihren Tipps für den Nachwuchs befragt, weist Egerth darauf hin, dass eine Imageberaterin selbst ihre beste Kundin sein sollte. »Es ist wichtig, stets an sich zu arbeiten, immer neue Herausforderungen zu suchen. Man kann nicht anderen helfen, ihren Standort zu bestimmen, wenn man seinen eigenen nicht kennt.« Ebenso wie man niemanden motivieren kann, seine Ziele konsequenter zu verfolgen, wenn man sich selbst keine steckt. Imageberater sollten ein hohes Maß an Selbstreflexion besitzen, dazu Sendungsbewusstsein und Charisma. Darüber hinaus sollten sie immer wieder an Coachings, Fortbildungen, Supervisionen und Workshops teilnehmen. Schon aus Imagegründen.

Info-Box

Institut für Image & Präsentation
Nassauische Str. 47
10717 Berlin
Tel.: (0 30) 8 81 75 77
Fax: (0 30) 8 81 76 14
www.egerth.de

Berufsinteressen vertritt:

Verband Imageberater Deutschland
Mansteinstr. 56
20253 Hamburg
Tel.: (0 40) 43 27 24 00
Fax: (0 40) 49 22 22 34

Eine Ausbildung zum
Imageberater bieten an:

Typ und Image
Rheinstr. 29d
53844 Troisdorf
Tel.: (0 22 41) 40 72 72
Fax: (0 22 41) 40 72 73
www.typ-und-image.de

Laufbahnberater für Sportler

Spitzensport ist Karriere auf Zeit. Viele Profisportler stehen gegen Anfang, Mitte dreißig ohne Beruf und mit wenig sozialen Bindungen da. Lothar Matthäus, Muhammed Ali und Diego Maradonna sind Beispiele für den schweren Abschied aus dem Rampenlicht.

Damit die Karriere nicht im Abseits endet, werden Spitzensportler von Laufbahnberatern betreut. Bereits in jugendlichen Jahren ist das Athletenleben voll gepackt mit Trainingseinheiten, Wettkämpfen und Repräsentationspflichten. Ihren Schulabschluss halten die zukünftigen Stars dabei oft für nebensächlich. »Nicht nur Lauf-, sondern auch Vokabeltraining – wir müssen unseren Leuten klarmachen, dass es ein Leben nach dem Sport gibt«, erklärt Andreas Hülsen, Laufbahnberater im Olympiastützpunkt Berlin.

Laufbahnberater regeln Schul-, Wehr- und Zivildienstangelegenheiten, zeigen Perspektiven für sportliche Entwicklungen auf und geben Unterstützung in Krisenzeiten. Als Karriere- und Umfeldmanager helfen sie bei Studienfachwahl, Berufsausbildung, Arbeits- und Wohnungssuche. Sie finden Wege, die Profikarriere zu finanzieren, beispielsweise durch Sponsoring oder Stipendien.

Laufbahnberater Hülsen hatte während seiner ersten Karriere als Karatesportler keinen Berater. »Den hätte ich aber dringend gebraucht, damit sich jemand darum kümmert, dass ich ab und zu von der Schule befreit werde.« Wettkämpfe und Trainingslager nähmen wenig Rücksicht auf die Schulpflicht des Nachwuchses. »Außerdem war es schwierig, sportfreundliche Stellen bei der Bundeswehr oder im Zivildienst zu finden«, sagt Hülsen. Zur Erklärung: Die Bundeswehr bietet 700 Stellen (darunter 160 für nicht-olympische Disziplinen) für Sportler, die pro forma zwar ein Bett in der Kaserne haben, neben gelegentlichen Wehrübungen jedoch ihre Zeit mit Training verbringen. Im Olympiastützpunkt Berlin gibt es außerdem sportfreundliche Zivildienststellen. Der Hochspringer Martin Buß beispielsweise leistete hier im Bereich der Trainingswissenschaft seinen Zivildienst ab.

Während seiner Zeit als Trainer bemerkte Hülsen die tiefe Verunsicherung vieler Sportler, die ihre Karriere wegen Verletzungen unterbrechen oder gar beenden mussten. Er begann, sich um die sozialen Bedürfnisse der Athleten zu kümmern, absolvierte eine Weiterbildung Sportmanagement bei der Industrie- und Handelskammer Düsseldorf und kam schließlich zum Olympiastützpunkt Berlin. »Wenn jemand sich bei mir beraten lässt, behandle ich ihn erst mal wie einen zukünftigen Europameister und respektiere seinen Wunsch, Spitzensportler zu werden«, sagt Hülsen. Gemeinsam wird überlegt, wie die Perspektiven aussehen. Der Berater holt Stellungnahmen der Trainer ein, zum Beispiel wie lange der Athlet voraussichtlich in der Sportart bleiben kann.

Auch die Fachgruppe Berufssport in der Riesengewerkschaft *ver.di* bietet Laufbahnberatung an. Hier werden die Profis bei der Auswahl der Angebote und bei Verhandlungen mit Vereinen unterstützt. »Manche Clubs kaufen Spieler und lassen sie dann auf der Bank sitzen. Das ist frustrierend und wenig karrierefördernd«, erklärt Gerhild Wendland von der *Gewerkschaft der Vertragsbasketballer*, die 1999 gegründet und 2001 in die *ver.di* eingegliedert wurde. Auch ihr ist es wichtig, die Spieler auf die Zeit nach der aktiven Karriere vorzubereiten. Hier zeigen sich die sonst so erfolgreichen und zielstrebigen Jungsportler manchmal »lahm und naiv«, so Wendland. Sie selbst spielt Basketball in der Zweiten Liga Damen und hat einen Studienabschluss in Ingenieurwissenschaften vorzuweisen. Nach einigen Jahren im Labor erschien ihr jedoch die Spielerberatung als attraktivere Arbeitsmöglichkeit.

An den zwanzig deutschen Olympiastützpunkten gibt es insgesamt 23 von der Deutschen Sporthilfe und dem Bundesinnenministerium bezahlte Laufbahnberater. Dabei werden von Berlin aus etwa 700 Bundeskader-Athleten betreut. Durch die wachsende Professionalisierung des Sports ist jedoch ein zunehmender Bedarf der Vereine und Verbände auch an freiberuflichen Laufbahnberatern abzusehen. Dabei erwartet Lothar Heller, Bereichsleiter am Olympiastützpunkt Berlin, dass die Berater »im Sport zu Hause sind und sich in die Gedanken der Sportler hineinversetzten und alles nachempfinden können.« Dazu müssen sie Kenntnisse in allen Bereichen des Lebens aufweisen:

- zum Beispiel wie man Sozialhilfe beantragt, zum Einwohnermeldeamt findet und sich zum Studium einschreibt,
- sportfreundliche Stellen bei der Bundeswehr und im Zivildienst zu kennen,
- über Schulrichtlinien der jeweiligen Bundesländer Bescheid zu wissen,
- steuerrechtliche Fragen zu klären,
- Fördermöglichkeiten für Sportler ausfindig zu machen,

- aktuelle Berufstrends und ihre langfristige Perspektive zu entdecken,
- Weiterbildungsmöglichkeiten zu recherchieren,
- fachgerechte medizinische Betreuung zu vermitteln,
- und spezielle Rehabilitationszentren bei Sportverletzungen zu kennen.

Auch Spielermanager wie Roger Wittmann und Wolfgang Fahrian bieten Laufbahnberatung als Dienstleistung für Spitzensportler an. Ihre Firma *Rogon Sportmanagement* mit Hauptsitz in Ludwigshafen unterstützt Fußballer und Eishockeyspieler außerdem in juristischen, finanziellen und versicherungstechnischen Fragen und im Umgang mit den Medien.

Info-Box

Olympiastützpunkt Berlin
Fritz-Lesch-Str. 29
13053 Berlin
Tel.: (0 30) 97 19 22 37
Fax: (0 30) 97 17 27 67
www.osp.berlin.de

Rogon-Sportmanagement
Theaterplatz 10
67059 Ludwigshafen
Tel.: (06 21) 59 12 60
Fax: (06 21) 591 26 11
www.rogon-sport.de

sports-union in ver.di
Potsdamer Platz 10
10785 Berlin
Tel.: (0 30) 69 56 23 34
Fax: (0 30) 69 56 36 56
www.sports-union.de

Literatur:

Schriftenreihe des Bundesinstituts für Sportwissenschaften: *Weltmeister werden und die Schule schaffen* (Band 89) 1996; *Nachsportliche Karriereverläufe*, Band 93, 1997.

Relocationmanager

Umzuziehen macht viel Arbeit. In ein anderes Land umzuziehen noch mehr. Neben der Haus- und Wohnungssuche müssen unter Umständen Schul- und Kindergartenplätze und ein neuer Job für den Partner oder die Partnerin gefunden werden. Außerdem werden benötigt: ein neuer Steuerberater, Zahnarzt, Klavierlehrer, ein neuer Tierarzt für den Hund, ein Kontaktlinsenspezialist für die schwierigen Augen des Sohns und ein Reitstall für das Pony der Tochter.

Die Dienstleistung, für jede dieser Fragen passende Adressen oder entsprechende Kontakte zu vermitteln, heißt *Relocation*. Der Beratungsservice für Umzugswillige stammt aus den USA, wo Mobilität im Berufsleben viel üblicher ist als hierzulande. Doch die Bundesrepublik holt auf. Große Unternehmen bieten innerhalb ihrer Personalabteilung Relocationservices an. Aber auch Freiberufler vor allem in großen Städten wie Frankfurt, Berlin oder Hamburg haben die Marktnische erkannt. Über 35 000 Transferees – so werden die Klienten eines Relocationservices genannt – gibt es jährlich in der Bundesrepublik, schätzt Heidrun Ansorge, die drei Jahre lang den Relocationservice der Bahn in Berlin leitete.

Um die Bedürfnisse des Kunden vor und nach dem Umzug zu ermitteln, führt der Relocator im Vorfeld ausführliche Gespräche. »Dabei merken viele zum ersten Mal, was sich alles für sie und ihre Familie ändern wird«, so Ansorge. Einen großen Teil nimmt dabei die Klärung der Wohnfrage ein. Die Wünsche sind unterschiedlich: Der eine sucht ein Eigenheim für seine Familie, die andere benötigt ein kleines Apartment, weil sie nur unter der Woche in der Stadt ist. Wenn möglich unternimmt der Relocator mit seinen Kunden eine Orientierungsfahrt. Dabei werden die unterschiedlichen Wohngegenden mit ihren Besonderheiten vorgestellt: soziales Gefüge, Anbindung ans öffentliche Verkehrsnetz, kulturelles und gastronomisches Angebot, Einkaufs- und Naherholungsmöglichkeiten wie Parks oder Seen. Wer Kinder hat, braucht Kindergärten und Schulen in erreichbarer Nähe. Andere legen viel Wert auf einen eigenen Garten, Garagenplätze oder ein repräsentatives Umfeld.

Sobald sich die Relocationmanagerin ein Bild über persönliche Wünsche und das Finanzbudget gemacht hat, begibt sie sich auf die

Suche nach passenden Objekten. Sie spricht mit Privatbesitzern, Hausverwaltern und Maklern und trifft eine Vorauswahl. Dabei sind Kenntnisse des Immobilien- und Mietrechts und Wissen über örtliche Gepflogenheiten bei der Gestaltung von Mietverträgen gefragt. Interessante Objekte werden für den Kunden per Polaroid abgelichtet.

Die geeignete Wohnung inklusive Umbau oder Renovierung ist jedoch erst der Anfang: Der alte Haushalt muss aufgelöst, ein Nachmieter gesucht und der Umzug organisiert werden. Telefon, Strom, Gas, Fernsehen und Auto müssen ab-, an- oder umgemeldet werden. Per Vollmacht kümmern sich die Relocation-Manager auch um Anträge auf Kindergeld, Aufenthalts- und Arbeitserlaubnis. »Das alles würde den Kunden wahnsinnig viel Zeit kosten. Ich kümmere mich, ärgere mich mit den Handwerkern rum, verhandle mit Behörden und prüfe am Schluss alle Rechnungen nach«, erklärt Ingrid Henke, Geschäftsführerin und Inhaberin der *ARRIVA relocation services* in Berlin. Wenn gewünscht, übernimmt sie auch die Organisation der Einweihungsparty.

Um Mitarbeiter auf einen längeren Auslandsaufenthalt vorzubereiten, nehmen viele Unternehmen ein interkulturelles Training der Relocationmanager in Anspruch. »Was die einen als lohnenswerte Erfahrung betrachten, erzeugt bei anderen Unwohlsein«, so Henke. Sie wird beispielsweise von internationalen Unternehmen beauftragt, Führungskräfte beim Umzug aus einem anderen Land nach Berlin zu unterstützen. »Manager aus den USA zum Beispiel haben manchmal wenig Vorstellung vom Leben in Deutschland«, so Henke. In ihren Kulturseminaren geht es daher um landes- und regionsspezifische Informationen. Die Teilnehmer lernen, wie Leben und Kommunikation vor Ort funktionieren: Wie man sich begrüßt, wie Kontakte hergestellt und Bekanntschaften geschlossen werden, wie das gesellschaftliche und kulturelle Leben aussieht, wie das Schulsystem und die Kinderbetreuung geregelt sind, wie Verabredungen getroffen und Termine ausgemacht werden – alles Dinge, die später den Alltag erleichtern.

Was man als Relocator mitbringen muss? Gute Kontakte auf jeden Fall, Fremdsprachenkenntnisse und echtes Organisationstalent. Hilfreich ist es, schon selbst einmal im Ausland gelebt zu haben. Dazu Herzlichkeit, Verständnis und Einfühlungsvermögen, damit die Umzugskandidaten sich wohl fühlen. Da die Relocationmanager viel mit Führungskräften kommunizieren, bedarf es eines gewissen Stils in Kleidung und Auftreten, gepflegter Umgangsformen und einer speziellen Eloquenz. »Das Schöne an dem Beruf ist der enge Kontakt mit Menschen. Die Kehrseite der Medaille ist, dass man äußerst diplomatisch sein muss und oft zwischen den Fronten steht«, sagt Henke. Wenn etwas nicht funktioniert, zum Beispiel ein Telefonanschluss, bekommt häufig die Relocationmanagerin den Ärger zu spüren. Außerdem müsse man sich auf unregelmäßige Arbeitszeiten einstellen. Viele Kunden haben nur am Wochenende Zeit. »Man ist halt viel unterwegs und hat wenig Büroalltag.« Henke gefällt vor allem die Internationalität ihrer Tätigkeit. Im Umgang mit Immobilienmaklern, Umzugsfirmen und Behörden sind zudem administratives Wissen und Verhandlungsgeschick gefragt.

Chancen für Relocation Manager entstehen dort, wo sich internationale Unternehmen niederlassen und Unterstützung für ihre Mitarbeiter suchen. Auch bei Gewerbe-Standortverlagerungen ist mit einer guten Auftragslage zu rechnen. Konkurrenz erwächst durch Makler und Banken, die das große Geschäft gewittert haben. Auch Mitwohnagenturen und Umzugsfirmen bieten Relocationservices an.

Info-Box

ARRIVA relocation services
Sybelstr. 43
10629 Berlin
Tel.: (0 30) 32 77 43 11
Fax: (0 30) 32 77 43 12
www.arriva.de

Berufsinteressen vertritt:

European Relocation Association
P.O. Box 189
GB-Diss IP22 1PE
Tel.: 00 44 (87 00) 72 67 27
Fax: 00 44 (13 59) 25 15 08
www.eura-relocation.com

Hier wird auch ein eintägiger Crashkurs angeboten.

Ratgeberautor

Viele Sachbücher werden von Experten aus der Praxis geschrieben, beispielsweise von Personalfachleuten, Rechtsanwälten, Ernährungsberatern. Name und Position sollen für die Seriosität des Inhalts bürgen. Leider sind die Fachleute nicht notwendigerweise gute Autoren. Es hapert manchmal an einer klaren, aussagekräftigen Schreibe und einem Gefühl dafür, wie ein Text aufgebaut wird. Betriebsblindheit kann dazu führen, dass der Experte die offensichtlichsten Fragen seiner potenziellen Leser gar nicht beantwortet und sich stattdessen in Details verliert.

Aus diesem Grund gibt es auch professionelle Autoren, die nicht Experten in einem Fachgebiet, sondern Experten im Schreiben sind. Sie arbeiten ähnlich wie Journalisten: recherchieren, Experten befragen, Informationen aufbereiten, schreiben – am besten klar und verständlich. Ratgeberautoren bieten selbst Themen an oder werden von Verlagen beauftragt. Hoch im Kurs stehen Themen wie Gesundheit, Ernährung, Wellness, Selbstbewusstsein, Steuern, Geldanlagen, Aktien, Karriere, Bewerbung, Gartenpflege und Esoterik. Modethemen wie Feng-Shui, Apfelessig oder Selbstständigkeit kommen hinzu.

Meike Müller hatte schon in der Schule wenig Lust, Aufsätze über eine Fantasiereise auf der Regenwolke zu schreiben. Sie interessierte sich eher für Sachthemen »wenn es um *Pro und Kontra Radwege* ging zum Beispiel.« Ihr Berufswunsch stand daher fest: Sie wollte Journalistin werden, volontierte bei der Nordsee-Zeitung in Bremerhaven und arbeitete später in verschiedenen Redaktionen.

Als ihr das Tageszeitungsgeschäft zu schnell und oberflächlich wurde, fing sie als Ghostwriterin für Bücher an. Dabei ging es bei vielen ihrer Aufträge um Karrierethemen, »einfach ein Bereich, in dem wahnsinnig viel veröffentlicht wird«, so Müller. Sie schrieb Artikel und Kapitel, beispielsweise wenn ein Autor mit seinem Manuskript nicht rechtzeitig fertig wurde, später ganze Bücher: Bewerbung für Ausbildungsplatzsuchende, Bewerbung für Führungskräfte, Karriere über 40.

Die Ratgeber wurden durch ein Seminarangebot ergänzt. »Einmal fiel irgendwo eine Referentin aus. Und weil ich gerade an dem Thema arbeitete, fragte man mich, ob ich sie vertreten kann«, erzählt Müller.

Es klappte gut, auch, weil Seminare zu halten für sie so ähnlich wie Journalismus ist. »Man muss den Leuten etwas vermitteln, einmal mit und einmal ohne das Medium Zeitung.«

Nach mehr als zehn Bewerbungsbüchern als Ghostwriterin meldete sich ein Verlag bei Müller mit der Frage, ob sie einen praktischen Ratgeber zum Thema *Schlagfertigkeit für Frauen* schreiben könnte. Müller konnte, denn sie hatte sich bereits während ihres Studiums (Publizistik/Soziologie) mit Frauensprache und Männersprache beschäftigt. Auch in ihren Seminaren ging es immer häufiger um Kommunikation, Moderation und Präsentation. »Dabei kam es natürlich immer wieder zu Fragen, wie Frauen von sich reden machen können oder wieso Frauen manchmal an karrieretechnische Grenzen stoßen.«

In *Schlagfertig! Verbale Angriffe gekonnt abwehren* zeigt die Autorin Techniken auf, mit denen man die verbale Selbstverteidigung trainieren kann. »Sich zu wehren ist ein Handwerk«, erklärt Müller. Drei Beispiele: Bei Angriffen (»Ich kann in Ihrer Vorgehensweise kein System erkennen«) ganz ruhig zurückfragen (»An welcher Stelle haben Sie denn Schwierigkeiten?«). Oder bestimmte Entgegnungen für Standardsituationen auswendig lernen (»Wer hat Sie eigentlich gefragt?«). Oder negative Wertungen positiv umformulieren. Auf »Du bist aber dick geworden« kann man leicht mit »Ja, sieht man es endlich?« kontern.

Vor dem Konzept für ein neues Buch steht die Ideensammlung. Und das heißt für Müller erst mal ausgiebig zu lesen. »Ich muss ja feststellen, ob ich das Buch überhaupt noch schreiben muss, oder ob es nicht längst genug zu dem Thema gibt.« Im besten Fall grübelt sie bereits länger über eine Sache und hat schon einen Berg von Informationen gesammelt. Sie recherchiert im Internet, spricht mit Freunden, Freundinnen, Bekannten und allen, die möglicherweise Ideen zum Thema haben. Dann sammelt sie Stichwörter und entwickelt daraus eine Gliederung.

Die meisten Sachbücher werden nicht linear von der ersten zur letzten Seite geschrieben. Müller beispielsweise verfasst die Einleitung zum Schluss. »Ich fange mit dem an, was mir als das Wichtigste erscheint. Das sind dann Inseln, um die ich immer weiter herumbaue.« Zwischen acht Wochen und einem Jahr dauert die Prozedur, bis das fertige Manuskript vorliegt.

Um gute Sachtexte zu schreiben, muss man vor allem neugierig sein. »Ich will immer alles über die Leute wissen, warum sie so sind, und wie sie sich entwickelt haben«, sagt Müller über sich selbst. Dazu kommt ein natürlicher, nicht verklausulierter Stil mit wenig Substantivierungen und starken Verben. *Warum kompliziert, wenn es auch einfach geht?* lautet Müllers Motto. Viel Zeitung lesen, das hilft, immer wieder eine klare Sprache zu finden.

Müllers Lieblingsthema ist das Selbstmanagement. »Das heißt aber nicht, dass ich den Leuten zeigen will, wie sie in noch kürzerer Zeit noch mehr schaffen«, so Müller. Sie bezieht sich lieber auf eine ganzheitliche Theorie, die besagt, dass ein gutes Leben auf vier Säulen steht: Leben, Lieben, Lernen und ein Vermächtnis hinterlassen. Wenn einer dieser Bereiche konstant vernachlässigt wird, entsteht daraus ein enormer Energieverlust, der auch die anderen Säulen langfristig negativ beeinflusst.

Um Material für das Buch über Selbstmanagement zu sammeln, lässt Müller ihre Seminarteilnehmer auch schon mal ihre eigene Grabrede schreiben. »Die sind erst mal total verwirrt, aber dann fällt ihnen auf, dass sie dort sehr viel Wert auf Privates legen wie Zuverlässigkeit, Ehrlichkeit und Freundschaft.« Berufliches dagegen trete in solchen Momenten in den Hintergrund. »Auf dem Totenbett wünscht sich ja niemand, er hätte mehr Zeit im Büro verbracht.«

Info-Box

Meike Müller hat unter anderem geschrieben: *Schlagfertig. Verbale Angriffe gekonnt abwehren*, Niedernhausen 2000 und *Der starke Auftritt. So überzeugen Sie in Ihrem Job*, Frankfurt/M. 2002.

Berufsinteressen vertritt:

Bundesverband junger Autoren und Autorinnen
Postfach 20 03 03
53133 Bonn
Tel.: (02 25) 78 89
Fax: (02 25) 78 89
www.bvja-online.de

Literaturtipps für Ratgeberautoren:

Sylvia Englert, *So finden Sie einen Verlag für Ihr Manuskript*, Frankfurt/New York 1999.
Doris Mendlewitsch, *Rund ums Buch. Ein Leitfaden für Autoren und Leser*, Münster 1996.
Gerhild Tieger/ Manfred Plinke, *Deutsches Jahrbuch für AutorInnen*, Glienecke bei Berlin, erscheint jährlich.

Weitere Beraterberufe im Bereich Beruf, Karriere, Erfolg

Mobbingberater

Mobbing ist mehr als ein paar Gemeinheiten am Arbeitsplatz. Etwa anderthalb Millionen Berufstätige leiden täglich unter systematischer Beleidigung und Schikanen, schätzt der Deutsche Gewerkschaftsbund.[14] Die Folgen: schlechte Leistungen, Fehltage durch Krankheit bis hin zur Berufsunfähigkeit, Fluktuation. Doch es gibt auch eine große Zahl von Leuten, die aus anderen Gründen am Arbeitsplatz nicht zurechtkommen und die Verantwortung durch den Verweis auf Mobbing auf andere abwälzen wollen. Wie man das eine vom anderen unterscheidet, erzählt eine Mobbingberaterin in Kapitel 7. Weitere Infos unter: www.mobbing-net.de

Zeitmanagementberater

Immer seinen Terminen hinterherzuhecheln ist kein Zeichen von beruflichem Erfolg, sondern von schlechtem Zeitmanagement. Stattdessen ist es sinnvoll, weniger wichtige Tätigkeiten abzugeben, sich selbst konkrete Ziele und Zwischenziele zu setzen, Telefonate im Block abzuarbeiten, Meetings im Stehen abzuhalten und zeitliche Pufferzonen in den Tagesplan einzubauen.

Der profilierteste deutsche Zeitmanagementberater ist Lothar J. Seiwert, Infos unter: www.seiwert.de

5.

Medien und Werbung

Wie kommt man in die Zeitung? Soll man Pressemitteilungen verschicken, sich mit einem Journalisten anfreunden oder eher etwas ganz und gar Spektakuläres unternehmen? Soll man E-Mails in alle Welt verschicken, sich die Einladung zum Presseball erschleichen oder doch lieber in der Redaktion der örtlichen Tageszeitung anrufen? Die Frage, wie man Medien auf sich aufmerksam macht, dient nicht nur der Befriedigung persönlicher Eitelkeiten. Schließlich sind viele darauf angewiesen, dass ihr neues Produkt, ihre neue Dienstleistung oder einfach nur der Name einer breiten Öffentlichkeit bekannt gemacht werden. Das gilt für Unternehmen und Einzelpersonen, für Veranstalter wie für Museen, Künstler, Autoren, Restaurants, Sportanlagenbetreiber, Möbelhäuser, Verbände und NGOs. Auch Berufe, in denen das Berufsstandrecht direkte Werbung einschränkt, sind unter anderem auf Berichterstattung angewiesen, wenn sie die Welt über ihre Angebote unterrichten wollen. Dazu zählen Architekten, Rechtsanwälte, Ärzte und Heilpraktiker. Schließlich gibt es noch eine Reihe von Prominenten, wie Verona Feldbusch und Boris Becker, die gut in den Medien vertreten sind und dadurch lukrative Werbeverträge aushandeln können.

Natürlich dienen die Medien nicht vorrangig der Werbung, sondern der Berichterstattung. Trotzdem sind die meisten Medien von Werbung abhängig. Zeitungen und Zeitschriften, Radio- und Fernsehprogramme, viele Seiten im Internet und manchmal sogar Bücher werden durch Werbung – zumindest teilweise – finanziert. Sich in diesem Dickicht zurechtzufinden ist die Aufgabe von Beratern in Medien und Werbung. Sie wissen, welche Werbung zu welchem Medium passt, wer auf welche Weise ein Thema besetzen kann, und: Wie man in die Zeitung kommt.

PR-Berater

Es gibt keine schlechte PR – es gibt nur schlecht gemachte, mag man manchmal meinen. Wenn Verona Feldbusch und Dieter Bohlen wochenlang wegen schmutziger Wäsche in der Bildzeitung stehen, dann ist das weder für Bohlen noch für Feldbusch schlecht. Beide bekommen Aufmerksamkeit, und darum geht es in der PR-Beratung. Gleiches gilt für Boris Becker und Sabrina Setlur, für Sabine Christiansen, Jenny Elvers, Heiner Lauterbach und die – inzwischen fast vergessenen – Stars der unterschiedlichen Big-Brother-Staffeln. Oder man denkt zurück an Guildo Horns Erfolg bei der Vorentscheidung zum Grand-Prix-Schlagerwettbewerb, an dem die Bildzeitung (»Darf dieser Mann für Deutschland singen?«) gehörigen Anteil hatte.

PR-Berater helfen ihren Kunden im Umgang mit der Öffentlichkeit. Dabei geht es nicht in erster Linie darum, ein Produkt zu vermarkten, sondern eher darum, ein Thema zu besetzen. Schließlich lockt man mit reinen Werbebotschaften über Produktvorteile heute niemanden mehr hinterm Ofen hervor. Wer die Öffentlichkeit interessieren will, muss stattdessen Informationsinteresse wecken. Ein Beispiel: Wer Knoblauchpastillen gegen Gehirnverkalkung auf den Markt bringt, kann der Öffentlichkeit zunächst einen steinalten Mann präsentieren, der Weltmeister im Kopfrechnen ist. Oder man startet einen Wettbewerb *Wir suchen den schlauesten Opa Deutschlands* und sponsert zusätzlich eine Rateshow. Entweder das Thema (wie im Fall Anti-Aging) wird sowieso gerade diskutiert – dann kann man auf den Zug springen. Oder man zettelt die Diskussion erst an, wie im Fall Guildo Horn.

Auch verlorene Rechtsstreite können gute PR liefern: *Lufthansa* hatte 2002 gegen die irische Billigfluglinie *Ryanair* geklagt, die fortan nicht mehr damit werben dürfte, von Frankfurt am Main nach London für zehn Euro zu fliegen. Der Flughafen musste korrekt mit Frankfurt/Hahn angegeben werden. Die Botschaft war trotzdem angekommen: Es gibt eine Fluglinie mit unglaublich billigen Angeboten. Im besten Fall stand die Internetadresse von *Ryanair* direkt unter dem Artikel über das Gerichtsurteil. Auf einem ganz anderen Terrain bewegt sich Sabine Haack aus Hannover. Sie vermittelt keine Fototermine mit der Klatschpresse, sondern betreut die PR-Arbeit politischer und kultureller Institutionen, wie die *Stiftung Preußischer Kulturbesitz* – ein Konglomerat von Berliner Kultureinrichtungen, darunter Pergamonmuseum, Nationalgalerie und Staatsbibliothek – und die *Staatlichen Kunstsammlungen Dresden* mit ihren zwölf Museen. Außerdem berät die Hannoveranerin die niedersächsische Landesregierung und textet für den Staatsminister für Kultur. Sie betreut Imageprojekte für Wirtschaftsunternehmen, darunter zwei Verlage und der Volkswagenkonzern. »Bei mir geht es aber nicht darum, mehr Autos zu verkaufen oder die Produktionskosten zu senken. Ich berate in weicheren Bereichen wie Image, äußeres Erscheinungsbild oder Haltungen, die der Öffentlichkeit vermittelt werden sollen«, so die PR-Spezialistin. Diese Themen könnten allerdings durchaus entscheidend sein für eine Vermarktungsstrategie.

Haack studierte Germanistik und Geschichte mit der Absicht Journalistin zu werden. Sie volontierte und arbeitete als Kulturredakteurin für verschiedene Medien, später als Redaktionsleiterin des Stadtmagazins *Prinz Hannover*. Nach dem Regierungswechsel 1990 wurde sie in der niedersächsischen Hauptstadt Pressereferentin beim damaligen Ministerpräsidenten Gerhard Schröder und war dort unter anderem für eine neue Imagekampagne des Landes zuständig.

Als Schröder schließlich 1998 im Bundestagswahlkampf die Idee eines künftigen Staatsministers für Kultur präsentierte, musste Haack den dafür auserkorenen Michael Naumann innerhalb weniger Monate flächendeckend bekannt machen. »Für die Intellektuellen ist Kulturpolitik wichtig. Hier galt es, ein Thema zu besetzen und Meinungsbildung zu forcieren«, erklärt Haack. Sie schrieb Pressemitteilungen, organisierte Naumanns Auftritte in Pressekonferenzen, Diskussionsrunden und Talkshows und schrieb seine Reden. Später baute sie als Büroleiterin die neu geschaffene Behörde mit auf. »Naumann konnte sich sehr gut präsentieren, war ein Kommunikator vor dem Herrn. Ich stand dahinter und habe seine Wirkung in der Öffentlichkeit im Auge behalten.«

Als Naumann zur Wochenzeitung *Die Zeit* wechselte, machte sich Haack als PR-Beraterin mit Schwerpunkt Kultur selbstständig. »Ich hatte viele gute Kontakte aufgebaut, konnte überall mit dem Generaldirektor oder Präsidenten verhandeln«, erzählt sie. So erarbeitete die PR-Beraterin beispielsweise im Auftrag der *Stiftung Preußischer Kulturbesitz* eine Studie über deren Wahrnehmung in der Öffentlichkeit. Dabei kam heraus, dass die Museen sich teilweise weit unter Wert verkaufen. »Pergamonmuseum und Nationalgalerie sind zwar gut besucht. Außerhalb der Stadtmitte aber ziehen viele Museen einfach nicht genug Leute an«, so Haack. Hier gäbe es noch genügend Schätze, die auch ihr Publikum finden würden – entsprechende PR-Arbeit vorausgesetzt.

Haack schreibt ihre Kommunikationskonzepte allein oder in Zusammenarbeit mit Psychologen, Unternehmensberatern, Werbestrategen, Grafikern, Filmemachern und Journalisten. Vieles wird im Gespräch mit den Auftraggebern entwickelt. »Ich deklariere nicht, was zu tun und was zu unterlassen ist. Ich trete stattdessen mit meinem Kunden in einen kommunikativen Prozess ein. Dabei lerne ich unendlich viel über die Bedürfnisse, Chancen und Defizite meines Gegenübers.« Um Maßnahmen zur Verbesserung der Außenwirkung zu entwickeln, lädt Haack die Mitarbeiter einer Institution gern zu Workshops ein. »Nur überzeugte Leute sind kreativ. Daher muss ich erst mal die interne Meinungsbildung voranbringen.« Gemeinsam wird diskutiert und zum Schluss ein verbindlicher Maßnahmenkatalog festgelegt; der könnte zum Beispiel die Verabredung enthalten, die interne Zusammenarbeit anders zu strukturieren oder auch, die neuen, gemeinsam definierten Ziele in einem Leitbild festzuhalten.

PR-Berater organisieren für ihre Kunden auch Tage der offenen Tür, Messeauftritte, Wettbewerbe und Events. Sie betreuen interne Publikationen wie Mitarbeiterzeitungen oder Unternehmens-TV. Viele haben selbst journalistische Erfahrung und wissen, wen welche Meldung wann interessiert. Während der Vorweihnachtszeit beispielsweise eignen sich Wohltätigkeitsthemen, im Sommer Reisen und andere Kulturen. Auch außergewöhnliche Ereignisse wie Sonnenfinsternis oder Jahrtausendwechsel sensibilisieren die Öffentlichkeit und bieten Chancen, ein Thema zu platzieren. Dabei ist ein Gespür für Trends und die Entwicklung von Modeerscheinungen hilfreich. Ein sicheres Auftreten und keine Scheu vor Fremden erleichtern die Kontaktaufnahme. Die Hartnäckigkeit, immer wieder an Türen zu klopfen, Freundlichkeit und gute Umgangsformen im direkten Kontakt sind zusätzliche Voraussetzungen für den Job. Eine gute Allgemeinbildung hilft, sich immer wieder in neue Themen einzuarbeiten und die Situation des Kunden zu verstehen. Deshalb empfiehlt Haack, die selbst auch schon als Nachtwache in einer Klinik für psychosomatische Krankheiten, als Verkaufsfahrerin eines Blumengroßhandels und an einer Museumskasse gearbeitet hat, dem Nachwuchs: »Nicht den Wert von Bildung unterschätzen! Die Studienwahl nicht nach reinem Karrieredenken ausrichten, sondern sich Ecken, Kanten, Umwege und Sackgassen erlauben.« Das zähle für einen PR-Berater mehr als ein lückenloser Lebenslauf.

Info-Box

Büro für Kultur und Konzept
Sedanstr. 10
30161 Hannover
Tel.: (05 11) 8 66 47 70
Fax: (05 11) 8 66 47 71
www.sabinehaack.de

PR-Seminare bieten an:

Deutsches Institut für Public
Relations
Hamburger Str. 125
22083 Hamburg
Tel.: (0 40) 20 94 45 05
Fax: (0 40) 20 94 45 06
www.dipr.de

PR-Kolleg
Inselstr. 1
10179 Berlin
Tel.: (0 30) 27 87 97 77
Fax: (030) 27 56 03 30
www.pr-kolleg.de

Viele Infos, Aufsätze von Fachleuten, Stellenangebote und eine Übersicht zu Weiterbildungsangeboten im Bereich Public Relations bieten (vor allem auf den Internetseiten):

Deutsche Public
Relations-Gesellschaft
Sankt Augustiner Str. 21
53225 Bonn
Tel.: (02 28) 9 73 92 87
Fax: (02 28) 9 73 92 89
www.dprg.de

Schweizerische Public
Relations-Gesellschaft
Oberdorfstr. 28
CH-8001 Zürich
Tel.: 00 41 (1) 2 66 67 63
Fax: 00 41 (1) 2 66 67 00
www.sprg.ch

Public Relations Verband Austria
Lothringer Str. 12
A-1030 Wien
Tel.: 00 43 (1) 7 15 15 40
Fax: 00 43 (1) 7 15 15 35
www.prva.at

Medientrainer

Sportlerauftritte im Fernsehen können legendär sein. Und damit ist nicht notwendigerweise ein neuer Weltrekord oder ein spektakulärer Fallrückzieher gemeint. Andreas Möllers *Erst hatten wir kein Glück und dann kam auch noch Pech dazu*, Boris Beckers jugendliche *Ähs* und Giovanni Trappatonis *Ich habe fertig* gingen in die bundesdeutsche Fernsehgeschichte ein.

Was Stoff für Dutzende von Kalauern liefert, kann für den Sportler unangenehme Konsequenzen haben. Von seiner Medienpräsenz hängen Werbeverträge, Sponsorengelder und die nachsportlichen Karrierechancen ab. Wer gut im Fernsehen ankommt, darf Werbung für Kosmetik, Autos und Mobiltelefone machen und wird später gern als Repräsentant für eine Sportfirma engagiert.

Doch nicht nur Sportler müssen in Interviews gut dastehen. Auch Führungskräfte aus Wirtschaft und Politik sind darauf angewiesen, im Fernsehen kompetent, sympathisch und glaubwürdig zu wirken. Wer kein Naturtalent ist, kann sich von Medientrainern wie Christian Stahl von den *TV-Agenten* aus Berlin coachen lassen. Er und seine Kollegen beraten und trainieren neben Sportlern, Politikern und Pressesprechern auch Vertreter von Non-Profit-Organisationen. »Jeder, der in den Medien präsent ist oder werden will, kann sich von uns coachen lassen, von den Grundlagen bis zum Feinschliff. Und in Notfällen auch im Crashkurs, wenn mitten im Wahlkampf eine Einladung zur Talkshow droht«, erklärt Stahl.

Die *TV-Agenten* beraten ihre Kunden darüber, wie man im Fernsehen professionell und positiv wirkt und was man gegen Kamera- und Mikrofonangst tun kann. Wie kann ein Politiker seine Botschaft in den fernsehüblichen 15 Sekunden vermitteln? Und was muss der Vertreter einer Menschenrechtsorganisation tun, damit Journalisten seine Inhalte transportieren?

Die Beratung beginnt mit einer kurzen theoretischen Einführung: *Der Journalist – das unbekannte Wesen.* »Viele kriegen beim Anblick eines Mikrofons gleich weiche Knie. Dabei hat der Journalist genauso viel Angst vor dem Interview«, erklärt Stahl. Schließlich wisse man nie, ob der Interviewte gut erzählen kann, ob er langatmig ist oder anfängt zu stottern. Schließlich ist der Journalist für die Qualität des Interviews verantwortlich.

Die *TV-Agenten* trainieren die Teilnehmer ihrer Workshops auch in der Kontaktaufnahme zur Presse. Zu Beginn werden Pressemitteilungen verfasst. Diese müssen kurz und knapp die sechs journalistischen W-Fragen beantworten: Wer, wann, was, wo, wie, warum. »Dabei machen die meisten den Fehler, viel zu viel zu schreiben. Den Journalisten aber interessieren Zahlen, Daten, Fakten«, so Stahl. Die Texte der Teilnehmer werden in der Gruppe vorgetragen und analysiert. Als Hausaufgabe für den nächsten Tag muss jeder eine neue Fassung schreiben.

Nach der Presseerklärung geht es weiter mit Radiotraining. Geprobt werden die Standardsituationen: live, aufgezeichnet und Studiogespräch. Hier werden die Teilnehmer von einem Trainer interviewt – zunächst mit freundlichen Fragen, später mit härteren Bandagen. Gemeinsam hört man sich die Aufnahme an und erarbeitet Verbesserungsmöglichkeiten. »Es ist wichtig, dass man sich in einem Radiointerview nicht an eine virtuelle Masse wendet, sondern auf den Moderator konzentriert«, so Stahl. Dann bekommt das Gespräch einen persönlichen Ton. Auch Lächeln hilft. »Selbst wenn es keiner sieht – die Lippenform verändert die Stimme.«

Wenn der Interviewte sich sicherer fühlt, übernimmt er für eine Runde die Rolle des Fragenden. »Die Leute sollen auch mal die Perspektive wechseln. Wer die Arbeit des Moderators versteht, kann sich nachher viel besser auf ihn einstellen.« Radio sei manchmal schwieriger als Fernsehen, da der Zuhörer sich lediglich durch die Stimme des Interviewten ein Bild machen kann. Dafür dürften die Antworten im Radio auch ein paar Sekunden länger sein.

Für den Interviewten gilt: Nicht zu viel erzählen, sondern sich auf das Wichtigste konzentrieren. »Bloß keine Scheu davor, sich zu wiederholen! Man kann dieselbe Sache ruhig zwei- oder dreimal umformulieren«, sagt Stahl. Dabei sei es sinnvoll, am Ende des Interviews einen Gedanken vom Anfang noch einmal aufzunehmen. So erhält das Gespräch eine Klammer und ist für den Zuhörer übersichtlicher.

Für Radio-Interviews unterscheidet Stahl zwischen den schlecht vorbereiteten und den pfiffigen Journalisten. »Die einen haben keine Ahnung und fragen völlig offen, etwa: ›Sie haben da ein neues Programm, erzählen Sie mal ...‹.« Interviewte sollten das als Chance ergreifen ihr Anliegen vorzutragen. Die andere Sorte von Journalisten ist gut vorbereitet und stellt auch unangenehme Fragen. »Aber die kann man genauso freundlich zum Anlass nehmen, sein Anliegen noch einmal zu unterstreichen«, so Stahl. Den Moderator mit Namen anzusprechen wirkt darüber hinaus souverän, ruhig und höflich.

Im Fernsehen kommt eine weitere Dimension hinzu: »Die Zuschauer sehen einen. Dadurch werden Kleidung, Frisur, Gestik und Mimik fast wichtiger als der Inhalt«, sagt Stahl. Der Eindruck, den einer im Fernsehen hinterlässt, hänge zu über achtzig Prozent vom Äußeren ab. Eine gepflegte Erscheinung schließt ein Business-Outfit ohne unruhige Muster oder Karos ein. Gegebenenfalls kann man den Kameramann vorab fragen, ob Kragen oder Krawatte richtig sitzen.

Zum Team der *TV-Agenten* gehören Hörfunk- und Fernseh-Redakteure und Kameraleute mit langjähriger Berufspraxis. Die meisten haben sowohl im öffentlich-rechtlichen als auch im Privatfernsehen gearbeitet. Diese Erfahrung bieten sie heute als Beratungsleistung an: »Wir sind alle aus der journalistischen Praxis und philosophieren

nicht rum. Wir zeigen den Leuten, wie Journalisten arbeiten, und wie
sie das für sich nutzen können«, so Stahl, der selbst als Redakteur
beim Berliner Radioprogramm *Multikulti* vom *Sender Freies Berlin*
arbeitet.

Auch für die Teilnehmer an einer Fernsehtalkshow hat der TV-
Agent Tipps parat. Erstens natürlich: lächeln, lächeln, lächeln. »Der
Zuschauer weiß am Schluss noch, ob ihm der Talkshowgast sympathisch war, aber meistens nicht mehr, was er gesagt hat«, erklärt Stahl.
Außerdem solle man in einer Talkshow die Diskussion sehr aufmerksam verfolgen, auch, wenn man gerade nicht an der Reihe ist. »Talkshows arbeiten mit drei oder vier Kameras. Während der Show werden
immer wieder auch Bilder der anderen Teilnehmern reingeschnitten«,
so Stahl. Wer also nicht passiv im Sessel hängt, sondern lacht, den Kopf
schüttelt oder sich sonst wie einbringt, hat gute Chancen, oft im Bild zu
sein. Dabei sollte die Reaktion immer natürlich, und nicht aufgesetzt
oder künstlich wirken.

Die Talkshow bietet noch weitere Möglichkeiten zur Profilierung,
beispielsweise durch die Auseinandersetzung mit einem politischen
Gegner. Daher trainieren die *TV-Agenten* ihre Klienten in Einzelcoa-
chings und Seminaren für den Showauftritt mit zwei Trainern: Einer
spielt den Moderator, der andere den direkten Kontrahenten. So lernen die Teilnehmer, wie sie sich freundlich, aber bestimmt durchsetzen und das Publikum auf ihre Seite locken.

Obwohl das Mediencoaching eine relativ junge Branche ist, weist
Stahl darauf hin, dass es schon im antiken Griechenland Rhetorik-
schulungen gab. Aristoteles' Poetik aus dem vierten vorchristlichen
Jahrhundert sei heute noch ein Standardwerk über Dramaturgie und
Spannungslehre. Gute Rede galt schon damals nicht als Zufallspro-
dukt, sondern als Ergebnis guter Schulung. »Das sind keine Psycho-
tricks, das ist Handwerk«, so Stahl.

Info-Box

TV-Agenten
Gotenstr. 69
10829 Berlin
Tel.: (0 30) 99 26 74 66
Fax: (0 30) 69 04 19 81
www.tv-agenten.de

Eine Ausbildung zum Medientrainer bietet an:

Logo-Institut
Reuterweg 74
60323 Frankfurt/M.
Tel.: (0 69) 49 00 47
Fax: (0 69) 49 32 05
www.logo-institut.de

Literatur:

Stefan Wachtel, *Überzeugen vor Mikrofon und Kamera*, Frankfurt/New
York 1999.
Wolf-Henning Kriebel, *Crashkurs Medienauftritt*, Wien 2000.

Kontakter

»Trotz allem finden die meisten Werbemenschen in den Freuden des
Agenturdaseins eine mehr als ausreichende Entschädigung für die un-
menschlichen Arbeitszeiten, die zweifelhafte soziale Wertung und die
wirtschaftliche und psychologische Unsicherheit. Zu den Freuden gehören der Glanz, der die Werbung umstrahlt, und der greifbare Ertrag einer
hoch bezahlten Tätigkeit. Im Grunde ist es aber weder die Gloriole noch
das Geld, das den Werbemenschen an seine Arbeit bindet und dazu
treibt, seine Kräfte vorzeitig zu verschleißen. Die treibende Kraft ist der
große Wettkampf der Werbung, die Möglichkeit, sich als Sieger durchzusetzen«, beschreibt Martin Mayer in seinem in den 60er Jahren berühmt
gewordenen Buch *Madison Avenue* die Befindlichkeit der Werber.

Auch wenn sich inzwischen einiges verändert hat: Wem es auf gere-
gelte Arbeitszeiten und *easy going* ankommt, der ist in der Welt der
Werbung falsch. Hier warten Vielseitigkeit statt Routine und Zeitdruck statt Ruhe. Dafür entschädigen flache Hierarchien mit viel
Kommunikation und Kontakt mit Menschen. In der deutschen Wer-
bewirtschaft arbeiten 350 000 Menschen, über dreißig Milliarden Euro geben die Unternehmen jährlich für Werbung aus.[15]

Die Kontakter – oder Kundenberater – einer Werbeagentur sind
Schnittstelle zwischen Agentur und Kunde. Sie beraten die Marketing-
leiter und Produktmanager bei der Gestaltung ihres Werbeetats. Um-
fang und Schwerpunkt der Aufgaben variieren von Agentur zu Agentur, von Kunde zu Kunde erheblich. Etwa ein Viertel aller Werber
arbeitet im Bereich Kontakt und Kundenberatung.[16]

Am Anfang der Beratung steht das Gespräch mit dem Kunden: Was
ist das Ziel der neuen Werbekampagne? Soll ein Produkt auf den
Markt gebracht oder einer alten Marke ein modernes Image verpasst
werden? Will ein Unternehmen bekannter werden oder im Zuge eines
Börsengangs Investoren anlocken? »Manchmal sind die Kunden
selbst professionelle Marketingleute, die sehr genau wissen, was ihre
Werbung bewirken soll. Andere haben keinen blassen Schimmer«, erklärt André Scherer, der seit 1990 für verschiedene große und kleine
Werbeagenturen (darunter *Publicis* und *standing ovations* in Berlin)
arbeitet. Es ist dann seine Aufgabe, im Gespräch herauszubekommen,
was der Kunde eigentlich will.

Aus den Ergebnissen des Gesprächs stellt der Kontakter ein Briefing für die Kreativen zusammen. Dann machen sich Texter und
Grafiker an die Arbeit und entwickeln erste Ideen. »Der Kontakter
steht zwischen ganz vielen Interessen und Denkweisen. Der Kunde
möchte seinen Werbeetat in zuverlässigen Händen wissen und Ergebnisse sehen. Der Produktioner muss Termine halten. Der Grafiker aber kann beispielsweise nur nachts arbeiten und interessiert
sich überhaupt nicht für Termine. Und auch nicht für den Text. Der
ist für ihn lediglich Grauwert. Für den Texter wiederum ist der Text
das Wichtigste auf der Welt«, beschreibt Scherer seinen Arbeitsalltag.

Um alles zusammenzuhalten und innerhalb knapp gesetzter Termine zu einem guten Ergebnis zu kommen, braucht der Kontakter Of-

fenheit und Flexibilität. In anderen Berufen gearbeitet zu haben kann daher ein großes Plus darstellen. Scherer, der früher Krankenpfleger und Reiseleiter war, erklärt: »In der Betreuung von Reisegruppen lernt man mehr als im Psychologiestudium darüber, wie Menschen ticken. Weiter lernt man durch das Reisen, dass die Art, wie wir hier Dinge tun, nicht die einzige Möglichkeit ist.« Wer Reiseleitung in Entwicklungsländern macht, sei außerdem gewohnt, immer wieder neue Wege und Möglichkeiten finden zu müssen.

Seine Erfahrung als Krankenpfleger nutzt Scherer im Kontakt mit Kunden aus der Gesundheitsbranche: Einmal war er damit beauftragt, ein schwedisches Röntgenmittel auf dem deutschen Markt einzuführen. »Zum Glück konnte ich unterscheiden, ob es sich bei den Röntgenaufnahmen, die der Kunde mitbrachte, um Leber oder Niere handelte.« Mit der Terminologie seines Kunden umgehen zu können ist für Scherer eine wichtige Voraussetzung, damit der Kunde die Beratung auch ernst nimmt. In Agenturen, die sich auf bestimmte Branchen spezialisiert haben, können daher durchaus entsprechend geschulte Fachleute, zum Beispiel Mediziner oder Techniker, in der Kundenberatung arbeiten.

Neben einer breiten Allgemeinbildung müssen Kontakter über eine große intellektuelle Neugier verfügen. David Ogilvy, eine der großen Figuren der Werbegeschichte, schreibt in seinem Buch *Über Werbung*: »Sorgen Sie dafür, dass Sie bezüglich des Ihnen anvertrauten Werbeetats die bestinformierte Person der Agentur sind. Wenn es sich beispielsweise um einen Etat für Kraftstoff handelt, lesen Sie Bücher über die Erdölgeologie und die Herstellung von Erdölprodukten. Lesen Sie außerdem die einschlägigen Zeitschriften, und verbringen Sie möglichst jeden Samstagmorgen an Tankstellen, um sich mit Autofahrern zu unterhalten. Besichtigen Sie darüber hinaus die Raffinerien und Forschungslabors Ihres Kunden.«

Das Einarbeiten in immer neue Themenfelder ist Grund für die Vielfältigkeit der Kundenberatung in der Werbung. Darüber hinaus macht ein Kontakter sich Gedanken über Trends und Entwicklungen. »Ich muss mir heute schon überlegen, was ein Waschmittelproduzent in zehn Jahren macht, wenn die Wäsche nicht mehr mit Pulver sondern per Laser gereinigt wird«, gibt Scherer als Beispiel.

Georg Baums, Deutschlandchef der *publicis*-Gruppe und Urgestein der deutschen Werbung, gibt vier weitere Tipps für zukünftige Kontakter:[17]

1. Trainieren Sie Ihren Schreibstil! Ein Kundenberater muss klar und knapp formulieren können. Je umständlicher Ihre Sprache, desto weniger können Sie bewirken und desto weniger ernst wird man Sie nehmen.
2. Lernen Sie frei zu sprechen! Nur wer im freien Vortrag geübt ist, kann bei der Präsentation einer neuen Kampagne Eindruck machen. Referate in der Schule oder an der Uni oder das Mitwirken in einer Laienschauspielgruppe können wertvolle Trainingseinheiten bringen.
3. Lernen Sie fließend Englisch zu sprechen, am besten bei einem längeren Auslandsaufenthalt. Ohne Englisch machen Sie in der Werbung keine Karriere mehr.
4. Lernen Sie mit dem Computer umzugehen. Textverarbeitung, Tabellenkalkulation, Präsentationsprogramme und Internet sind das Mindeste für einen Kontakter.

Eine Karriere als Kontakter kann über folgende Stationen gehen: Innenkontakter, Juniorkontakter (früher: Kontaktassistent), Kontakter, Etatdirektor, Management Supervisor. Viele Agenturchefs und -chefinnen sind aus der Kundenberatung hervorgegangen.

Info-Box

Aus- und Weiterbildung in der Werbung gibt es hier:

Westdeutsche Akademie für Kommunikation Goltsteinstr. 89 50968 Köln Tel.: (02 21) 9 34 77 80 Fax: (02 21) 9 34 77 88 www.wak-koeln.de	Sächsische Akademie der Werbung Hans-Poeche-Str. 2–4 04103 Leizig Tel.: (03 41) 9 26 12 41 Fax: (03 41) 9 26 12 42 www.werbeakademie.de

Eine Reihe von Ausbildungsstätten für die Werbung hat sich in einem Verband zusammengetan:

Konferenz der Akademien für Kommunikation, Marketing, Medien
Orleansstr. 34
81667 München
Tel.: (0 89) 48 09 09 16
Fax: (089) 48 09 09 19
www.konferenz-der-akademien.de

Fachzeitschriften:

Der Kontakter, Werben & Verkaufen, Horizonte

Caster

Spätestens nach dem Erfolg der Teeniebands *No Angels* und *Bro'Sis* war klar: Stars werden nicht zufällig entdeckt, Stars werden oft gemacht. Viele Talente verdanken ihre Karriere einer professionellen Auswahl. Und so wie ein Hochschulabsolvent mit einer Bewerbungsmappe bei einem Unternehmen vorstellig wird, so bewerben sich Sänger, Tänzer, Schauspieler, Models und Moderatoren in einem Casting. Wer Talent und Glück hat (oder am besten beides) und zu dem Projekt passt, wird genommen, andere landen wieder in der Kartei.

Castingdirektoren oder Caster beraten bei der Besetzung kleiner und großer Rollen für Film und Werbespots und im Fernsehen vor allem für Soap Operas. Dazu müssen sie zunächst herausfinden, welche Vorstellungen Produzent oder Regisseur haben, welchen Typ sie suchen: Geschlecht, Alter, Figur, Frisur, Ausstrahlung. Die einen suchen einen ganz normalen Menschen, andere wollen Exoten. Manche Regisseure haben genaue Vorstellungen, andere nur vage.

Dana Cebulla, Inhaberin der Agentur *Tiger Cast* in Köln, kennt die meisten der über 10 000 Darsteller in ihrer Datenbank persönlich oder von Arbeitsproben. Mehr als die Hälfte sind mit Demobändern in ihrer Kartei vertreten. Dort finden sich außerdem Angaben über zusätzliches Können, zum Beispiel Inlineskating, Akrobatik, Singen, Pantomime oder Stepptanz. Auch Eigenarten wie Dialekt werden aufgeführt.

Die Agentur *Tiger Cast* arbeitet für Produktionen von verschiedenen europäischen Sendern, darunter die BBC, ARD, RTL und Sat.1. Zusätzlich werden Gesichter für Industriefilme, TV- und Kinowerbespots gecastet. Zum Beispiel für die Limonade Fanta: »Ich überlege, welches Gesicht mir das Produkt gut nahe bringt, welcher Typ für den Produktzusammenhang am glaubwürdigsten ist«, sagt Cebulla. Für die Werbung lädt sie schon mal dreißig Leute aus ihrer Kartei zum Casting, für einen Film eher fünf. Manchmal verhandelt sie mit den Künstlern selbst, manchmal mit den Agenten. Auch Firmen, die betriebsinterne Schulungsfilme produzieren, holen sich Rat bei der Besetzung der Rollen.

Für den Beruf des Casters sind Erfahrungen in Film und Fernsehen von Vorteil, »und vor allem im Umgang mit den dazugehörigen Menschen«, so Cebulla. Wer gewohnt ist, sein Gesicht in die Kamera zu halten, kann schnell zu überheblichem Verhalten, Geltungsbedürfnis und Selbstüberschätzung neigen. Außerdem müssen Caster in der Lage sein, Menschentypen genau zu erkennen und zu beschreiben. Cebulla selbst ist von Haus aus Schauspielerin und Regisseurin und hat die Castingabteilung der Kölner Produktionsfirma *Endemol* aufgebaut. Damals beriet sie bei der Besetzung von Serien wie *Die Wache*, *Notaufnahme*, *Notruf*, *Wie bitte*, *Alles Kids* und *Alles prima, Nina*.

Info-Box

Tiger Cast
Severinsstr. 68
50678 Köln
Tel.: (02 21) 2 40 78 64
Fax: (02 21) 21 65 53
www.tigercast.de

Für den Beruf eines Casters sind Erfahrungen aus Schauspiel und Regie hilfreich. Die Laufbahn beginnt in der Regel mit einem langen Praktikum bei einem professionellen Caster. Adressen von Castingagenturen finden sich im Internet unter: www.medienhandbuch.de

Telefon-Kundenberater

Auf jeder zweiten Flasche, Tube oder Dose in einem durchschnittlichen Haushalt findet sich mittlerweile der Hinweis auf eine Servicenummer. Diese kann man anrufen, um Fragen, Sorgen und Wünsche loszuwerden. Auch die Haarkosmetikfirma Guhl bietet Beratung und Information per Telefon. Die kostenlose Servicenummer ist auf Shampoos, Spülungen, Kuren, Colorationen und Heimdauerwellen aufgedruckt. Wie man eine zu dunkel geratene Färbung aufhellen kann oder wie man eine vom Friseur verpatzte Dauerwelle in den Griff bekommt, das sind Fragen, die die Kunden und Kundinnen bewegen. »Haare sind ein heikles Thema. Wenn da etwas schief läuft, reagieren viele ganz empfindlich«, erzählt Ellen Selzer vom Guhl-Beratungsteam in Berlin. Für die Beraterinnen sei es daher wichtig, ein Gespür zu entwickeln, was den Kunden oder die Kundin wirklich belastet.

Natürlich passiert es, dass jemand am Telefon richtig unfreundlich wird, daher lernen die Telefon-Kundenberater auch, wie man solche Situationen in den Griff bekommt. Sie hören geduldig zu und zeigen Verständnis für die Situation. »Die meisten Leute beruhigen sich dann. Manche rufen sogar später noch einmal an und entschuldigen sich«, sagt Selzer. Viele seien aber ernsthaft auf der Suche nach Hilfe. »Ich bekomme eine Menge freundlicher Resonanz. Am schönsten ist es, wenn einer am Schluss des Gesprächs sagt ›Sie haben mir heute den Tag gerettet‹.«

Selzers Arbeit beginnt mit dem Beantworten von Post, Faxen und E-Mails. Dabei müssen häufig noch Unklarheiten beseitigt werden. »Manche fragen nach einer neuen Coloration und vergessen, die Farbe zu nennen. Andere haben Allergien und geben nicht genau an, gegen was.« In diesen Fällen ruft die Haarberaterin bei den Ratsuchenden an und versucht, die fehlenden Informationen zu ermitteln.

Die Anrufer bei Guhl sind übrigens nicht nur Frauen. Gerade bei Älteren herrscht noch die Idee vor, dass Männer am Telefon mehr erreichen können. Ehemänner rufen für ihre Frauen an und fragen nach, wo ein bestimmter Festiger zu kaufen ist und ob er für diese oder jene Frisur taugt. Dabei reicht es für den Berater nicht aus, nur die Produktinformationen parat zu haben. »Ich brauche auch Angaben vom Kunden, muss wissen, welche Struktur, Länge und Vorbehandlung das Haar hat«, erklärt Selzer, die selbst Friseurin war und sich später im kaufmännischen Bereich weitergebildet hat.

Eine Anekdote hat Selzer auch parat: Ein Guhl-Shampoo gegen Gelbstich in grauen Haaren hatte einen neuen Namen bekommen, und eine Kundin rief an, um sich nach dem Verbleib des alten zu erkundigen. »Ich habe ihr gesagt, dass es einen neuen Namen hat und dass ich ihr gern eine Probe zuschicke.« Die Kundin aber meinte, dass sie das Shampoo unbedingt sofort bräuchte, da sie morgen ein Turnier hätte. Und eine Probe wäre auch viel zu wenig, schließlich wasche sie Mähne und Schweif ihres Schimmels damit …

Auch Telekommunikationsunternehmen, Direktbanken und Versandhäuser bieten umfangreichen Kundenservice am Telefon – oft rund um die Uhr. Schließlich hat die Aufklärung eines Bedienungsfehlers beim Handy nicht immer Zeit bis zum nächsten Morgen. Um die Fragen der Kunden zu beantworten, lernen die Berater zu Beginn in etwa zweiwöchigen Kursen, wie das Netz funktioniert, was die Handys können und wo Fehlerquellen liegen.

Wegen der unterschiedlichen Produktsparten in Versandhäusern wie dem *Otto Versand* werden hier die Telefonkundenberater in Spezialgebieten ausgebildet, darunter Technik, Reisen, Heimwerken, Unterhaltungselektronik, Computer, Wohnungseinrichtung und sogar Küchen. »Bestellen übers Telefon ist für viele noch mit Unsicherheiten behaftet. Schließlich hat man die Ware nicht gesehen«, sagt Sylvia Dreher vom Otto-Beratungsteam. Daher sei es wichtig, dass die Berater beim Kunden immer einen guten und kompetenten Eindruck machen. »Wenn ich dem sage: ›Oh, das weiß ich gerade nicht‹, dann wird er noch unsicherer‹.« Um auch bei schwierigen Gesprächen freundlich zu bleiben, müsse man genau wissen, worüber man spricht. Für den Notfall stehen außerdem Supervisors im Hintergrund bereit. Zusätzlich muss der Kundenberater ein gutes Gespür für sein Gegenüber entwickeln, auch wenn er nicht mehr als die Stimme kennt. »Man muss nach den ersten Sekunden kapieren, was für einen Menschen man am anderen Ende der Leitung hat«, so Dreher. Schließlich sei die Telefonzentrale das Aushängeschild des Unternehmens. Beim *Otto Versand* wird hauptsächlich von morgens 6 Uhr bis gegen Mitternacht bestellt.

Vorraussetzung für einen Job in der telefonischen Kundenberatung sind eine flüssige (deutsche) Sprache, möglichst ohne übertriebenen

Dialekt, eine angenehme Stimme und gute Ausdrucksformen. Neben den Servicezentralen der großen Unternehmen arbeiten Kundenberater auch in externen Callcentern. Dort nehmen sie die Anrufe in zehn bis fünfzig nebeneinander aufgereihten Kabinen, ausgestattet mit Headset und Computer, entgegen. Vom Kundenberater geht die Karriere über Teamleiter und Supervisor zum Callcenter-Manager. Hier geht es um Planung und Organisation der Aufträge, die Qualitätssicherung der Beratung, die Absprache mit den Auftraggebern sowie Auswahl und Schulung des Personals.

Info-Box

Kurse für Callcenter-Agenten gibt es bei:

Call Center Akademie	Berufs- und Fortbildungszentrum
Bergstr. 8	Clausthal
45770 Marl	Altenauer Str. 14
Tel: (0 23 65) 94 04 40	38678 Clausthal-Zellerfeld
Fax: (0 23 65) 94 04 29	Tel.: (0 53 23) 93 63 21
www.cca.nrw.de	Fax: (0 53 23) 93 63 78
	www.bfz-clausthal.de

Literatur:

Udo Haeske, *Erfolgreich telefonieren im Beruf. Informieren, beraten, überzeugen*, Weinheim 1999.
Hans-Michael Klein, *Zufriedene Kunden am Telefon. Erfolgreiche Gesprächsführung in Service und Gespräch*, Nürnberg 1999.
Helga Schuler, *Erfolgreiches Telefonieren*, Offenbach 2000.

Music-Consultant

Was wäre die berühmte Duschszene in Hitchcocks *Psycho* ohne Musik? Was wäre ein Kuss zwischen Clark Gable und Vivian Leigh nur unterlegt mit dem Rauschen der Bäume? Beides wäre wenigstens halb so dramatisch.

Damit im Kino geweint und mitgezittert wird, unterlegen die Filmemacher ihre Szenen mit Musik, die die Wahrnehmung beeinflusst und Emotionen vermittelt. Meistens fragen die Produktionsfirmen bei den Music-Consultants der großen Plattenfirmen an. Diese lesen die Drehbücher und machen Vorschläge für ein musikalisches Konzept. Dabei haben sie naturgemäß zuerst das Repertoire des eigenen Arbeitgebers im Blick. Sie arbeiten labelorientiert und schlagen hauptsächlich Titel vor, für die ihre Firma die Rechte besitzt.

Im Gegensatz dazu arbeiten freie Music Supervisors unabhängig. Eine davon ist Kirsten Frehse. Ihr Motto lautet: »Treue gegenüber der Produktion, nicht gegenüber dem Repertoire irgendeiner Firma.« Sie würde keine Bindung zu einem Plattenlabel eingehen, lieber bewahrt sie mit ihrer Firma *Key!Productions* die Chance, die Arbeit ihrer Kunden – also die Fernsehserie oder den Film – in den Vordergrund zu stellen. Was diese auch zu schätzen wissen: Frehse hat unter anderem die Produktion der Serien *Mein Leben und ich* (RTL), *Powder Park* (ARD) und *Geliebte Schwestern* (Sat.1) beraten. Zuvor arbeitete die Film- und Fernsehwissenschaftlerin im Bereich Produktions- und Aufnahmeleitung.

In einem ersten Gespräch klärt Frehse mit Regisseur und Produzent, ob man einen Komponisten samt Band oder Orchester engagiert, um der Produktion einen eigenen Soundtrack zu geben. Oder man greift zu Konserven. In diesem Fall übernimmt Frehse neben der Beratung auch Rechteklärung und Lizenzverhandlung.

Die bestehenden, auf dem Markt erhältlichen Titel heißen Sources, die eigens für eine Produktion komponierten Score-Musik. Oft wird ein Mittelweg gewählt, und beide Möglichkeiten werden kombiniert. »Der Berater kann einer Firma eine Menge Geld sparen, wenn er in dem juristischen Wirrwarr hinsichtlich der Rechte von Plattenfirmen, Verlagen und Künstlern den Überblick hat«, so Frehse. Im internationalen Vertrieb – wenn eine Serie ins Ausland verkauft wird – kann es zu erheblichen Schwierigkeiten kommen. Nicht selten müssen sämtliche Sources ausgetauscht werden. Auch hier hilft die Beraterin, zum Beispiel durch den Einsatz von Libraries (Firmen, die mit No-Name-Stimmen Musik produzieren und diese ohne GEMA-Gebühren anbieten). »Ich nutze vorhandene kreative Ressourcen und führe sie zusammen. Das sind Material und Leute. Im Zweifelsfall fungiere ich als

Bindeglied zwischen Filmproduktion und Plattenfirma«, so die Berlinerin.

Um mit Komponisten zu diskutieren, Änderungsvorschläge zu machen oder Kritik zu üben, ist eine musikalische Vorbildung von Vorteil. »Noch wichtiger aber sind das Interesse und die intensive Beschäftigung mit Musik. Man muss oft ins Kino gehen und viele Soundtracks hören«, so Frehse. Bei Bedarf begleitet die Beraterin eine Produktion von der ersten bis zur letzten Sekunde, was auch die Vermarktung des Soundtracks mit einschließt. »Ich bin grundsätzlich dafür, ein Produkt auf jede nur mögliche Weise zu vermarkten und zu verwerten.« Damit stiegen auch die Einnahmen der Künstler.

Zum Einstieg in die Musikberatung eignen sich Praktika bei einer Plattenfirma (am besten bei einem Musikberater), in der Postproduktion einer Film- oder TV-Produktionsfirma und in Music-Libraries.

Info-Box

Key!Productions
Ebersstr. 57
10827 Berlin
Tel.: (0 30) 78 95 08 28
Fax: (0 30) 78 95 08 29
www.keyproductions.de

Seminare zum Thema *Music Supervising* gibt es hier:

Erich Pommer Institut
Alt Nowawes 116–118
14482 Potsdam-Babelsberg
Tel.: (03 31) 7 49 42 10
Fax: (03 31) 7 49 42 14
www.epi-medieninstitut.de

International Academy for
Film, TV & Music
Waldpromenade 21
82131 Gauding
Tel.: (0 89) 89 39 89 60
Fax: (0 89) 89 39 89 61
www.iffma.de

Literaturberater

Stimmengewirr, Gläserklingen, Kerzenschein, die Gäste kosten ein sinnliches Mahl: Es gibt Artischockenseufzer, verliebtes Hähnchen und danach Venusschaum, zubereitet nach den Rezepten aus Isabel Allendes *Aphrodite* oder ein exquisites Vier-Gänge-Menu, wie es Marcel Proust einst in den Pariser Salons zu sich nahm.

Veranstaltet werden diese literarischen Menüs von Sandra Miriam Schneider, die sich in Berlin mit ihrer *Literaturschneiderei* auf Literaturberatung spezialisiert hat. Neben den literarischen Menüs organisiert sie Spaziergänge in die Berliner Literaturwelt, bei denen man das dadaistische Berlin kennen lernt oder Schnitzeljagden, die Kenntnisse aktueller Berlinromane oder Krimis voraussetzen und die Kombinationsgabe der Teilnehmer auf die Probe stellen. Entspannender geht es zu bei Schneiders Sommerlesungen und Picknicks und auf Lyrikpfaden durch die Parks der Stadt.

Das Beratungsangebot der *Literaturschneiderei* besteht aus einem individuellen Service für unterschiedliche Auftraggeber, wie zum Beispiel Firmen, die eine Jubiläumsfeier oder Produktpräsentation organisieren und nach einem besonderen kulturellen Programm suchen. Schneiders Aufgabe ist es dann, Literatur zu präsentieren, die einen Bezug zum Unternehmen hat. »Dafür reicht es nicht aus, viel zu lesen und die Welt der Bücher zu kennen. Ich muss mich ebenso mit Geschichte, Kultur und Produkten des Unternehmens befassen, um Bezüge herstellen zu können«, so Schneider. Oder ein Museum plant – als spezielle museumspädagogische Maßnahme – einen Textworkshop zur aktuellen Ausstellung. Dann schlägt Schneider literarische Themen und Motive vor. In vielen Fällen übernimmt die Literaturberaterin nicht nur die Konzeption, sondern auch die Durchführung der Veranstaltungen oder sie kooperiert mit Schauspielern, Musikern und Performancekünstlern.

Je nach Auftrag verschiebt sich der Schwerpunkt ihrer Tätigkeit. »Standardberatungen gibt es bei mir nicht. Ich richte mich immer nach den Wünschen der Auftraggeber«, sagt Schneider. Oft möchte der Kunde etwas Besonderes, ohne eine Richtung angeben zu können. »Dann muss ich erst mal ein bisschen fantasieren und herausbekommen, was beim Kunden Begeisterung auslösen könnte«, so Schneider.

Für den Tag der offenen Tür einer städtischen Bildungseinrichtung schlug sie beispielsweise vor, einen Lesemarathon zu veranstalten und wählte dafür Werke aus, die die Kunden ansprechen und gleichzeitig den Bildungsauftrag der Einrichtung transportieren. Außerdem baute sie eine Patientenbibliothek eines Krankenhauses auf, inklusive Vorleseservice. »Ich arbeite mit literarischen Stoffen aus aller Welt und allen Bereichen. Mit etablierten Klassikern der Weltliteratur ebenso wie mit aktuellen Bestsellern, mit amerikanischen Krimis, russischen Romanen und japanischer Lyrik, mit Briefen, Bilderbüchern und Biografien«, so Schneider.

Auch Privatpersonen nehmen die Dienstleistung der Literaturberaterin in Anspruch. Wer nicht schon wieder Parfum, Krawatte oder Socken verschenken möchte, kann beispielsweise für einen Literaturliebhaber eine Feier mit szenischen Lesungen organisieren lassen. Dabei unterscheidet sich die *Literaturschneiderei* von anderen Eventveranstaltern durch den besonderen Bezug zur Literatur. »Eventagenturen sind meist auf große Veranstaltungen konzentriert und kennen von der Literatur nur die Bestsellerlisten«, so Schneider. Damit sei ein echter Liebhaber aber nicht zufrieden zu stellen. Auf Wunsch komponiert Schneider auch individuelle Buchpakete als Geschenk oder veranstaltet Release-Partys für neue Veröffentlichungen.

Schneider selbst ist gelernte Buchhändlerin und spezialisierte sich später auf die Organisation von Lesungen und anderen Veranstaltungen im Buchhandel. Sie studierte Kulturwissenschaften, Kulturpädagogik und Ästhetische Kommunikation und eignete sich bei einer Stiftung im Literaturbereich Kenntnisse in Kulturmanagement und -politik an. Schließlich gründete sie ihr eigenes Unternehmen. »Dafür braucht man Mut und Vertrauen in die eigenen Fähigkeiten«, so Schneider.

Was eine gute Literaturberaterin ausmacht, ist, laut Schneider, die Fähigkeit sich in die Wünsche und Vorstellungen des Kunden hineinzudenken. Eigene Neugier und Offenheit helfen, immer wieder neue Wege der Literaturvermittlung zu finden und neue Veranstaltungsformen im Literaturbereich zu entwickeln. »Literatur leidet unter einem elitären Image. Das will ich aufbrechen. Ich will zeigen, dass ein hohes inhaltliches Niveau gute Unterhaltung nicht ausschließt.«

Info-Box

Literaturschneiderei
Sandra Miriam Schneider
Lehrter Str. 48 C
10557 Berlin
Tel.: (0 30) 39 03 11 46
Fax: (0 30) 39 03 11 47
www.literaturschneiderei.de

Seminare im Bereich Kulturmanagement bieten an:

Institut für internationales
Kulturmanagement
Luisenstr. 37a
80333 München
Tel.: (0 89) 28 92 74 87
Fax: (0 89) 28 92 74 96
www.ink-kulturmanagement.de

Institut für Kulturmanagement
Karlsplatz 2/2/9
A-1010 Wien
Tel.: 00 43 (1) 5 05 30 75
Fax: 00 43 (1) 5 05 30 75
www.mdw.ac.at

Institut für Kulturmanagement
Reuteallee 46
71602 Ludwigsburg
Tel.: (0 71 41) 14 04 11
Fax: (0 71 41) 14 06 93
www.kulturmanagement.ph-ludwigsburg.de

Weitere Beraterberufe in Medien und Werbung

Mediaberater

Der Erfolg von Zeitschriften und Zeitungen wird hauptsächlich an ihrer Auflagenhöhe gemessen. Mehr Leser bedeutet eine höhere Attraktivität für Anzeigenkunden. Diese werden bei der Planung ihres Werbeetats von den Mediaberatern der Verlage unterstützt. Dazu gehören Konkurrenzbeobachtung, die Auswertung von Leserumfragen und die Entwicklung von Messinstrumenten für die Werbewirkung. Erfahrung in der Werbung und ein Wissen um den deutschsprachigen Zeitungs- und Zeitschriftenmarkt sind hilfreich. Seminare zum Thema Medienberatung gibt es zum Beispiel unter: www.werbeakademie.at. Eine Ausbildung zum Mediaberater Radio&TV bieten die Industrie- und Handelskammern. Weitere Informationen unter: www.dihk-bildungs-gmbh.de

E-Commerce-Consultant

Der Einstieg in den Handel übers Internet ist für viele Unternehmen mit hohen Kosten verbunden. Damit das Geld sinnvoll und gewinnbringend investiert wird, beraten E-Commerce-Consultants bei der Einführung des elektronischen Geschäfts. Dabei geht es meist um mehr als nur den Aufbau einer unternehmenseigenen Website, die visuell attraktiv, schnell, funktional, leicht zu erweitern und zu aktualisieren ist und die außerdem gefunden wird. Oft müssen durch die Einführung des Internethandels alle Firmenbereiche neu strukturiert werden. Ein Beispiel für E-Commerce-Consultants findet sich unter: www.e-com-network.de

Historischer Berater beim Film

Keine echte Berufsperspektive, aber eine reizvolle Aufgabe: Wer sich als Dozent oder Buchautor auf ein Thema spezialisiert hat, wird gegebenenfalls von Filmproduzenten um Hintergrundinformationen und Detailkenntnisse gebeten. Prominentes Beispiel für solche Filmberater sind die Titanic-Spezialisten Don Lynch und Ken Marschall. Sie unterstützten Regisseur James Cameron bei der Vorbereitung des Welterfolgs *Titanic*, sodass der Luxusliner mit großer Liebe zum Detail und fast beängstigend real im Film erscheinen konnte. Übrigens: *Visual Consultants* nennt man beim Film die Bühnenbildner oder Filmarchitekten, die das gesamte visuelle Konzept für einen Film erstellen. Sehr informativ zum Thema Berufe beim Film, ist das *Koordinations-Centrum für Ausbildung in Medienberufen*: www.aim-mia.de

6.

Sport, Gesundheit, Beauty

Viele Menschen ruinieren ihre Gesundheit in der ersten Lebenshälfte, um zu Erfolg und Geld zu kommen, und geben dieses Geld in der zweiten Lebenshälfte wieder aus, um gesund zu werden. Dabei ist doch eigentlich alles ganz einfach: Mit ausgewogener Ernährung und regelmäßiger Bewegung hält man sich fit und in Form. Wer zudem ausreichend schläft, ab und zu an die frische Luft geht und auf Nikotin verzichtet, hat gute Chancen, auch im Alter gesund zu bleiben. Trotzdem ist es für viele nicht leicht, diesen Grundregeln zu folgen. Lange Arbeitstage bieten wenig Raum für sportliche Aktivitäten. Wenn die Zeit drängt, werden Nachtschichten vorm Computer mit Kaffee und Zigaretten eingelegt. Wer danach nicht schlafen kann, schiebt ein paar Bier hinterher. Zudem nehmen Kantinenessen und Pizzaservice wenig Rücksicht auf die Figur. Überarbeitete Singles stecken in Geschmacksverstärker-Antioxidantien-Diäten fest, auch bekannt als Tiefkühlkost.

Obwohl diese Schwierigkeiten weit verbreitet sind, gelten Augenringe und Wampe auch unter beruflich sehr Erfolgreichen als out – Fitness und Wellness, körperliche Verausgabung beim Sport und sogar Entspannung dagegen als in. Und so sieht man sich schnell einer ganzen Reihe unterschiedlicher Anforderungen ausgesetzt. Zum Glück gibt es auch in diesem Bereich professionelle Berater, die helfen, gesund, fit und schön zu werden und zu bleiben.

Info-Box

Ausbildungen zum Gesundheitsberater gibt es bei:

Verband für unabhängige Gesundheitsberatung
Sandusweg 3
35435 Wettenberg
Tel.: (06 41) 80 89 60
Fax: (06 41) 8 08 96 50
www.ugb.de

Ernährungsberater

»Der Mensch ist, was er isst«, behauptete der deutsche Philosoph Ludwig Feuerbach. Doch gab es Mitte des 19. Jahrhunderts auch noch keine Tütensuppen, keine Fischstäbchen und noch nicht mal McDonald's. Man ernährte sich von dem, was die heimischen Äcker hergaben: Kartoffeln, Kohl und Salat. Freitags stand Fisch, sonntags Schweinebraten auf dem Speiseplan.

Auf der anderen Seite ist es heute viel leichter, durch Nahrungsergänzungsprodukte wie Vitamintabletten Defizite in der Ernährung auszugleichen. Instantdrinks versprechen, dem Körper zusätzliches Eiweiß, Mineralstoffe und Spurenelemente zuzuführen. Bei großer körperlicher Anstrengung, wie zum Beispiel im Hochleistungssport versorgen Powerriegel den Athleten mit Kohlenhydraten und ersetzen die ausgeschwitzten Stoffe. Schließlich verbrauchen zum Beispiel die Fahrer der Tour de France täglich über 10 000 Kalorien, fünfmal so viel wie Otto Normalverbraucher.

Die meisten konsultieren einen Ernährungsberater allerdings nicht, weil sie ihre sportliche Leistung steigern wollen. In der Regel handelt es sich bei den Klienten eher um Leute mit handfesten gesundheitlichen Problemen, darunter Übergewicht, hohe Cholesterinwerte, Diabetes und Bulimie. Auch Neurodermitis, Allergien und Gicht können durch entsprechende Ernährung positiv beeinflusst werden. Dabei liegt die Ursache für Beschwerden oft nicht in der Ernährung selbst.

»Auffälliges Essverhalten weist häufig auf psychische Probleme hin«, erklärt die studierte Oecotrophologin und Pädagogin Dr. Petra Ambrosius.

Um die Vielschichtigkeit von ungesunder Ernährung und Essstörungen zu behandeln, gründete Ambrosius 1988 das *Studio für Ernährungsberatung Dr. Ambrosius* in Wiesbaden. Mittlerweile ist sie in jeder größeren Stadt mit ihrem Beratungsangebot vertreten. Dabei legt sie Wert darauf, die reine Ernährungsberatung mit verhaltenstherapeutischen Elementen zu ergänzen. »Bei den meisten ist es nicht mit einer Diät getan. Die müssen ihr gesamtes Verhalten ändern«, so Ambrosius. Um Unmäßigkeit und Suchtverhalten zu therapieren, arbeitet sie mit Ärzten und Psychotherapeuten zusammen.

Im *Studio für Ernährungsberatung Dr. Ambrosius* werden verschiedene Beratungspakete angeboten, die auf die individuellen Probleme der Klienten zugeschnitten sind. Grundleistung ist in jedem Fall die Auswertung eines Ernährungsprotokolls, die Diagnose der Problemfelder im Bereich Ernährungs- und Essverhalten, die Berechnung der Körperoberfläche, des individuellen Kalorienverbrauchs und der notwendigen Nährwertzusammensetzung. Dabei werden den Patienten keine starren Rezepte vorgegeben, sondern Nahrungsmittel in Gruppen aufgeteilt, aus denen sie sich dann ihre Gerichte nach einer bestimmten Verteilung zusammensetzen können. Dazu kommt je nach Beratungspaket eine intensive persönliche Betreuung über ein bis sieben Monate.

Die Daten jedes Patienten werden an die Zentrale von Dr. Ambrosius in Wiesbaden weitergegeben und dort zu statistischen Zwecken sowie für die Entwicklung neuer Konzepte ausgewertet. In Zusammenarbeit mit der Universität Gießen entstand eine Studie über Patientengruppen und Krankheitshäufigkeiten. Demnach nehmen am häufigsten Personen im Alter von 39 bis 59 Jahren das Beratungsangebot in Anspruch, wobei mindestens die Hälfte Übergewicht hat, oft zusammen mit Erkrankungen wie Diabetes oder Stoffwechselstörungen. Dabei entschließen sich Frauen leichter zu einer Beratung, während Männer sich meist erst nach zwei bis drei Aufforderungen durch den Arzt dazu bequemen können. »Frauen haben mehr Körpergefühl und verstehen leichter, dass der Grund für ihre schlechte Gesundheit die eigenen Essgewohnheiten sind«, sagt Ambrosius.

Die große Herausforderung für den Ernährungsberater liegt darin, erst einmal ein Verantwortungsbewusstsein zu wecken. »Viele, die zu mir kommen, haben eine ziemlich geringe Bereitschaft zur Veränderung. Die möchten ein Patentrezept, das sich von alleine lebt«, so Ambrosius. Es dauert, bis jemand die Formel *Ohne Veränderung keine Veränderung* begreift. Sie moniert, dass der Leidensdruck von Übergewichtigen mit scheinbaren Lösungen wie Appetitzüglern, Artischockentabletten oder Light-Produkten aufgefangen wird. »Manche haben sich über Jahre hinweg ein nutzloses System aufgebaut, mit ihren Problemen umzugehen. Und dann wollen sie den Berater in ihre eigenen Mechanismen einbauen.« Oft ginge es den Patienten nicht darum, Verantwortung zu übernehmen, sondern lediglich um eine Legitimation ihrer Gewohnheiten.

Ernährungsberater sind häufig damit konfrontiert, dass Menschen ihr Essverhalten entweder nicht kennen oder beschönigen. »Es gibt Leute, die verdrücken am Tag zwei Tafeln Schokolade und eine Tüte Gummibärchen. Wenn ich die nach Süßigkeiten frage, antworten die mir ganz überzeugt ›Ja schon, aber viel ist das nicht‹«, erzählt Ambrosius. Daher bittet sie bereits beim telefonischen Erstgespräch darum, täglich ein Essensprotokoll zu führen. »Was man schwarz auf weiß hat, lässt sich nicht mehr so leicht wegdiskutieren.« Im persönlichen Gespräch fragt die Ernährungsberaterin dann nach Tagesablauf, Arbeitszeiten und Sport. In einem Fall hatte eine Sekretärin ernsthafte Essstörungen entwickelt: Jeden Abend bekam sie vor dem Kühlschrank regelrechte Essanfälle und stopfte Lebensmittel fast bis zur Schmerzgrenze in sich hinein. Bei einer 24-Stunden-Analyse kam heraus, dass die Frau an ihrem Arbeitsplatz keine Pause hatte. »Die aß den ganzen Tag über nichts. Als sie dann bei ihrem Arbeitgeber eine regelmäßige Mittagspause durchgesetzt hatte, war auch der Heißhunger am Abend verschwunden.«

Da Ernährungsprobleme in der Regel über einen längeren Zeitraum entstehen, liegt ein Schwerpunkt der Beratung in der Vorbeugung und Information, beispielsweise im Auftrag von Krankenkassen, Schulen oder Unternehmen. Schließlich haben Firmen großes Interesse an der Gesundheit und Leistungsfähigkeit ihrer Mitarbeiter. Gestresste Manager werden daher von ihren Ernährungsberatern auch schon mal per SMS an Essenszeiten erinnert.

Interview

Das *Institut für Sporternährung* in Bad Nauheim führt Untersuchungen zur leistungssteigernden und leistungserhaltenden Ernährung für Sportler durch. Spezialisierte Ernährungswissenschaftler beraten dort Sportler, Übungsleiter, Mannschaftsbetreuer und Sportmediziner. Sie veranstalten Seminare, schreiben Artikel für Fachzeitschriften, stehen der Presse für Interviews zur Verfügung, versorgen die Journalisten mit neuen Informationen und aktuellen Untersuchungsergebnissen und betreuen wissenschaftliche Forschungsarbeiten von Studenten der Universität Gießen. Einer der Berater ist Uwe Schröder, der unter anderem den Triathleten Lothar Ledder in Sachen Ernährung berät.

Frage: Wie sind Sie zur Ernährungsberatung für Sportler gekommen?

Schröder: Ich bin selber Ausdauersportler und habe vor dem Karrierestart die Leichtathletiktruppe meines Heimatorts geleitet. Da beschäftigte ich mich bereits automatisch mit Essen und Trinken, fragte mich, welche Kohlenhydrate und Eiweiße meine Leistungen und die der Mannschaft steigern können. Und genau darum geht es im Studiengang Ernährungswissenschaften (Oecotrophologie). Also schrieb ich mich ein.

Frage: Brauchten Sie dafür Vorkenntnisse?

Schröder: Je weniger Ahnung man von Ernährung hat, desto leichter fällt es eigentlich. Als strikter Vegetarier lässt man sich nicht mehr davon überzeugen, dass tierisches Eiweiß gut für den Muskelaufbau ist. Allerdings geht es im Studium nicht nur um Sporternährung. Die Inhalte reichen von der Pathophysiologie bis zur Biochemie. Mit dem Wissen kann man nach dem Diplom auch Qualitätsmanager in einer Lebensmittelfirma werden oder eine Großküche betreiben.

Frage: Was raten Sie jemandem, der Sportler mit Ernährungstipps ans Leistungsziel bringen will?

Schröder: Für mich war immer klar, dass ich keinem Leistungssportler etwas über Ernährung erzählen kann, wenn ich nicht selbst weiß, wie ich ins Schwitzen komme. Ich habe mich konsequent mit Zusatzqualifikationen eingedeckt, um mich vor den Athleten als Experte ausweisen zu können. In den Semesterferien habe ich einen Tennistrainerschein und mehrere Praktika in ernährungswissenschaftlichen Instituten gemacht. Das hat später auch das Institut für Sporternährung überzeugt. Deshalb mein Rat: Weiterbildung ist das Wichtigste auf dem Weg zum Traumberuf.

Frage: Welche persönlichen Eigenschaften sollte man als Ernährungsberater unbedingt mitbringen?

Schröder: Sie werden es nicht glauben: Toleranz! Weil ich akzeptieren muss, dass meine Kunden bestimmte Ernährungsrituale haben. Da kann ich noch so viele Argumente in der Hand halten – sie werden ihre Gewohnheiten nur ungern ablegen. Der Sportler fühlt sich ja kerngesund und sieht wenig Anlass, sich anders zu ernähren. Nur mit Nachsicht und viel Überzeugungskraft komme ich ans Ziel. Allerdings muss ich dafür nicht so geduldig sein. Denn im Gegensatz zum Diabetiker, bei dem durch Ernährungsumstellung nur sehr langsam ein Ergebnis erzielt wird, erreicht der Sportler schon nach ein bis zwei Wochen erkennbare Erfolge.

Frage: Ist das Studium der einzige Weg, um als Ernährungsberater im Sportbereich zu arbeiten?

Schröder: Theoretisch kann natürlich jeder jeden beraten. Um das professionell zu machen, braucht man jedoch Fachwissen. Das kann man sich als Koch oder Fitnesstrainer durch Fachbücher und Fortbildungsveranstaltungen aneignen.

Info-Box

Studio für Ernährungsberatung
Dr. Ambrosius
Sonnenberger Str. 100
65193 Wiesbaden
Tel.: (06 11) 37 97 36
Fax: (06 11) 37 31 16
www.dr-ambrosius.de

Institut für Sporternährung
In der Aue
61231 Bad Nauheim
Tel.: (0 60 32) 7 12 00
Fax: (0 60 32) 7 12 01
www.isonline.de

Interessenvertretung und Weiterbildung in der Ernährungsberatung bieten:

Deutsche Gesellschaft für Ernährung
Godesberger Allee 18
53157 Bonn
Tel.: (02 28) 3 77 66 00
Fax: (02 28) 3 77 68 00
www.dge.de

BSA-Akademie
Am Liedersberg 21
66398 Mandelbachtal
Tel.: (0 68 03) 9 94 40
Fax: (0 68 03) 99 44 10
www.bsa-akademie.de

Fachzeitschriften:

Ernährungs-Umschau, European Journal of Nutrition

Bewegungsberater

Mens sana in corpore sano lautet ein römisches Sprichwort, demzufolge nur schlau sein kann, wer auch körperlich gesund ist. Auch wenn diese Weisheit sich im Einzelfall nicht bestätigt – sicher ist, dass ein gesunder Körper den meisten als erstrebenswert gilt.

Doch: Ohne Bewegung keine Gesundheit. Das wissen auch die Krankenkassen und engagieren Bewegungsberater, die andere dazu motivieren, selbst für ihre Gesundheit aktiv zu werden. Einer von ihnen ist Wolfgang Riebesehl. Er arbeitet bei der AOK in Lübeck und erzählt bereitwillig, dass er von seinen Kollegen auch gerne *Bewegungsmelder* genannt wird.

Riebesehl ist Diplom-Sportlehrer und ehemaliger Fitnessstudio-Betreiber. Er baute den Bereich Bewegungsberatung bei der AOK auf. Der Grund für den Neuanfang: Zwischen 1996 und 1999 durften die gesetzlichen Krankenkassen keine Präventionsmaßnahmen durchführen. Erst seit Anfang 2000 sind solche Programme innerhalb festgesetzter Grenzen wieder möglich. Im Rahmen der Bewegungsberatung gibt es Angebote für Leute mit besonderer Belastung des Haltungs- und Bewegungsapparats, bei schwach ausgeprägter Muskulatur, bei allgemeinem Bewegungsmangel und bei Risikofaktoren wie Übergewicht, Bluthochdruck und Stress. Auch bei Rückenproblemen und Bandscheibenschäden werden Bewegungsberater konsultiert.

Wie sieht der Alltag eines Bewegungsberaters aus? Riebesehl nennt zwei Schwerpunkte: Zum einen organisiert er mehrmals jährlich neue Kurse, in denen die individuelle gesundheitliche Situation verbessert werden soll. Die Teilnehmer erhalten Anregungen zu einem gesundheitsgerechten Bewegungsverhalten. Außerdem werden Hinweise für das individuelle Training und die Verminderung von Risikofaktoren gegeben. Das Angebot reicht von Aquagymnastik und Beach-Walking über Rückenschule bis hin zu Jogging und Ausdauertraining am Fahrradergometer. Riebesehl setzt Kursziele und Inhalte fest und nimmt Kontakt zu potenziellen Trainern auf. Die meisten Kurse finden in den Gesundheitszentren der AOK statt, manche auch in Fitnessstudios, REHA-Zentren oder sogar am Strand.

Der zweite Schwerpunkt liegt in der Beratung der Versicherten. Dabei gilt es herauszufinden, wo Probleme, Beschwerden und Gefahren liegen und was der Klient selbst für seine Gesundheit tun kann. Je nachdem empfiehlt der Berater Übungen, die Dehn-, Koordinierungs- und Entspannungsfähigkeiten verbessern oder die Ausdauer trainieren. Er informiert über Zusammenhänge zwischen körperlichem Training und physischen sowie psychischen Veränderungen und zeigt Möglichkeiten auf, regelmäßige Bewegung in den Alltag zu integrieren. Manchmal gehen seine Ratschläge über die reine Bewegungsberatung hinaus. »Wenn ein Übergewichtiger oder jemand, der stark unter Stress leidet, einen Bandscheibenvorfall hatte, ist es nicht unbedingt sinnvoll, Rückentraining zu machen. Dann kann eine Ernährungsberatung oder autogenes Training die bessere Wahl sein«, so Riebesehl.

Mediziner, Sportlehrer, Sportwissenschaftler, Fitnesstrainer, Heilpädagogen und Physiotherapeuten bringen beste Voraussetzungen für die Bewegungsberatung mit, ebenso Yoga- und Feldenkraistrainer, gern mit Zusatzqualifikationen in Gesundheitssport und Rückentraining. Eine positive Grundeinstellung zum Menschen, eigene Begeisterung für Sport und Bewegung, kommunikative Fähigkeiten und Toleranz gegenüber verschiedenen Lebensformen hält Riebesehl darüber hinaus für unentbehrlich. Außerdem ist zeitliche Flexibilität abends und am Wochenende gefragt: Bewegungsberater arbeiten oft dann, wenn andere frei haben.

Info-Box

Neben dem umfangreichen Angebot der AOK (www.aok.de) gibt es weitere Anbieter von Bewegungsberatung: Arztpraxen, Sportressorts, Golfplätze, Hotels und Gesundheitsberatungen, wie zum Beispiel:

Arte Vida
Hölderlinstr. 5
69221 Dossenheim
Tel.: (0 62 21) 86 99 28
Fax: (0 62 21) 86 34 28
www.arte-vida.de

BIAmed
Thunstr. 13
CH-3005 Bern
Tel.: 00 41 (31) 3 51 18 65
www.biamed.ch

Kosmetikerin

Wer schön sein will muss leiden: Unterschenkel werden mit Heiß-
wachs enthaart, Augenbrauen mit der Pinzette gezupft und Mitesser
per Komedonenschlaufe ausgedrückt. Bei Pusteln oder Milien wird
die Haut mit einer Kanüle angeritzt. Gegebenenfalls werden Falten
und Narben unterspritzt, Lippenkonturen tätowiert.
Doch die Strapazen der Behandlung durchzustehen reicht nicht
aus. Das Ausreinigen bei der Kosmetikerin muss durch die innere Reinigung ergänzt werden. Dazu gehören der Abschied von zu viel Alkohol, Kaffee und Nikotin und tägliche Reinigung und Pflege.»Ich
schlage Wege vor, wie die Haut verbessert werden kann, aber umsetzen muss es die Kundin«, erzählt Ilona Knöchelmann-Freier, staatlich
geprüfte Kosmetikerin und Inhaberin des *Kosmetikstübchens* im niedersächsischen Wunstorf.
Die einen gehen zur Kosmetikerin, um sich etwas Gutes zu tun, andere kämpfen mit starken Hautproblemen. Vor allem Männer kommen meist mit Pubertätsakne zum ersten Mal zur Behandlung.»Die
leiden manchmal schrecklich, trauen sich fast nicht mehr vor die
Tür«, so Knöchelmann-Freier. Wenn die Kunden ihre Ratschläge umsetzen, sind innerhalb weniger Wochen gute Ergebnisse spür- und
sichtbar.»Es macht Spaß zu sehen, dass man jemand wirklich helfen
kann.« Sind die Probleme behoben, kommen viele weiterhin regelmäßig, um zu entspannen und sich verwöhnen zu lassen.
Die zweijährige Ausbildung zur staatlich geprüften Kosmetikerin
umfasst Unterricht in Dermatologie, Anatomie und Physiologie. Im
Arbeitsalltag sind diese Kenntnisse Grundlage der individuellen Beratung. Daher fragen Kosmetikerinnen nach dem Lebensstil der Kunden
(Rauchen?) und gegebenenfalls nach ihrer Krankheitsgeschichte, zum
Beispiel bei Neurodermitis oder Akne. Danach erstellt die Kosmetikerin die Hautdiagnose. Dazu wird mit einem Objektglas vorsichtig
über das Gesicht gefahren. So kann man sehen, ob die Haut grobpo-
rig und dick erscheint und reichlich Fett speichert oder ob sie trocken
ist und nur spärlich Feuchtigkeit hält.
Entsprechend dem Hauttyp greift die Kosmetikerin während der
Behandlung in Tiegel und Töpfchen: Trockene Haut, die schnell zu
Entzündungen, Rissen und Ekzemen neigt, wird mit einer ölhaltigen

Reinigungsmilch gesäubert und anschließend mit fetthaltigen Feuchtigkeitscremes verwöhnt. Normale Haut, die Fettgehalt und Feuchtigkeit selbst regulieren kann, wird mit einem klaren Aloe-Vera-Gel behandelt, das viel Feuchtigkeit enthält und sofort einzieht. Viele Models halten so ihren Teint frisch.

Fettige Haut dagegen lässt Gesicht und Haare glänzen. Hier helfen Peelings, die Schüppchen entfernen und die Durchblutung fördern. Ist die Haut an Stirn, Nase und Kinn fettig, an den Wangen hingegen trocken, greift die Kosmetikerin zum Pflegemix und trägt auf die T-Zone eine Reinigungsmaske auf, die die Haut von Fett und Verhornung befreit. Auf die Wangenpartie kommt eine Creme-Maske, die die trockenen Stellen durchfeuchtet. Neben der Gesichtspflege gehören auch Maniküre und Pediküre zum kosmetischen Angebot.

Der Job einer Kosmetikerin beschränkt sich nicht nur auf die Behandlung. »Meine Kunden erwarten persönliche Zuwendung von mir. Wenn man sich zu zweit in einem abgeschlossenen Raum aufhält, ist die Situation viel intimer als etwa beim Friseur«, erklärt Sabine Decker, Kosmetikerin im Berliner Fitness- und Beautytempel *Holmes Place*. Decker war ursprünglich medizinisch technische Assistentin und ließ sich dann zur Kosmetikerin umschulen. »Irgendwann hatte ich das Gefühl, gar nichts mehr mit Menschen zu tun zu haben. Ich habe Blut untersucht, Infektionen gefunden und dann nicht erfahren, was aus dem Patienten wird.« Daher entschied sie sich für einen neuen Beruf, in dem sie sehr nah am Menschen arbeitet.

Bei einer durchschnittlichen Behandlungsdauer von ein bis zwei Stunden muss die Kosmetikerin eine gute Zuhörerin sein. Dabei lerne man nicht nur viel über die Haut des Kunden, sondern auch über seine Persönlichkeit. »Menschen mit empfindlicher Haut haben fast immer auch einen sensiblen Charakter. Die brauchen eine einfühlsame und aufwändige Behandlung.« Eine verhornte Haut dagegen weist eher darauf hin, dass jemand auch charakterlich ein dickes Fell hat, sagt Decker.

Kosmetikerinnen geben auch Hinweise zur Ernährung. »Da muss man meistens stundenlang predigen. Die meisten wissen zwar, dass die Haut ein Abbild der Essgewohnheiten ist. Die setzen die Theorie bloß nicht in die Praxis um.« Zwei Liter Wasser oder Früchtetee am Tag zu trinken, schaffe kaum einer. »Aber die wundern sich, wenn die

Haut dann trocken, glanzlos und schuppig wird.« Man habe es eben auch mit den schwächeren Seiten des Menschen zu tun, so Decker. Da das kosmetische Angebot ständig wächst, empfiehlt sich die regelmäßige Teilnahme an Fortbildungen, zum Beispiel in Nagelmodelage, Fußpflege, Camouflage, Wimperndauerwelle, Lichttherapie, Bio-Tätowierungen (halten zwei bis fünf Jahre) oder Permanent Make-up für ausdrucksstarke Lippenkonturen und dichte Brauen, ebenso Piercing, Bodywrapping oder Gesichtsmassagen. Im Bundesdurchschnitt kommt auf 3 000 Einwohner ein Kosmetikinstitut. Der Gesamtumsatz der Branche beläuft sich auf rund 820 Millionen Euro jährlich.[18] Zusätzlich arbeiten Kosmetikerinnen in großen Parfümerien, Fitnessanlagen, Hotels und Ferienclubs, auf Schönheits- und Wellnessfarmen oder als Repräsentantinnen einer Kosmetikfirma. Auch Sonnenstudios und Modeboutiquen bieten kosmetische Beratung an.

Selbstverständlich steht der Beruf auch Männern offen. Prominentes Beispiel ist der Berliner René Koch (www.lifestyle.de), der die Stars und Sternchen der Hauptstadt betreut. Sein ursprünglicher Berufswunsch war übrigens Pfarrer.

Info-Box

Bundesverband Deutscher
Kosmetikerinnen
Schadowstr. 72
40212 Düsseldorf
Tel.: (02 11) 36 58 91
Fax: (02 11) 3 69 40 80
www.bdk-kosmverb.de

Bundesberufsverband der
Fachkosmetiker/innen
Marktstr. 6
58256 Ennepetal
Tel.: (0 23 33) 7 66 97
Fax: (0 23 33) 7 14 44
www.bfd-ev.com

Auf die Zertifizierung zur staatlich geprüften Kosmetikerin bereiten vor:

F+U Thüringen
Binderslebener Landstr. 160a
99092 Erfurt
Tel.: (03 61) 22 00 70
Fax: (03 61) 22 00 73 3
www.fuu.de

Blindow-Schulen
Hinüberstr. 12
31675 Bückeburg
Tel.: (0 57 22) 40 71
Fax: (0 57 22) 40 72

Eine Kosmetik-Jobbörse findet sich unter www.ki-online.de. In Düsseldorf findet die jährliche Fachmesse für Kosmetik statt. Hier kann man sich über Produkte und Neuheiten informieren, Kontakte zu Herstellern und Lieferanten knüpfen und neue Behandlungsmethoden kennen lernen. Infos unter: www.beauty.de. Weitere wichtige Kosmetikmessen: Cosmetica in mehreren Städten, darunter zum Beispiel Leipzig und Wiesbaden (www.cosmetica.de).

Fachzeitschriften:

Kosmetik International, Parfümeriejournal, hand & nails

Farb- und Stilberater

Die Farbanalyse hat ihre Wurzeln in der Farbentheorie des Schweizer Malers und Bauhaus-Mitbegründers Johannes Itten. Demnach hat jeder Mensch einen bestimmten Hautunterton, der sich nie ändert. Dieser Hautunterton ist auf Anhieb nicht sichtbar und wird erst durch den Vergleich mit unterschiedlichen farbigen Tüchern aus Seide oder Viskose ermittelt. Die Tücher werden an Gesicht und Hals gehalten, um herauszufinden, welche Farben die Eigenfarben des Gesichts beleben und welche nicht.

Es gibt vier Hautuntertöne: gelbgrundig leuchtend, gelbgrundig gedeckt, blaugrundig leuchtend und blaugrundig gedeckt. Diese vier Töne entsprechen den vier Jahreszeiten und einer dazugehörigen Farbpalette. Dem Frühlingstyp beispielsweise stehen Sonnenblumengelb, Mohnrot und Maiengrün. Wintertypen dagegen sollten sich an Schwarz, Weiß, Zitronengelb, Pink, Schilfgrün und Royalblau halten. Wer die falschen Farben trägt, sieht – laut Theorie – abgespannt und müde aus. Die Augenringe wirken dunkler, Falten sind deutlicher zu sehen, und das Haar erscheint stumpf. Die richtigen Farben dagegen bringen die Augen zum Leuchten und lassen die Haut gesund, lebendig und frisch aussehen.

Sabine Vortisch, Modedesignerin und Farbberaterin aus Berlin, fasst die Farbberatung noch weiter. »Jedem Typ ist ein bestimmtes Lebensthema zugeordnet«, erklärt sie. Das Thema des Sommers beispielsweise ist Raum. Dazu gehören Freiheit und Weite, aber auch Zartheit und Empfindsamkeit. Zum Herbst dagegen gehören Mütterlichkeit, Erdverbundenheit, Natürlichkeit und Herzenswärme. Zum Winter Klarheit, Präzision, Selbstausdruck und natürliche Autorität, zum Frühling Lebensfreude, Lebendigkeit und Leichtigkeit. »Wer eine Farbberatung macht, will etwas über sich erfahren. Viele kommen, weil sie sich in einer Veränderungsphase befinden, zum Beispiel nach einer Trennung oder einem Berufswechsel«, sagt Vortisch. Das Alter ihrer Kunden liegt daher eher über dreißig. Auch Männer kommen zur Farbberatung. »Wenn die sich erst mal dazu entschlossen haben, sind sie meistens froh und dankbar, wenn jemand ihnen beisteht.«

Obwohl Vortisch ihre Farbberatung *ganzheitlich* nennt, gelten die Regeln nur bis zur Taille. »In verschiedenen Phasen seines Lebens trägt man verschiedene Farben. Daher kann man bei den Farben, die weit weg vom Gesicht sind, variieren«, sagt die Beraterin. Bei Hosen, Röcken und Schuhen könne man sich austoben, die Farben des Oberteils aber sollten immer dem Farbtyp entsprechen. »Und der bleibt ein Leben lang gleich«, so Vortisch.

Der Stil dagegen ändert sich. In der auf die Farbberatung aufbauenden Stilberatung werden Figur und Körperbau in die Typen sportlich, natürlich, romantisch, zart, klassisch und dramatisch unterteilt. Der Berater gibt Hinweise zu passenden Schnitten, Frisuren, Ausschnitten, Accessoires, Kragenformen, Rockformen und -längen. Romantische Typen beispielsweise sollten langweilige Schnitte meiden, dem sportlichen Typ stehen keine einfarbigen Kombinationen. Klassische Typen sollten kleine und feine Stoffmuster wählen, natürliche Typen Erdfarben bevorzugen.

Eine Legende der Farb- und Stilberatung ist die Amerikanerin Carole Jackson, die 1974 das Unternehmen *Colour Me Beautiful* gründete. Inzwischen arbeiten über 300 *CMB Image Consultants* im deutschsprachigen Raum. Das Büro für Deutschland und die Schweiz findet sich in Bremen. Weitere Informationen unter www.colormebeautiful.de.

Info-Box

Ausbildungen im Bereich Farb- und Stilberatung bieten an:

TypColor Akademie
Fahrgasse5
65549 Limburg
Tel.: (07 00) 89 72 65 67
Fax: (0 64 31) 21 94 96
www.farbberatung.de

Indigo
Schillerstr. 76
63263 Neu-Isenburg
Tel.: (0 61 02) 78 76 15
Fax: (0 61 02) 78 76 14
www.indigo-farbberatung.de

Beauty is Life
Neue-ABC-Straße 5–6
20354 Hamburg
Tel.: (0 40) 34 00 13
Fax: (0 40) 34 21 85

DS Colors
Breslauer Str. 19
50259 Pulheim
Tel.: (0 22 34) 83 84 9
Fax: (0 22 34) 80 12 30
www.dscolors.de

Bundesfachschule des Parfümerie-
Einzelhandels
An der Engelsburg 1
45657 Recklinghausen
Tel.: (0 23 61) 9 24 80
Fax: (0 23 61) 92 48 88

Berufsinteressen vertritt:

Interessenverband Deutscher Farb- und Stilberater
Wilhelm-Hauff-Str. 28
86161 Augsburg
Tel.: (08 21) 55 51 76
Fax: (08 21) 55 05 37
www.farbundstil-interessenverband.de

Literatur:

Johannes Itten, *Die Kunst der Farbe*, Leipzig 1998 (Erstauflage 1960).
Eva Heller, *Wie Farben wirken*, Reinbek 2002.
Carole Jackson, *Color me Beautiful*, New York 1987.

Fitnesstrainer

Früher reichte es aus, eine Fabriketage mit Fitnessgeräten auszustatten und eine Studentin an die Rezeption zu stellen, die Schrankschlüssel ausgibt, Fitnessdrinks mixt und Mitgliederverträge abschließt. Doch die fitnessbewussten Kunden sind deutlich anspruchsvoller geworden. »Heute kennen sich die Leute in gesundheitlichen Fragen viel besser aus. Die meisten haben Bücher und Fachzeitschriften gelesen. Und dann wollen sie ganz individuell beraten werden«, erklärt Andreas Reetz vom *Apollo Sports Club Berlin*. Frauen kommen fast immer mit dem Wunsch abzunehmen und die Problemzonen um Bauch, Oberschenkel und Po zu straffen. Männer dagegen träumen eher von einer Silhouette à la Schwarzenegger. Auch das Alter spielt eine Rolle: Ab Mitte dreißig treiben Gelenkprobleme, Rückenleiden und Bandscheibenvorfälle die Menschen ins Sportstudio. »Bei den Älteren geht es auch um Wohlbefinden und Anti-Aging. Die Gesundheit soll erhalten und das Altern gestoppt werden«, so Reetz.

Wer zum ersten Mal ein Fitnessstudio betritt, hat oft falsche Vorstellungen. »Mit ein bisschen Gerätetraining kann niemand zehn Kilo in zwei Wochen abnehmen. Selbst wenn das ginge, bringen solche Hauruckmethoden nur einen Jo-Jo-Effekt und großen Frust«, erklärt Reetz. Neukunden fragt er daher nach Trainingszielen, Problemzonen und eventuellen Krankheiten, prüft Blut- und Fettwerte, Beweglichkeit, Ausdauer und Muskulatur. Den Ergebnissen entsprechend wird ein Trainingsplan zusammengestellt und regelmäßig aktualisiert. Um das Training abwechslungsreich zu gestalten, sollte der Fitnesstrainer gut über neue Trends in der Branche Bescheid wissen. Dazu gehören das Lesen von Sport- und Fachmagazinen – auch amerikanischen – und der Besuch internationaler Sportmessen.

Das Angebot in den meisten Fitnessstudios ist groß: Herz-Kreislauf-Training, Kraft- und Ausdauertraining, Bodytoning, Rückenschule, Rehabilitationstraining, Ausbalancieren von Haltungsschwächen, Ernährungsberatung, Gewichtsaufbau oder -abbau, dazu Aufwärmübungen und Stretching. Die großen Clubs bieten neben Geräten und Aerobic auch Yogastunden, Trendsportarten wie Tae-Bo, Sauna und Massage an. Manche veranstalten außerdem Seminare, in denen Fragen zu Ernährung, Training und Verletzungsrisiken geklärt werden.

Neben der eigenen Begeisterung für das Fitnesstraining und dem fachlichen Wissen brauchen Fitnesstrainer eine vertrauenswürdige und glaubwürdige Ausstrahlung. »Wenn ich selbst eine Trantüte bin, kauft mir keiner meine Ratschläge ab«, so Reetz. »Ich bin hier Fitnesstrainer und Motivationsberater in einem.« Im Umgang mit dem Kunden müsse der Funke überspringen. Außerdem sollte man für die Arbeit im Studio Entertainerqualitäten mitbringen, aber auch ein offenes Ohr für die Sorgen der Kunden. »Was früher die Eckkneipe war, ist für viele heute das Fitnessstudio.«

Info-Box

Weiterqualifizierung im Bereich Fitness bieten an:

Deutscher Sportstudio Verband
Bremer Str. 201 b
21073 Hamburg
Tel.: (0 40) 7 66 24 00
Fax: (0 40) 7 65 12 23
www.dssv.de

Meridian Academy
Wandsbeker Zollstr. 87–89
22041 Hamburg
Tel.: (0 40) 65 89 12 05
Fax: (0 40) 6 58 92 12 04
www.meridian-academy.de

SAFS & BETA Deutschland
Bahnhofstr. 41
65185 Wiesbaden
Tel.: (06 11) 15 79 80
Fax: (06 11) 1 57 98 10
www.safs-beta.de

Deutsche Fitnesslehrer-Vereinigung
Stettiner Str. 4
34225 Baunatal
Tel.: (0 56 01) 80 55
Fax: (0 56 01) 80 50
www.dflv.de

Die beiden großen deutschen Messen zum Thema Fitness sind die FIBO in Essen (www.fibo.de) und die Bodylife in Karlsruhe (www.karlsruhe-messe-kongress.de).

Stillberaterin

Wie häufig lege ich meinen Säugling an die Brust? Wann beginnt man mit dem Zufüttern? Was ist zu tun bei wunden Brustwarzen oder

Milchstau? Wie kann Berufstätigkeit mit dem Stillen vereinbart werden? Solche und ähnliche Fragen beantworten Still- und Laktationsberater. In Düsseldorf beispielsweise baute Dorothee Gilles ein Informationsforum auf, an dem sich Mütter mit Babys untereinander austauschen können. Aber auch Schwangere, die vorab Informationen über das Stillen haben möchten, sind willkommen. Wenn es ernste und sehr persönliche Stillschwierigkeiten gibt, berät Gilles in Einzelgesprächen. Hier kann in aller Ruhe nach Gründen und Ursachen für die Probleme geforscht werden. Da sie als diplomierte Sozialarbeterin auch Erfahrung in der Familientherapie hat, bittet sie zuweilen den Partner, mit zur Beratung zu kommen. Denn in der Praxis zeigt sich, dass Probleme beim Stillen auch mit psychischen Schwierigkeiten des Mannes zusammenhängen können.

Gilles' Rat ist auch auf Entbindungsstationen und in Geburtshäusern gefragt. »Leider immer noch zu selten und oft sehr spät«, berichtet sie, »manchmal wird einfach zu lange rumgedoktert.« Ist die Mutter erst einmal verzweifelt, wird die Lösung des Problems noch schwieriger und langwieriger. Vor allem in Fällen, in denen die Stillsituation vorbereitet werden muss, weil die Frau halbseitig brustamputiert ist oder weil ein Baby nach der Geburt intensivmedizinisch betreut und das Stillen herausgezögert werden muss.

Die Stillberaterin zeigt verschiedene Stillpositionen, berät bei der Einrichtung einer Stillecke in der Wohnung und steht jungen Familien auch in anderen Bereichen des Lebens zur Seite. Schließlich ist die Versorgung des Säuglings in der Regel ein 24-Stunden-Job. »Gönnen Sie sich Ruhe, schlafen Sie, wenn das Baby schläft, vereinfachen Sie Ihre Haushaltsführung, nehmen Sie jede mögliche Hilfe in Anspruch«, rät das Ausbildungszentrum für Laktation und Stillen in Ottenstein. Eine gesunde Ernährung der Mutter mit ausreichender Eiweiß- und Kalziumzufuhr ist wichtig, allerdings reagieren Säuglinge manchmal empfindlich auf Kuhmilcheiweiß in der Ernährung der Mutter.

Die Zertifizierung Still- und Laktationsberaterin – kurz: LC – *Lactation Consultant* – erwirbt man über ein international standardisiertes Examen, das weltweit am selben Tag im Jahr abgelegt wird und von UNICEF und Weltgesundheitsorganisation anerkannt ist. Alle fünf Jahre müssen die Berater und Beraterinnen ihren Titel mit einer Prüfung rezertifizieren.

Um überhaupt für die Ausbildung zugelassen zu werden, braucht es einen »Vorberuf, an den man anknüpfen kann«, so Gilles. Medizinisches Wissen und therapeutische Erfahrung sind erwünscht. Dennoch kann man sich auch über Umwege qualifizieren. Gilles hat Humanwissenschaften studiert und jahrelang Eltern-Kind-Programme geleitet, was ihr den Zugang zur Ausbildung ermöglichte.

Info-Box

Ausbildungen zur Stillberaterin bieten an:

Ausbildungszentrum für
Laktation und Stillen
Kantor-Rose- Str. 9
31868 Ottenstein
Tel.: (0 52 86) 12 92
Fax: (0 52 86) 9 44 09
www.stillen.de

Berufsverband deutscher
Laktationsberaterinnen
Saarbrückener Str. 157
38116 Braunschweig
Tel.: (05 31) 2 50 69 90
Fax: (05 31) 2 50 69 91
www.bdl-stillen.de

Die Fachzeitschrift *Laktation und Stillen* gibt es über den *Verband Europäischer Laktationsberaterinnen*, zu finden unter: www.stillen.org

Weitere Beraterberufe im Bereich Sport, Gesundheit, Beauty

Personal Trainer

Natürlich kann man auch alleine joggen gehen und ein Kochbuch für gesunde Ernährung kaufen. Wer aber selbst nicht genug Disziplin mitbringt, kann einen Personal Trainer anheuern, der morgens früh an der Haustür klingelt und dafür sorgt, dass der Kunde konsequent auf gesteckte Ziele (schneller laufen, weiter laufen) hinarbeitet. Dazu beraten Personal Trainer bei der Gestaltung des individuellen Fitnessplans. Um gezielt auf die Bedürfnisse der Kunden einzugehen, braucht der Personal Trainer eine Bandbreite an sportlichen Erfahrungen: Laufen,

Walking, Schwimmen, Radfahren, Inlineskaten, Yoga, Hantel- und Gerätetraining. Kenntnisse in Physiologie und Anatomie helfen bei typischen Zivilisationskrankheiten, wie Wirbelsäulenschäden oder Herz-Kreislauf-Problemen. Auch Massage und Ernährungsberatung gehören zum Berufsbild. Viele Personal Trainer arbeiten selbstständig oder in Zusammenarbeit mit Fitnessstudios. Angestellte Trainer finden sich in Ferienclubs, wo sie ihre Kunden beim täglichen Training betreuen. Infos zur Ausbildung unter: www.safs-beta.de

Vergiftungsberater

Wer versehentlich Putzmittel, Essigsäure oder Lampenöl geschluckt hat, kann sich telefonisch an eine Giftnotrufzentrale wenden. Dort beraten Mediziner mit Zusatzqualifikation in Toxikologie rund um die Uhr, was im Fall einer Vergiftung – auch durch Pflanzen, Pilze, Drogen und Medikamente – zu tun ist, etwa, ob dem Vergifteten mit Hausmitteln zu helfen ist oder ob er zur Behandlung ins Krankenhaus muss. Darüber hinaus beraten die Vergiftungsexperten bei Anfragen von Krankenhäusern, Polizeidienststellen und Arztpraxen, zum Beispiel wenn nicht klar ist, ob ein bestimmtes Medikament während der Schwangerschaft eingenommen werden darf oder nicht. Giftnotrufzentren bieten Fort- und Weiterbildung an für die Mitarbeiter von Hilfsorganisationen, Krankenschwestern, Kinderkrankenschwestern, Hebammen, medizinisch technische Assistenten und Medizinstudenten. Mehr Informationen unter: www.giftnotruf.de

Einkaufsberater

Kleider machen Leute. Wer bei der Zusammenstellung der Garderobe unsicher ist, kann sich von einem Einkaufsberater unterstützen lassen, der entweder mit auf Shoppingtour geht oder ausgewählte Kleidungsstücke zu seinem Auftraggeber bringt. Auf Wunsch kann der Einkaufsberater auch die vorhandene Garderobe sichten, aussortieren oder Anregungen zu neuen Kombinationen geben. Ein Beispiel findet sich unter: www.einkaufsbegleitung.de

7.

Psycho-sozialer Bereich

Niemand kommt aus eigener Schuld in eine wirklich unglückliche Situation. Meistens jedenfalls sind psychische Krisen, Suchtprobleme oder Überschuldung Resultat einer ganzen Reihe von Ursachen. Denn richtig schwierig wird die Lage erst, wenn individuelle Schwächen auf ein Umfeld treffen, das Normabweichungen nicht auffängt, sondern sanktioniert.

Doch das ist nur die Hälfte der Geschichte. Der Ausdruck psycho-sozial zeigt bereits an: Die Schuld für akute Probleme liegt auch nicht ausschließlich beim verständnislosen Umfeld. Sonst müssten die Berater sich eher an das Umfeld wenden als an den Leidenden. Berater im psycho-sozialen Bereich aber arbeiten an der Schnittstelle zwischen menschlichen Schwächen und den Reaktionen der Umwelt.

Aufgabe der Berater ist es, gemeinsam mit dem Ratsuchenden die Situation zu klären, Verantwortlichkeiten zu trennen und Lösungsmöglichkeiten zu finden. Dabei ist der erste Kontakt oft der wichtigste Schritt. Wer sich an einen psycho-sozialen Berater wendet, zeigt: Ich habe verstanden, dass ich Hilfe brauche.

Der Einstieg in die psycho-soziale Beratung verläuft oft über ein Ehrenamt. Viele Stellen haben mit freiwilligen Helfern begonnen und wurden später durch staatliche Förderung oder private Spender finanziert. Über das Beratungsangebot hinaus bieten diese Stellen häufig angeleitete Therapie- und Gesprächsgruppen an oder vermitteln weiter an Therapeuten und Selbsthilfegruppen.

Suchtberater

»Saget nicht, dass ich verirrt bin! Bin ich doch, wo mir's behagt«, lässt Goethe im Faust einen namenlosen Betrunkenen sagen. »Lasst mich liegen, wo ich liege, denn ich mag nicht länger stehn.« Doch nicht alle, die dem Alkohol frönen, wollen liegen bleiben. Nach dem Teufelskreis aus Rausch und Kater behagt vielen Alkoholikern das ständige Trinken nicht mehr. Wer dann einen Ansprechpartner sucht, kann sich zum Beispiel an die Berliner *Starthilfe* wenden, die Alkoholkranken mit betreutem Wohnen und Unterstützung bei den ganz normalen Anforderungen des Alltags hilft. Auch Gruppenveranstaltungen wie gemeinsames Kochen, Spieleabende, Kino- und Theaterbesuche und Ausflüge mit dem vereinseigenen Kleinbus werden organisiert.

Die *Starthilfe* ist – wie andere Angebote im Bereich der Suchtberatung – als Oase für Leute mit großen Schwierigkeiten gedacht, als Ort zum Ausruhen. Anfang der 70er Jahre setzte sich (auch in der Psychiatrie) die Einsicht durch, dass es unsinnig und auch gar nicht machbar ist, alle Menschen mit seelischen Störungen und Erkrankungen in eine entsprechende Institution einzuweisen. Abstinenz ist nicht mit Zwang zu erreichen. Allerdings auch nicht mit der reinen Kostenübernahme im Notfall: »Unsere Arbeit ist nicht etwa eine Art betreutes Saufen«, sagt Torsten Friedmann, Leiter der *Starthilfe*. Der Sozialarbeiter und Suchttherapeut betreut zusammen mit zwölf Mitarbeitern etwa zwanzig feste Klienten, die meisten davon arbeitslos oder Rentner. »Wir helfen bei der Haushaltsführung und im Umgang mit Ämtern und Geld. Zusätzlich bieten wir Gesprächsmöglichkeiten unter vier Augen an«, so Friedmann. Ziel sei es dabei immer, zur Verbesserung der Lebensqualität des Betroffenen beizutragen.

Voraussetzung für eine Betreuung durch die Suchthilfe ist »zuallererst der eigene Antrieb, etwas an seinem Leben ändern zu wollen«, so Friedmann. Die Grundregeln der Betreuung lauten: Erstens, der Klient entscheidet selbst über seine Angelegenheiten. Zweitens, kein Alkohol während der Termine und Gruppenaktivitäten (»auch nicht im Gebüsch oder auf der Toilette«). Drittens, keine Gewalt oder betrunkenes Benehmen.

Was für manchen wie eine Selbstverständlichkeit klingt, ist für die

Betroffenen nicht leicht: Viele haben soziale Schwierigkeiten, leiden unter Vereinsamung und Depressionen. »Aber man muss den Leuten auch klarmachen, dass nicht nur die Ex-Frau schuld am Jobverlust ist«, so Friedmann. »Die müssen kapieren, dass Ziele wie neue Arbeit und Partnerschaft nicht mit dem Alkohol zusammenpassen.« Suchtberatung ist ein hartes Brot. Den Absprung schaffen laut Friedmann etwa fünfzehn Prozent der Klienten. »Aber fast alle sind zufrieden mit unserer Betreuung, die sich stets nach den individuellen Bedürfnissen richtet.« Nach Friedmann werden Probleme immer subjektiv empfunden. »Ich muss akzeptieren, wenn jemand pro Tag einen Teller Suppe, ein Brötchen und sonst nur Bier braucht.« In Gesprächen findet er heraus, was den Klienten konkret an seiner Situation belastet. Nur wenn der Alkoholiker selbst den Zustand der Wohnung als unerträglich empfindet, wird eine Grundreinigung organisiert.

Vor der Sozialarbeit war Friedmann Matrose. »Für den Job ist es gut, wenn man in ganz verschiedenen Bereichen Erfahrungen gesammelt hat. Das macht offen für andere Ansichten.« Eine liberale und tolerante Grundeinstellung sieht er denn auch als wichtigste Voraussetzung für den Job. Da Suchtberater auch eine Vorbildfunktion haben, ist es sinnvoll, nicht selbst zur Sucht zu neigen. »Auf der anderen Seite sollte man auf keinen Fall zu hohe Ansprüche an sich und andere stellen. Missionare sind in der Suchtberatung fehl am Platz.«

Wer in der Suchtberatung arbeitet, darf kein Ordnungsfanatiker sein. »Planungsschwierigkeiten sind in dem Job die Norm, nicht nur wegen der Unzuverlässigkeit der Klienten, sondern manchmal auch wegen der Mühlen der Bürokratie«, sagt Friedmann. Trotz aller Schwierigkeiten habe man als Suchtberater immer wieder das Gefühl, etwas bewegen zu können.

Die *Starthilfe* bietet in anderen Teams zusätzlich betreutes Wohnen für geistig Behinderte und Jugendliche mit sozialen oder psychischen Problemen an. Andere Suchtberatungen wenden sich an Nikotin-, Medikamenten- und Drogensüchtige, bei manchen geht es auch um nicht-stoffgebundene Suchtformen, wie Ess- oder Glücksspielsucht.

Info-Box

Berliner Starthilfe
Greifenhagener Str. 61
10437 Berlin
Tel.: (0 30) 44 65 14 60
Fax: (0 30) 44 65 14 62
www.berlinerstarthilfe.de

Als koordinierende Stelle für alle Suchthilfeinstitutionen versteht sich:

Deutsche Hauptstelle gegen die Suchtgefahren
Westring 2
59065 Hamm
Tel.: (0 23 81) 90 15 0
Fax: (0 23 81) 90 15 30
www.dhs.de

Fortbildungen in der Suchtberatung gibt es beim:

Fachverband Sucht
Walramstr. 3
53175 Bonn
Tel.: (02 28) 26 15 55
Fax: (02 28) 21 58 85
www.sucht.de

Fachzeitschrift:

Sucht

Schuldnerberater

Manche bleiben gelassen, auch wenn sie unter lauter unbezahlten Rechnungen, Mahnungen und Vollstreckungsbescheiden den Schreibtisch nicht mehr ausmachen können, und die Wohnung so gut wie gekündigt ist. Andere werden bereits panisch, wenn sie ihren Dispokredit mit ein paar hundert Euro überzogen haben. Dabei entstehen neben den normalen Lebenshaltungskosten bei vielen auch Kosten aus Versicherungen, Verträgen, Krediten, privaten Verpflichtungen oder Strafzahlungen. Oft ist es schwierig, den Überblick zu behalten und alle Forderungen – begründet oder nicht – pünktlich und regelmäßig zu bedienen. Manche verdienen auch schlicht nicht genug, um allen Verpflichtungen nachzukommen.

Bei drückenden finanziellen Problemen kann man sich an Wohlfahrtsverbände wie die *Caritas*, das *Rote Kreuz* oder die *Arbeiterwohlfahrt* wenden und eine Schuldner- und Insolvenzberatung einschalten. Dort arbeiten Sozialpädagogen, Kaufleute und Juristen. Das erste Ziel der Beratung ist nicht unbedingt die Entschuldung. Aufgabe des Schuldnerberaters ist zunächst, dem Schuldner aus der akuten Existenzangst herauszuhelfen und den Druck zu verringern. »Auf absehbare Zeit ist in vielen Fällen gar nicht mehr drin«, erklärt Sabine Schmitt von der Hamburger Schuldnerberatung der Caritas.

Schuldnerberater zeigen Wege auf, wie die Betroffenen mit den Schulden leben und umgehen können. »Erst mal muss man den Klienten davon abbringen, immer neue Versicherungen und Verträge abzuschließen«, so Schmitt. Danach kommen mittelfristige Finanzplanung und Abzahlungsmodelle oder das Verbraucherinsolvenzverfahren.

Hintergründe von Überschuldung gibt es viele: unseriöse Geschäfte, vererbte Schulden, verlorene Rechtsstreite, Alkohol- und Drogensucht, überdimensionierte Anschaffungen, aber auch Zahlungsausfälle, wenn die Auftraggeber oder Kunden des Schuldners ihre Rechnungen nicht begleichen. »Manche unserer Klienten waren selbstständig, andere sind mit Partnern zusammen, die das Geld durchbringen«, erzählt Schmitt und gibt ein Beispiel: »Eine Frau war jahrelang mit einem Typ verheiratet, der 26 Handyverträge hatte. Und sie hatte eine Bürgschaft für ihn unterschrieben.« Besonders junge Leute hätten oft überhaupt kein Verhältnis zu materiellen Werten, sie bekämen nicht vorgelebt, für Konsum zu arbeiten und adäquat mit Geld umzugehen. »Manchmal ist der Grund auch schlicht Langeweile. Sie haben nichts zu tun, und bestellen dann aus dem Versandhauskatalog«, erzählt Schmitt.

Schuldnerberater vermitteln auch in Streitigkeiten zwischen Schuldnern und Gläubigern. Sie ergreifen in Krisensituationen Partei für den Schuldner gegenüber Vermietern, Versorgungswerken, Banken, Schufa und Inkassofirmen. Da Schuldnerberater häufig mit sehr problematischen Lebenslagen konfrontiert sind, in denen nur wenig Aussicht auf Besserung besteht, werden die Berater durch Supervisoren begleitet. Die Ausbildung für Schuldnerberater umfasst Themen wie Grundlagen des Mahn-, Vollstreckungs- und Verbraucherinsolvenzverfahrens, Schuldner- und Pfändungsschutz, Krisenintervention, Sanierungsmodelle und Umschuldungsfonds sowie Möglichkeiten der Haftvermeidung.

Info-Box

Fortbildung im Bereich Schuldnerberatung bietet die:

Bundesarbeitsgemeinschaft Schuldnerberatung
Wilhelmstr. 11
34117 Kassel
Tel.: (05 61) 77 10 93
Fax: (05 61) 71 11 26
www.bag-schuldnerberatung.de

Fachzeitschrift:

BAG-SB Informationen

Streetworker

Ganz offiziell gibt es keine obdachlosen Jugendlichen. Minderjährige haben – laut Gesetz – ihre Adresse bei den Eltern. Doch wer von zu Hause fortgelaufen ist, hat in der Regel ganz andere Sorgen. Meistens liegen schwere familiäre Krisen vor, viele davon haben mit Vernachlässigung, Gewalttätigkeit oder Missbrauch zu tun. So steckt der Jugendliche in einer Zwangssituation aus Abgrenzung und gleichzeitigem Verlust sozialer Bezüge. Zwischen 1 500 und 2 500 Minderjährige leben in Deutschland auf der Straße, manche für ein paar Wochen, andere dauerhaft. Unter den Straßenkindern sind etwa gleich viele Jungen wie Mädchen, sie leben überwiegend unauffällig, stammen aus allen Gesellschaftsschichten.[19]

Die meisten obdachlosen Jugendlichen zieht es früher oder später nach Berlin. Daher liegt in der Hauptstadt ein Schwerpunkt der Straßenarbeit mit Kindern. Meinolf Rohling, studierter Sozialpädagoge und eingesetzt vom Jugendamt Berlin-Pankow, berät und begleitet junge Menschen bis siebenundzwanzig Jahre in psycho-sozialen Krisen- und Ausnahmesituationen. »Das sind überwiegend Ausreißer. Aber manchmal geht es auch um einen Teenager, der nicht mehr zur Schule kommt, weil sich niemand sonst um seine kranke Mutter kümmert«, erklärt Rohling. Solche Jugendliche brauchten vor allem einen Ansprechpartner, jemand, dem sie vertrauen.

Notstände zu beheben ist das Grundmotiv der Sozialarbeit, auch mit Jugendlichen. Dabei befassen sich die Streetworker nicht nur mit Einzelfällen, sondern entwickeln auch am Bedarf orientierte Modellprojekte, suchen Wege, die Arbeit der verschiedenen Hilfs- und Beratungseinrichtungen besser zu koordinieren. Denn die Betreuung von Jugendlichen erfolgt im Team. »Einer hilft bei der Wohnungssuche, einer macht Berufsberatung, ein anderer bietet unter Umständen Suchthilfe. Wichtig ist, dass die Sozialarbeiter sich untereinander verständigen und an einem Strang ziehen«, sagt Rohling.

Ein Streetworker in der Jugendhilfe muss sich auch mit Paragraphen beschäftigen, um nicht mit dem Kinder- und Jugendhilfegesetz in Konflikt zu geraten. Rohling hat außerdem einen Lehrauftrag an der Fachhochschule und schreibt für Fachzeitschriften. Einen großen Teil seiner Arbeit machen Verwaltungstätigkeiten aus. »Aber wenn ich vormittags mit drei Jugendlichen über ihre Probleme gesprochen habe, bin ich ganz froh zur Abwechslung mal Bürokram zu machen.«

Für die Arbeit mit Jugendlichen in Krisensituationen sind Akzeptanz, Stresstoleranz und eine sachliche Sichtweise gefragt. »Und vielleicht das, was man Bürgernähe nennt. Nichts Menschliches darf einem fremd sein«, sagt Rohling. Er versteht sich als Moderator, der Lösungsmöglichkeiten aufzeigt und Kontakte vermittelt. Zeitliche Flexibilität ist gefragt, denn Beratungstermine richten sich nach den Schulzeiten der Jugendlichen und den Arbeitszeiten der Erziehungsberechtigten.

Übersteigertes Sendungsbewusstsein dagegen oder die Vorstellung, dem Elend der Welt ein Ende bereiten zu können, sind fehl am Platz. »Man muss Spaß haben an den Inhalten. Aber wenn ich mich für Gartenbau oder Meteorologie entschieden hätte, würde ich genauso engagiert arbeiten«, so Rohling.

Oft begleiten die Streetworker junge Menschen über Jahre hinweg. Jemanden auf den rechten Pfad zurückzubringen kann dabei sehr motivierend sein. »Es ist ein tolles Gefühl, wenn ich jemanden wiedersehe, der den Absprung geschafft hat. Vor Jahren wusste man nicht, ob der was zu essen braucht oder erst mal duschen muss. Und heute hat er fertig studiert.«

Info-Box

Überregionale Straßensozialarbeit speziell für Jugendliche (unabhängig von Heimat- oder Aufenthaltsort) bietet:

Off-Road-Kids
Eisenbahnstr. 1
78073 Bad Dürrheim
Tel.: (0 77 26) 9 11 88
Fax: (0 77 26) 9 11 84
www.offroadkids.de
(mit Stellenangeboten)

Fachzeitschrift:

Kind Jugend Gesellschaft

Mediator

Wenn zwei sich streiten, freut sich der Dritte. Oder die beiden Kampfhähne schalten einen Mediator ein, um sich zu einigen. Seine Aufgabe ist es dann, als neutraler Vermittler eine für beide Seiten faire Lösung herbeizuführen.

Mediation ist eine Form der Verhandlungsmoderation, angewendet in Familienkonflikten und Rechtsstreiten, bei denen eine außergerichtliche Lösung den Beteiligten viel Geld, Zeit und Nerven spart. Auch in Unternehmen werden Mediatoren von außen eingeladen, wenn eine Abteilung zerstritten ist, ein Team nicht funktioniert, zwei Firmengründer sich trennen wollen oder einfach das interne Klima vergiftet ist. »Konflikte sind wie Geschwüre, die sich im Unternehmen ausbreiten«, erklärt Monika Oboth vom Berliner *Institut für Streitkultur.* »Mitarbeiter entwickeln darüber psychosomatische Störungen und Kündigungsfantasien. Manchmal werden ganze Arbeitsbereiche lahm gelegt.«

In der Mediation lernen die Kontrahenten, sich auf eine andere, neue Art mit ihren Mitmenschen zu verständigen. Dazu werden am Anfang der Verhandlung Vereinbarungen für das Mediationsverfahren getroffen. Danach besteht die Aufgabe der Mediatoren hauptsächlich darin, die Verhandlungen zu strukturieren und zu moderieren. In strikter Unparteilichkeit hören sie sich die Anliegen der Beteiligten an. »Dabei kommt immer wieder heraus, dass die Konflikte von unterschwelligen Bedürfnissen geprägt sind, die die Beteiligten aber nicht formulieren – entweder weil sie es nicht können oder weil sie sich nicht trauen«, erklärt Oboth.

Dem Mediator muss es gelingen, ein Klima zu schaffen, in dem die Bedürfnisse offen ausgesprochen werden können. »Wenn das klappt, wirken die Leute oft wie befreit. Und dann können sie auch kreative Lösungen für den Konflikt entwickeln«, so Oboth. Es sei wichtig, dass die Parteien selbst eine Lösung aushandeln. »Nur wenn beide Seiten das Gefühl haben, trotz einiger Zugeständnisse als Gewinner aus der Situation hervorgegangen zu sein, kann der Frieden dauerhaft halten.« Natürlich werden alle Ergebnisse der Mediation schriftlich festgehalten.

Oboth hat Kulturanthropologie studiert und dort den unterschiedlichen Umgang mit Konflikten in verschiedenen Gesellschaften untersucht, zum Beispiel Generationskonflikte, Mann-Frau-Konflikte oder soziale Konflikte. Daher bietet sie neben der Mediation im Unternehmen auch interkulturelle Mediation an und coacht Mitarbeiter und Führungskräfte international fusionierender Konzerne.

Als Mediator muss man zuhören können, ohne in eigenen Reaktionsschemata gefangen zu sein, so Oboth. Man sollte lernen, keine Angst vor Problemen zu haben und selbstbewusst mit ihnen umzugehen. Zusätzlich müsse man in der Lage sein, den Klienten gegenüber eine gesunde Mischung aus Mitgefühl und Distanz zu entwickeln.

In der Familienmediation dagegen geht es oft um Trennungsfragen. Hier wird Vermittlung auch von Rechtsanwälten angeboten, zum Beispiel von Gisela Lindemann-Hinz, die sich mit ihrer Berliner Kanzlei auf Familienrecht spezialisiert hat. Bei der Beschäftigung mit Scheidungen, Unterhaltsfragen und Sorgerecht stellte sie fest, dass die juristische Seite immer nur einen kleinen Teil der eigentlichen Scheidung ausmacht. Viele ihrer Kunden stritten sich während des Scheidungsverfahrens so sehr und wuschen so viel schmutzige Wäsche, dass sie nicht selten am Ende mit schweren psychosomatischen Krankheiten dastanden. Opfer sind dann nicht nur Mann und Frau, sondern vor allem die Kinder.»Menschen, die sich scheiden lassen, müssen begreifen, dass mit der Scheidung das Zusammenkommen noch lange nicht beendet ist, jedenfalls wenn Kinder im Spiel sind«, so die Anwältin. Wer sie um Hilfe bittet, um seinen ehemaligen Partner möglichst unter der Gürtellinie zu erwischen, erhält eine klare Absage. Ein kurzfristiger Erfolg gegen andere ist nicht ihr Metier.

Die beste Scheidung, so Lindemann-Hinz, ist die, nach der die Eltern sich auch noch als Eltern begegnen und miteinander reden können. Sie sieht die Auflösung einer Ehe nicht in erster Linie als rechtliches Problem. »Wenn man die psychische Komponente einer Scheidung lösen kann, dann kann man auch die juristische lösen«, versichert sie. »Dazu muss man hinter die Fassade des Klienten gucken können. Ich interessiere mich für andere Menschen, ich höre zu, aber ich hinterfrage die Dinge auch.« Für ihre Schwerpunkte und Interessen hat Lindemann-Hinz ihren Verein gefunden: den 1991 gegründeten *Verein Humane Trennung und Scheidung*, der in Berlin-Brandenburg etwas über 500 Mitglieder hat.

Trennungsmediation bietet auch die interdisziplinäre Arbeitsgemeinschaft *Zusammenwirken im Familienkonflikt* in Berlin. Hauke Decker ist dort Mediatorin und Ausbilderin.»Bei meinen Kunden ist die Kommunikation total ineffektiv geworden. Ich schalte mich dazwischen und kappe das Aufeinander-bezogen-Sein der Paare«, so Decker. Sie leitet die Beteiligten an, sich zunächst einmal nur für sich selbst zu äußern. Dabei gibt es oft einen dominierenden und einen angepassten Partner, die sich trotzdem immer noch als *Wir* verstehen. »Das funktioniert aber nicht mehr in der Trennungssituation. Deshalb steht die Suche nach den eigenen Wünschen im Vordergrund.«

In der Mediation arbeiten die Konfliktparteien auch an ihrem Selbstverständnis. Erst wenn sie gelernt haben, die eigenen Wünsche auch dem Partner gegenüber zu vertreten, ist eine sinnvolle Verhandlung über Lösungsmodelle möglich. Deshalb steht der Mediatorin immer auch ein Jurist zur Seite, da die Verhandlungsergebnisse mit geltendem Recht übereinstimmen müssen. Mediation ist kein therapeutisches Verfahren. Im Durchschnitt dauert eine Familien-Mediation fünf bis acht Sitzungen, die sich manchmal über ein Jahr hinziehen, weil verschiedene Modelle ausprobiert werden. Ziel ist es, dass durch die Begleitung eines Mediators eine neue Form der Kommunikation entsteht, mit der zukünftige Konflikte allein bewältigt werden können. »Mediation zielt auf Verhaltensänderung, also darauf, das eingefahrene Muster der Beziehung aufzubrechen«, erläutert Decker.

Die Rolle des Mediators liegt zwischen den Streitenden. Voraussetzung für den Job ist, »diese Rolle auch attraktiv zu finden. Der Mediator muss die verschiedenen Sichtweisen der Beteiligten begreifen können«, so Decker. Dagegen warnt sie ausdrücklich vor einem Helfersyndrom. Man dürfe nicht aus eigener Angst vor Konflikten in die Konfliktberatung gehen. Vielmehr sollten zukünftige Mediatoren verstanden haben, dass Konflikte ein ganz normaler Teil des Lebens sind. Eigene Lebenserfahrung mit einigen schweren, aber gelösten Konflikten ist hilfreich.

Info-Box

Institut für Streitkultur
Rheinstr. 32–33
12161 Berlin
Tel.: (0 30) 79 70 54 05
Fax: (0 30) 79 70 54 25
www.streitkultur.de

Zusammenwirken im Familienkonflikt
Mehringdamm 50
10961 Berlin
Tel.: (0 30) 8 61 01 95
Fax: (0 30) 8 73 48 30
www.zif-online.de

Verein Humane Trennung
und Scheidung
Schneppenhorstweg 5
13627 Berlin
Tel.: (0 30) 3 82 70 52
Fax: (0 30) 3 81 50 22
www.vhts.de

Berufsinteressen vertritt:

Bundesverband Mediation
Kirchweg 80
34119 Kassel
Tel.: (05 61) 7 39 64 13
Fax: (05 61) 7 39 64 12
www.bmev.de

Die FernUni Hagen bietet einen Studiengang Mediation an. Infos unter:
www.fernuni-hagen.de. Eine berufsbegleitende Ausbildung bietet die
Bundesarbeitsgemeinschaft für Familienmediation an, Infos unter:
www.bafm-mediation.de.
    Die Fachzeitschriften *mediations-report* und *Zeitschrift für Konflikt-
management* gibt es unter: www.centrale-fuer-mediation.de

Literatur:

Jutta Hohmann/Doris Morawe, *Praxis der Familienmediation*, Köln
    2001.

Mobbingberater

»Ach, Sie machen Mobbingberatung. Haben Sie denn da einen
Tipp?« Diesen ironischen Kommentar hört Petra Zastrow, Beraterin
bei Arbeitskonflikten und Geschäftsführerin der *Jaza-Arbeitsbera-
tung* in Berlin häufiger. Aber sie lacht mit, denn ihr ist natürlich klar,
dass es eigentlich Gemobbte-Beratung heißen müsste. Schließlich geht
es um die Betroffenen: Leute, die sich an ihrem Arbeitsplatz ungerecht
behandelt fühlen und den Eindruck haben, man wolle sie rauskeln.
Manchmal ist es der Chef, der regelmäßig unangemessene Arbeiten
zuteilt und den Respekt im Umgang verloren hat. Manchmal sind es
die Kollegen, die Informationen vorenthalten oder einen Mitarbeiter
in der Kaffeepause ausgrenzen. Zastrow schildert den Fall einer jungen Frau, die mitten im Winter in einen ungeheizten Container ver-
setzt wurde, weil angeblich in den Büroräumen kein Platz mehr für sie
war.

Zastrow vermeidet den Ausdruck *Betroffene.* Sie nennt ihre Klienten lieber Beteiligte – niemals Opfer – und das macht sie ihnen schon im telefonischen Erstgespräch klar. »Viele Anrufer halten mich für eine Art Sozialpolizei, die in die Firma kommt und den Chef und die Kollegen in ihre Schranken weist«, sagt Zastrow. Sie sieht den Konflikt aber als Chance für den Betroffenen, selbst etwas zu lernen und zu begreifen. Sie stützt und begleitet ihre Klienten durch den Veränderungsprozess, trainiert Stressbewältigung und erarbeitet Kommunikations- und Abgrenzungsstrategien. »Das bedeutet auch Arbeit an sich selbst, was einige abschreckt.«

Zastrow sieht sich keineswegs als Rächerin der Armen und Unterdrückten. Auch das Beratungshonorar hat schon so manchen verwirrt. »Die werden richtig fuchsig am Telefon, so nach dem Motto ›Wie? Ich soll bezahlen, wo doch ich gemobbt werde‹«, so Zastrow. Ihr Motto lautet: *Mit den Klienten an den Klienten arbeiten.* Manche sähen nur den Splitter im Auge der anderen und übersehen den eigenen Balken. Die Beratung dagegen öffnet den Blick. »Bei mir wird nicht in Schuldige und Nicht-Schuldige unterteilt, und es werden auch keine Kriegserklärungen verfasst«, so Zastrow. Um die Kommunikation im Unternehmen zu fördern, organisiert sie Seminare, zu denen Führungskräfte und Betriebsräte eingeladen werden.

Zastrow ist gelernte Bürokauffrau. »Daher weiß ich, was es heißt sich selbst herauszufordern und immer wieder neue Schritte zu gehen.« Jahrelang hat sie sich berufsbegleitend fortgebildet, von EDV bis NLP. Zu guter Letzt hat sie sich ein Aufbaustudium erkämpft, ohne Akademikerin zu sein. »Das Wichtigste für meine Arbeit heute ist das Interesse am Menschen: Wie ist er aufgebaut, und wie funktioniert er? Darüber habe ich alles, was es zu lesen gab, verschlungen.«

Umfragen ergeben, dass sich etwa jeder fünfte Arbeitnehmer schon einmal als Mobbingopfer gefühlt hat. Fast dreißig Prozent davon geben Arbeitsausfälle von über sieben Tagen an. Mobbingopfer klagen über Nervosität und Gereiztheit, Depressionen und Schlafstörungen.[20] Mobbingberatung gibt es auch bei den Gewerkschaften.

Info-Box

JAZA Arbeitsberatung
Blankenburgstr. 4
12161 Berlin
Tel.: (0 30) 85 96 56 55
Fax: (0 30) 85 96 56 57

Literatur:

Heinz Leymann, *Mobbing*, Reinbek 2002.
Axel Esser, Martin Wolmerath, *Mobbing. Der Ratgeber für Betroffene und ihre Interessenvertretung*, Frankfurt/M. 2001.
Ihno Schild, Andreas Heeren, *Mobbing – Konflikteskalation am Arbeitsplatz*, Mering 2002.

Eheberater

Die falsch ausgedrückte Zahnpastatube als Grund für Mordfantasien mag ein überzeichnetes Detail sein. Doch sie illustriert treffend die Unfähigkeit vieler Menschen, sich den Konflikten mit anderen konstruktiv zu stellen. Wo Menschen auf engem Raum zusammenleben, entstehen Interessenskonflikte, Missverständnisse, Verletzungen und Aggressionen. Da macht die Ehe keine Ausnahme, eher im Gegenteil.

Seit 1990 kramt Elisabeth Böhlke im Auftrag der *Evangelischen Eheberatungsstelle* Berlin-Pankow in Beziehungskisten und findet unterdrückte Wünsche, nicht erfüllte Ansprüche und lang zurückliegende Verletzungen. Von manchem hört auch der Partner zum ersten Mal. »Das kann schmerzen wie ein Schlag ins Gesicht, wenn er oder sie zum Beispiel erfährt, dass der Partner mit dem Sexualleben nicht zufrieden ist«, sagt Böhlke. Sie betreut durchschnittlich acht Paare, die sie regelmäßig trifft. Mit ihren Klienten spricht sie über Probleme, die aus Kommunikationsschwierigkeiten und mangelnder Konfliktfähigkeit entstehen. Auslöser für Krisen können auch unterschiedliche Lebens- und Familienplanungen sein.

Für die Eheberatung genügt es nicht, sein Gegenüber routinemäßig auszufragen. »Ich interessiere mich für die Lebensgeschichte und die Unterschiedlichkeit der Leute«, sagt Böhlke. Das erfordert die Fähigkeit, sehr genau zuhören zu können und sich in jedem Fall neutral auf die Situation einzulassen. »Aber ich muss merken, wenn mich jemand an der Nase rumführen will, wenn einer nicht aufrichtig ist oder etwas Wichtiges verschweigt.« Das können ehemalige Berufswünsche, Träume von gemeinsamen Reisen oder die Enttäuschung über die Genügsamkeit und Passivität des anderen sein. Um den Motiven der Beteiligten auf die Spur zu kommen, muss der Eheberater in der Lage sein, eine offene Atmosphäre zu schaffen, nachzuhaken und zu wissen, wann man am besten den Mund hält.

In Böhlkes Beratung kommen ganz unterschiedliche Menschen, denn Probleme in der Ehe gibt es in allen Gesellschaftsschichten – vom Bauarbeiter bis zum Universitätsprofessor. »Ich muss mich nicht nur sprachlich auf die unterschiedlichen Leute einlassen, sondern auch emotional und intellektuell.« Das habe viel damit zu tun, wie sehr die Einzelnen gewohnt sind, über ihre Emotionen zu sprechen. »Erzieher beispielsweise tun sich da leicht, Leute, die den ganzen Tag im Labor stehen, eher schwer.«

In einem Vorgespräch lernen Partner und Eheberaterin sich kennen, testen, ob die Chemie stimmt und ob man sich mit Respekt begegnen kann. Danach wird die Vorgehensweise geklärt, wie oft man sich trifft, wie lange die Treffen dauern, aber auch, welche Regeln die Teilnehmer einhalten sollten. »Ein einmal geklärtes Thema wie beispielsweise ein lang zurückliegender Seitensprung darf nicht immer wieder auf den Tisch gebracht werden«, sagt Böhlke. Oft müssen die Klienten in der Eheberatung neu lernen, überhaupt in einen gleichberechtigten Dialog miteinander einzutreten. »Bei manchen ist fast jede Silbe mit einer negativen Note besetzt. Da müssen wir erst einmal neue Wörter finden.«

Die Eheberaterin arbeitet auch mit Rollenspielen, bei denen die Partner lernen, andere Perspektiven einzunehmen. »Ganz oft können die Paare dann verstehen, wieso ein bestimmtes Verhalten für den anderen immer wieder verletzend ist.« Dabei sieht sich Böhlke nicht als Ratgeberin. »Ich doziere nicht, sondern halte den Leuten einen Spiegel vor und begleite sie.« Es geht auch darum, beiden Partnern wieder die individuelle Verantwortung für die Situation klarzumachen. »Ansonsten halte ich mich raus. Die müssen ja zu Hause auch ohne mich auskommen.«

Wer zum Eheberater geht, möchte meistens die Beziehung retten und weiter zusammenleben. »Aber es gibt auch Fälle, in denen man sich so entzweit hat, dass ich eine Trennung für besser halte und das auch sage«, so Böhlke. Als Grundlage für die Eheberatung eignet sich ein pädagogischer, psychologischer oder seelsorgerischer Hintergrund. Außerdem sollte man sich dafür einsetzen wollen, auch vertrackte Situationen in den Griff zu bekommen. Sind beide Seiten erst einmal davon überzeugt, dass die Partnerschaft sich lohnt, ist man auch eher bereit, über die falsch ausgedrückte Zahnpastatube hinwegzusehen.

Info-Box

Weiterbildungsmöglichkeiten in der Eheberatung bieten an:

Deutsche Arbeitsgemeinschaft für
Jugend- und Eheberatung
Neumarkter Str. 84c
81673 München
Tel.: (089) 43 61 09 1
Fax: (089) 43 11 26 6
www.dajeb.de

Pro Familia
Stresemannallee 3
60596 Frankfurt
Tel.: (0 69) 63 90 02
Fax: (0 69) 63 98 52
www.profamilia.de

Bestatter

Wenn ein Mensch gestorben ist, gerät das Leben der Angehörigen oft aus den Fugen. Einen lieben Menschen zu bestatten, bedeutet sehr viel mehr, als nur eine Leiche unter die Erde zu bringen. Aufgabe des Bestatters ist es, die Angehörigen zu begleiten und ihnen einen würdevollen Abschied zu ermöglichen.

Viele Bestattungsunternehmen sind Familienbetriebe. Nicht so *Die Barke, Bestattung und Begleitung in Frauenhänden* aus dem badenwürttembergischen Huttlingen. »Ich habe mich freiwillig und ganz bewusst für den Beruf entschieden, nicht aufgrund einer Betriebsnachfolge«, sagt Ajana Holz, ehemalige Kauffrau und Bibliotheksassistentin und Mitinhaberin von *Die Barke*. Durch Todesfälle in der eigenen Familie begann sie früh, sich mit dem Thema auseinander zu setzen. Ursprünglich wollte Holz Hebamme werden. »Heute verstehe ich mich als Übergangsbegleiterin auf der anderen Seite.«

Bis in die 60er Jahre hinein war eine Hausaufbahrung üblich, heutzutage ist sie eher die Ausnahme. Dabei müssen laut Bestattungsgesetz lediglich die Fristen beachtet werden: Innerhalb von 36 Stunden nach dem Tod muss ein Verstorbener in eine Friedhofshalle gebracht werden, und 96 Stunden nach dem Tod muss die Bestattung durchgeführt werden – Ausnahmen gelten für Wochenenden und bei Überführungen zum Beispiel aus dem Ausland. Bis dahin aber gibt es Zeit, die die Angehörigen mit dem Verstorbenen verbringen können, die bei herkömmlichen Bestattungsunternehmen in der Regel nicht genutzt wird. Viele Bestatter machen sich gar nicht erst die Mühe, diese Möglichkeit mit den Angehörigen näher zu besprechen.

Für die Hinterbliebenen bietet diese Zeit die Chance, den Abschied selbst zu gestalten und so besser mit der Situation fertig zu werden. Holz hilft dabei, sich über verschiedene Dinge klar zu werden: Möchte man den Toten noch einmal sehen, Zwiesprache mit ihm halten, ihn vielleicht sogar selbst für die Bestattung betten? Eine intensive Auseinandersetzung mit dem Tod kann helfen, alle Facetten der Gefühle zuzulassen, die in so einer Situation aufkommen: Trauer, Schmerz, aber auch Erinnerungen, Verstehen und Loslassen. Als Angehörige gelten dabei nicht nur Verwandte, sondern alle, die sich dem Toten verbunden fühlen.

Beim ersten Anruf vereinbaren die Bestatterinnen von *Die Barke* einen Termin für ein ausführliches Telefongespräch mit den Angehörigen und schicken gleichzeitig einen Erstkontaktfragebogen zu. Darin werden alle Daten des Verstorbenen erfasst: Alter, Größe, Gewicht, Zustand nach Krankheit, Verletzungen, außerdem Wohn- und Sterbeort. Danach erstellen die Bestatterinnen ein detailliertes Angebot für die Arbeit vor Ort. »Wir sind ein mobiles Unternehmen und fahren mit unserem roten Bestattungswagen an jeden Ort in Deutschland«, berichtet Holz. Die Bestatterinnen von *Die Barke* bleiben, solange die Angehörigen es möchten.

Zum Angebot von *Die Barke* gehören Aufbahrungen – zu Hause, im Krankenhaus oder auf dem Friedhof –, Behördengänge, Absprachen mit Kirchen und Friedhofsverwaltungen, die Organisation der Trauerfeier, das Engagieren eines Trauerredners, Aufträge für Todesanzeigen sowie Karten- und Blumenbestellungen. Oft geben die Bestatterinnen den Angehörigen auch Anregungen für die Gestaltung der Trauerfeier. Manche wünschen sich, dass ein bestimmtes Gedicht oder Lied vorgetragen, ein gemeinsames Erlebnis erzählt wird. Andere möchten den Trauersaal mit Bildern, Fotos und Erinnerungsstücken schmücken. Aufgabe der Bestatterinnen ist es, immer dafür zu sorgen, dass alles so abläuft, wie es die Angehörigen wünschen.

Zu Beginn der Beratung können sich viele nicht vorstellen, noch Zeit mit dem Toten zu verbringen. Doch im Gespräch mit der Bestatterin merken sie, wie wichtig es ist, sich die Zeit für den Abschied zu nehmen. »Das Schöne an dem Beruf ist, dass die Angehörigen sehr dankbar für unsere Hilfe sind. Die Rückmeldung kommt in einer so emotionalen Situation deutlich und ganz schnell«, sagt Holz. Während der Begleitung wird den Angehörigen oft klar, was im eigenen Leben wesentlich ist.

Die wichtigste Voraussetzung für den Beruf des Bestatters ist es, die menschliche Nähe und die Nähe zum Tod nicht zu scheuen. Wer mehr aus dem Beruf machen möchte als heute üblich, kann alte Traditionen wieder aufnehmen oder in anderen Kulturen nach Bestattungsritualen suchen.

Info-Box

Die Barke
Dorfstr. 10
73460 Huttlingen
Tel.: (0 73 61) 7 97 33
Fax: (0 73 61) 76 06 91
www.die-barke.de

Es gibt mehrere Verbände, die Fortbildungen für Bestatter anbieten, darunter:

Verband dienstleistender
Thanatologen
Coerdestr. 44
48147 Münster
Tel.: (02 51) 9 27 84 33
Fax: (02 51) 2 50 45
www.thanatologen.de

Bundesverband deutscher Bestatter
Volmerswerther Str. 79
40221 Düsseldorf
Tel.: (02 11) 1 60 08 10
Fax: (02 11) 1 60 08 50
www.bestatter.de

Eine Ausbildung zum Trauerberater gibt es bei:

Wiesbadener Akademie für Psychotherapie
Langgasse 38–40
65183 Wiesbaden
Tel.: (06 11) 37 37 07
Fax: (06 11) 3 99 90
www.wiap.de

Messieberater

Andrea Balzer hat bereits mit Messies gearbeitet, als den Begriff hierzulande noch niemand kannte. Damals finanzierte sie ihr Architekturstudium damit, Umzüge und Renovierungsarbeiten für andere durchzuführen. »Manchmal bin ich in Wohnungen gekommen, da dachte ich: ›Wie sieht's denn hier aus?‹«, erzählt sie. Eine ihrer Klientinnen hatte solche Angst vor dem Wohnungswechsel, dass Balzer sie kurzerhand in Urlaub schickte. Dann rückte sie mit Kleintransporter, leeren Kartons, großen Tüten, Werkzeugkasten, Bohrmaschine, Regalbrettern und leeren Aktenordnern an. »Als sie dann ihre neu eingeräumte Wohnung sah, war klar, dass ich ihr eine neue Welt aufgebaut hatte.« Damals kam Balzer zum ersten Mal die Idee, andere professionell beim Aufräumen oder Entrümpeln zu unterstützen. »Und zwar auch im übertragenen Sinn: Wenn sie wieder Ordnung in ihr Leben bringen wollen.«

Heutzutage sind Messies durch Reportagen und Berichte in den Medien ein öffentlich diskutiertes Thema. Jeder hat im Fernsehen die Bilder von bis unter die Decke voll gestopften Zimmern gesehen. Doch die meisten Messies verstecken sich nach wie vor. Sie lassen niemanden in ihre Wohnung, Freunde und Bekannte ebenso wenig wie Handwerker oder Postboten. Sie versinken hinter verschlossenen Türen im Chaos. Manche Wohnungen sind so vermüllt, dass sie nicht mehr durch die Tür, sondern nur noch durch ein Oberlicht zu betreten sind. Schätzungsweise zwei Drittel der Betroffenen leiden unter einem Aufmerksamkeitsdefizit – *attention disorder syndrom* –, einem weiteren Drittel fehlt schlicht das Verständnis für das System Wohnen. Manche können sich aus Sentimentalität nicht von Dingen trennen, die zum Beispiel einem verstorbenen Menschen gehörten.

Messies halten sich oft für unfähig, ein ganz normales – ordentliches – Leben zu führen und schämen sich dafür entsetzlich. Im Gegensatz zu Drogenabhängigen denken sie, dass sie auf der ganzen Welt die Einzigen sind, die mit diesem sonderbaren Problem zu kämpfen haben. Diskretion ist daher oberstes Gebot für die Arbeit der Messieberater. Balzer muss sich mit ihrem *Service rund ums Wohnen* zunächst das Vertrauen ihrer Klienten erarbeiten, um deren Ängste und Hemmungen abzubauen. Trotzdem versteht sie sich mehr als Dienstleisterin denn als Seelsorgerin. »Mein Opa war Architekt, der andere Opa Pastor und meine Mutter Hauswirtschaftslehrerin. Ich bin in gewisser Weise ein Extrakt aus allem«, so die Gummersbacherin.

Aus der Unfähigkeit, Ordnung ins persönliche Umfeld zu bringen, können sich massive soziale Probleme ergeben. Für den Betroffenen – der nach außen hin unauffällig lebt – wird es schwierig, den Teufelskreis aus Unordnung, Scham, Lügen und Isolation zu durchbrechen. Inzwischen sind in der Bundesrepublik rund 50 Selbsthilfegruppen unter einem Dachverband entstanden. Die Zahl der Betroffenen wird auf knapp zwei Millionen geschätzt.[21] Anfangs hat Balzer auf den regelmäßigen Kongressen der Anonymen Messies für ihr Beratungsangebot geworben, inzwischen bekommt sie ihr Klientel über Mundpropaganda und Empfehlungen von Therapeuten und sozialen Diensten.

Oft sind es Glücks- oder Unglücksfälle, die den Anstoß geben, die Hilfe eines Messieberaters zu suchen: der eigene runde Geburtstag, eine neue Partnerschaft, die Glückwünsche des Frauenarztes zum baldigen Familienzuwachs oder aber ein Wasserrohrbruch, die Ankündigung des Vermieters, die Wohnung besichtigen zu wollen, ein nicht mehr auffindbares Sparbuch, das gebrochene Bein, mit dem man sich nicht mehr durch die eigene Wohnung kämpfen kann. Grundlage für eine erfolgreiche Beratung sind dabei die Einsicht, Hilfe zu benötigen und der Wille zur Veränderung. Erst dann können sich Durchhaltevermögen und Selbstdisziplin ausreichend entwickeln.

Neben der Beratung hat die Arbeit der Messieberater auch eine praktische Seite: In Chaoswohnungen müssen Ordnung und Lebensqualität geschaffen werden. »Sortieren, entmüllen, gestalten – das sind unsere Tätigkeiten vor Ort«, erzählt Balzer. Dabei vertraut die Beraterin ihrer jahrelangen Erfahrung mit Messies: Wenn die einzelnen Wohnbereiche erst einmal definiert und strukturiert sind, dann hilft das auch, einen klaren Kopf zu bekommen und sich in allen Lebensbereichen besser zu organisieren. Balzer nennt sich daher auch *Ansprechpartnerin für Menschen mit Wohnproblemen*. Manche sind schon nach eingehender Beratung mit Skizzen und Plänen in der Lage, das Chaos selbst in den Griff zu bekommen.

Balzers professionelle Aufräumhilfe arbeitet mit Rechtsanwälten, Buchhaltern, Handwerkern und Putzfrauen zusammen. Wenn nötig besorgt sie einen nervenstarken Steuerberater für die längst fällige Steuererklärung oder einen Installateur, der den bereits jahrelang defekten Wasserboiler oder die Toilettenspülung repariert. Balzer weiß außerdem, welche Entsorger welchen Müll abnehmen und welche rumänischen Kinderheime sich über Geschirr, Kleidung, Bettwäsche und Spielzeug freuen. Auch nach dem Aufräumen ist die Messieberaterin rund um die Uhr für ihre Klienten erreichbar.

Info-Box

Rund ums Wohnen
Schwarzenberger Str. 46
51647 Gummersbach
Tel.: (0 22 61) 91 29 74
Fax: (0 22 61) 91 29 75
www.messies.de

Informationen zur Arbeit mit Messies bietet:

Förderverein zur Erforschung des Messie-Syndroms
Tegerstr. 15
32825 Blomberg
Tel. (0 52 36) 88 87 95
Fax: (0 52 36) 88 87 96
www.femmessies.de

Viele Informationen, Kontakte, Hinweise und Empfehlungen finden
sich unter: www.messies-selbsthilfe.de.

Literatur:

Die profilierteste Autorin zum Thema ist die Amerikanerin Sandra Fel-
ton. Sie schrieb unter anderem:

Endlich weg mit dem Ballast. Wege aus dem Messie-Chaos, Moers
2000 und *Im Chaos bin ich Königin. Überlebenstraining im Alltag*,
Moers 2000.
Peter Dettmering, Renate Pastenaci, *Das Vermüllungssyndrom. Theorie
und Praxis*, Eschborn 2002.

Weitere Beraterberufe im psycho-sozialen Bereich

Väterberater

Väterberatung wendet sich keineswegs nur an Familienväter, wer-
dende Väter, Scheidungsväter, Stiefväter, allein erziehende Väter, Wo-
chenendväter und überforderte Väter. Angesprochen werden alle, die
mit Vätern zu tun haben, also auch Mütter, die für ihre Kinder den
Kontakt zu Ex-Ehemännern wieder herstellen oder alte Konflikte endlich beilegen wollen. Ebenso Frauen, deren Kinder beim Vater leben
oder Kinder, Jugendliche und auch Erwachsene, die ihren Vater überhaupt erst kennen lernen oder den Kontakt zu ihm nach langer Zeit
wieder aufnehmen möchten. Themen der Väterberatung sind anste-

hende Scheidungen, langjährige Trennungen vom Kind, Kontaktabbruch oder -wiederaufnahme, Umgangsregelungen, gerichtliche und gesetzliche Fragen, Probleme mit Verwaltung und Ämtern. Weitere Informationen unter: www.kind-vater.de

Verkehrspsychologischer Berater

Für massive Verstöße gegen die Straßenverkehrsordnung gibt es Punkte in Flensburg. Wer 18 davon erreicht hat oder wiederholt mit Alkohol am Steuer erwischt wird, ist seinen Führerschein los und muss zur medizinisch-psychologischen Untersuchung, auch bekannt als Idiotentest. In der Vorbereitung stehen verkehrspsychologische Berater den Prüfungsanwärtern zur Seite. Diese erklären aber nicht nur das Testverfahren, sondern weisen den Verkehrssünder darauf hin, dass der Grund für das Fehlverhalten nicht in den zu engen und kleinlichen Verkehrsregeln besteht oder in der Unfähigkeit der anderen Verkehrsteilnehmer. Bei den Beratern handelt es sich in der Regel um Psychologen oder Pädagogen mit Zusatzausbildung. Die Berater sollten unabhängig von den Trägern der Untersuchungsstellen für Fahreignung arbeiten. Der Bundesverband Niedergelassener Verkehrspsychologen findet sich im Internet unter: www.bnv.de

Männerberater

Wenn Frauen nicht mehr klarkommen, suchen sie Unterstützung: ein Fachbuch, ein Seminar, eine Selbsthilfegruppe oder ein Therapeut. Männer dagegen bilden sich oft genug ein, alles alleine lösen zu können. Erst wenn die Situation unerträglich geworden ist, suchen sie möglicherweise einen Berater auf. Zum Beispiel einen Männerberater. Der ist – in der Regel, aber nicht zwingend – selbst männlich. Hier geht es um Schwierigkeiten im Umgang mit der eigenen Identität, den eigenen Gefühlen oder dem Körper, um Fragen zu Partner- oder Vaterschaft, um die Folgen sexuellen Missbrauchs oder um den Umgang mit Trennungssituationen. Dabei zeigt der Berater unterschiedliche Wege auf, wie man sich selbst besser kennen lernen, eigene Verhaltensmuster durchschauen und ändern sowie Beziehungen neu gestalten kann. Im sozial-therapeutischen Coaching werden die Männer durch Krisensituationen begleitet. Es gibt Orientierungs-, Trainings- und Therapiegruppen zum Beispiel im Zusammenhang mit Familienkonflikten. Auch Einzelgespräche oder anonyme Beratung am Telefon werden angeboten. Männerberater informieren außerdem über Männerthemen in Politik und Gesellschaft und bieten Seminare an für Leute, die professionell mit (männlichen) Menschen arbeiten, zum Beispiel als Vorgesetzter, Lehrer, Therapeut, Seelsorger oder Berater. Ein prominentes Beispiel findet sich unter: www.mannege.de. In Göttingen gibt es ein Institut für Männerbildung und Persönlichkeitsentwicklung, im Internet zu finden unter: www.gim-goettingen.de

Opferberater

Wer Opfer eines Verbrechens wird, für den verändert sich häufig das ganze Leben. Opferberatungsstellen haben sich daher zur Aufgabe gemacht, die Opfer mit Ohnmachtsgefühlen, Wut und Scham nicht allein zu lassen. Manchmal sind die Berater der erste Ansprechpartner noch vor Polizei und Arzt. Sie hören zu und beraten gegebenenfalls, ob die Polizei eingeschaltet werden soll oder ob das Opfer ins Krankenhaus muss. Oberstes Prinzip der Beratung ist es, die Betroffenen zu ermutigen, möglichst jeden Schritt selbstständig zu gehen. Damit soll dem Ohnmachtgefühl entgegengewirkt werden. Auch im Fall eines Gerichtsprozesses begleiten die Opferberater ihre Klienten. Viele Opferberatungsstellen finanzieren sich durch Gelder aus der Justizverwaltung, durch Spenden, Mitgliedsbeiträge, Bußgelder und Nachlässe. Adressen und Weiterbildungsangebote finden sich unter: www.opferhilfe-hamburg.de. Infos auch unter: www.weisser-ring.de

8.

Sonstiges

Der zuständige Beamte steht zum ersten Mal im Arbeitszimmer des Opfers: Kommissar Berger, untersetzt, rotgesichtig, blond mit beginnender Glatze. Als Motiv für den Mord kommt vieles infrage: Neid, Hass, Liebe, Eifersucht, Macht, Geld. Das Opfer war, was man wohl ein renommiertes und respektables Mitglied der Gesellschaft nennt: Offiziell geachtet und geliebt, erfolgreich und bekannt, hinter die Fassade schaute keiner. Das ist jetzt Aufgabe von Kommissar Berger.

Doch wo anfangen? Der Beamte zwirbelt die Schnurrbartenden und lässt den Blick von der Tür aus durch den Raum schweifen. Das Zimmer ist von peinlicher Ordnung. Geradeaus gewährt eine Glasfront Blick auf die gegenüberliegenden Bürogebäude, rechts davon ist die Wand weiß geblieben, geschmückt von der schwarz gerahmten Luftaufnahme einer Treppe. Italien, vielleicht.

Mitten im Raum steht der Schreibtisch: Auf der gläsernen Platte liegen drei Stifte und ein Lineal in perfekter Parallele zur Schreibunterlage, Computer und Drucker säuberlich unter Plastik verpackt. Darunter ein Schubladenschrank. Berger durchquert mit drei Schritten den Raum und lässt sich auf dem ledernen Drehstuhl nieder. Die Rollen haben feste Plätze, sitzen in drei tiefen Kuhlen im Teppichboden.

Berger zumindest braucht ein Weiterkommen. Es eilt, wer immer der Täter ist, die Zeit arbeitet für ihn. Der Beamte überfliegt die Aufschriften der Schubladen: Rechnungen, Kundenkartei, Pressekontakte, Internes. Vier sauber gedruckte Aufschriften. Die fünfte Schublade ohne. Zu deren Griff wandert Bergers Hand, er öffnet sie, blickt hinein und die Züge unter dem blonden Schnurrbart entspannen sich ein wenig. Was er sieht: Unordnung. Was er denkt: Kategorie Sonstiges – Fundgrube für Extravaganzen und Besonderes.

Art-Consultant

Art-Consultants beraten Unternehmen beim Aufbau firmeneigener Artotheken. Sie beschäftigen sich mit Geschichte und Kultur des Auftraggebers und finden Bilder, Fotografien oder Skulpturen, die dazu passen oder die einen Grundsatz des Unternehmens reflektieren. Dabei geht es meistens nicht um Einzelanschaffungen, sondern darum, ein Konzept für den Umgang mit Kunst zu entwickeln. Im Rahmen der Öffentlichkeitsarbeit werden diese Aktivitäten nach außen kommuniziert, zum Beispiel durch öffentliche Ausstellungen, Nachwuchswettbewerbe oder Sponsoring-Aktivitäten. Auch repräsentative Rechtsanwaltskanzleien oder Wirtschaftsprüfungsgesellschaften stellen Kunst in ihren Räumen aus. Wenn Kunstwerke für einen speziellen Ort im Unternehmen angefertigt werden, arbeitet der Art-Consultant eng mit dem beauftragten Künstler zusammen. Außerdem beraten Art-Consultants bei der Organisation von Ausstellungen und kulturellen Events. Literaturtipps:

Günter Silberer, *Kommunikaion mit Kunst im Unternehmen*, Frankfurt/M. 2000.
Brigitte Lehmann-Fiala, *Corporate Art und marktorientierte Unternehmensführung*, München 2000.

Astrologe

Man kann dran glauben oder nicht. Fest steht, dass die Astrologie vielen die Möglichkeit bietet, sich und ihr Leben zu reflektieren. Wer dazu ein Gegenüber braucht, kann sich an einen Astrologen oder eine Astrologin wenden. Mitbringen muss man nur den genauen Zeitpunkt und Ort der Geburt. Meistens geht es bei einer astrologischen

Sitzung um die klassischen Themen wie Liebe, Beruf, Geld und Gesundheit. Manche Klienten kommen auch mit ganz speziellen Vorstellungen und Fragen. Andere haben selbst astrologisches Vorwissen. Neben vielen Ausbildungen für Astrologen gibt es auch Zusatzqualifikationen, zum Beispiel in Meditation, Focussing, Maltherapie, Astrodrama und Gesprächsführung. Als zentrale Koordinationsssstelle empfindet sich der *Deutsche Astrologenverband*, im Internet unter: www.dav-astrologie.de:

Feng-Shui-Berater

Feng-Shui ist die asiatische Lehre vom Leben im Einklang mit der Umgebung. Demnach strömt die Lebensenergie Chi durch Wohnungen, Häuser und Büros – für den Menschen günstig oder ungünstig. In Asien werden Feng-Shui-Berater auch bei der Standortwahl und dem Bau von Büros und Geschäften konsultiert. Die richtige Gestaltung der Räume soll Disharmonien und Blockaden auflösen und so zu Gesundheit und Wohlstand verhelfen. Eine Feng-Shui-Beratung beinhaltet eine Grundrissanalyse, astrologische Betrachtungen über den Bewohner und eine mehrstündige Begehung der Wohnung. Ein deutscher Berufsverband findet sich unter: www.fengshui-verband.de

Gartenberater

Wer ein paar Topfpflanzen im Gartencenter kauft und dann ohne Plan im eigenen Garten drauflos pflanzt, muss sich nicht wundern, wenn das Ergebnis bescheiden ausfällt. Deswegen holen sich viele Hobbygärtner Rat vom Profi. Die Gartenberater sind meist ausgebildete Gärtner oder Landschaftsarchitekten. Nach einem ausführlichen Gespräch mit dem Kunden entwerfen sie einen Bepflanzungsplan, führen die Verhandlung mit den Gärtnereien und helfen bei der Beschaffung exotischer Pflanzen. Manche geben an der Volkshochschule Kurse, um Gartenbesitzern die vielseitigen Gestaltungsmöglichkeiten zu vermitteln. Vorgestellt werden Bepflanzungen mit Gehölzen und Stauden für den Stein-, Sumpf- und Wassergarten inklusive Informationen zu Bodenansprüchen, Bewässerung und biologischer Schädlingsbekämpfung. In einer Diashow werden Nutzpflanzen, insektenfressende und sich bewegende Gewächse vorgeführt. Gartenberater helfen auch bei außergewöhnlichen Projekten, wie Kleingewächshäuser, Frühbeetkästen, Hydrokultur, Apothekergarten und bei Advents- und Weihnachtsbinderei. Viele Infos finden sich im Fachmagazin *Mein schöner Garten*, im Internet: www.mein-schoener-garten.de

Politikberater

In den USA und in Brüssel ist die Politikberatung ein großes Geschäft, in der Bundesrepublik dagegen steckt sie noch in den Kinderschuhen. Politische Consultants unterstützen einzelne Politiker, Parteien und Regierungen in Strategie- und Wahlkampffragen, aber auch im Umgang mit den Medien. Manche werden von Konzernen, Lobbys, großen Organisationen oder NGOs angeheuert. Politikberater arbeiten auf Landes-, Bundes- und Europaebene. Sie bereiten Themen auf, beispielsweise *Menschenrechte*, *Energiepolitik*, *Agrarsubventionen* oder *Islamismus*. Sie recherchieren, planen und organisieren Konferenzen, formulieren Anträge, Thesenpapiere und Vorträge. Für ihre Kunden arbeiten sie als Umfrageexperten, Medientrainer und Krisenmanager. Politikberater finden sich auch bei den Politischen Stiftungen wie *Konrad-Adenauer-Stiftung*, *Friedrich-Ebert-Stiftung* und *Stiftung Wissenschaft und Politik*. In den USA sind etwa 7000 dieser Consultants tätig.[22] Der amerikanische Berufsverband *American Association of Political Consultants* findet sich im Internet unter: www.theaapc.org

Finanzberater

Mit seinem Bestseller *Der Weg zur finanziellen Freiheit* machte der Autor und Geld-Trainer Bodo Schäfer das Thema Persönliches Finanzmanagement in der Bundesrepublik bekannt. Wenn es um Bausparen, Vorsorge, Versicherungen, Aktien, Fonds und andere finanzielle Fragen geht, bieten die Finanzberater der Banken und Sparkassen Informationen für den Verbraucher. Allerdings sind diese dem hauseigenen Angebot verpflichtet. Freie Berater dagegen bieten unabhängigen Rat. Eine Ausbildung zum Finanzplaner gibt es bei der *Europäischen Akademie für Finanzplanung* (www.eafp.com) und der European Business School (www.ebs.de). Die IHK bietet Ausbildungen zum *Fachwirt für Finanzberatung* und zum *Fachberater für Finanzdienstleistungen* (www.ihk.de).

Rentenberater

Jeder zweite Rentenbescheid, der auf dem Schreibtisch eines Rentenberaters landet, weist nach Aussage des Bundesverbands der Rentenberater Fehler auf. Wer sich damit abfindet, verschenkt oft bares Geld. Die Ursache dafür liegt nicht allein bei den staatlichen Versicherungsträgern. Oft melden die Antragsteller oder die Arbeitgeber die Versicherungsnachweise nicht oder nur unvollständig. Unterlagen über Militärdienst, Kriegsgefangenschaft, Vertreibung, Schwangerschaft und Arbeitslosigkeit fehlen und können somit nicht als Ersatz- oder Anrechnungszeit mit einbezogen werden. Besser also, man wendet sich an einen unabhängigen Rentenberater, der – am besten frühzeitig – die Rente berechnet und bei allen Fragen rund um Krankenversicherung, Unfallversicherung, Pflegeversicherung, Zusatzversorgung sowie zur betrieblichen Altersversorgung berät. Um als Rentenberater tätig zu werden, benötigt man eine Erlaubnis nach dem Rechtsberatungsgesetz. Den Antrag stellt man beim zuständigen Amts- oder Landgericht. Der Berufsverband der Rentenberater findet sich unter: www.rentenberater.de.

Fundraiser

Fundraiser sind Spendenexperten, die wissen, wie man für kulturelle und soziale Projekte Gelder von Privathaushalten und Unternehmen bekommt. Sie arbeiten entweder in gemeinnützigen Vereinen oder großen NGOs oder sie bieten als freiberufliche Berater ihr Wissen und ihre Kontakte als Dienstleistung an. Fundraisingberater organisieren auch Benefizveranstaltungen und helfen kleineren Institutionen bei Anträgen an die etwa 6 000 deutschen Stiftungen. Da das Fundraising in der Bundesrepublik eine verhältnismäßig neue Disziplin ist, bleibt vieles dem persönlichen Know-how des Fundraisers überlassen. Besonders gute Argumente erfordert es beispielsweise, Unternehmen um Spenden anzugehen, wenn es sich nicht um bekannte, mit Prominenten geschmückte Hilfsorganisationen handelt. Um sicherzustellen, dass mit Spenden professionell umgegangen wird, haben der deutsche Fundraisingverband, das Gemeinschaftswerk der Evangelischen Publizistik und der deutsche Spendenrat eine *Fundraising-Akademie* gegründet, an der Interessierte eine Ausbildung absolvieren können. Infos im Internet unter: www.sozialmarketing.de

Expeditionsberater

Die US-Amerikanerin Ann Bancroft und die Norwegerin Liv Arnesen durchquerten im Winter 2000/2001 als erste Frauen die Antarktis auf Skiern. Doch die beiden Polarforscherinnen verstehen sich nicht nur als Extremsportlerinnen. Auf ihrem 90-tägigen Marsch über 1700 Meilen setzten sie das Internet und ein Satelliten-Telefon ein, um mit mehr als drei Millionen Schülern und Schülerinnen auf der ganzen Welt Kontakt zu halten und diese dazu zu ermutigen, ihre eigenen Träume zu verwirklichen. Außerdem beraten die beiden ehemaligen Lehrerinnen mit ihrem internationalen Programm *Partners in Exploration* andere, wie Expeditionen geplant, promotet und finanziert werden können. Ein Team aus 14 Experten bietet Unterstützung bei der medialen Aufbereitung und Internetpräsentation. Priorität gilt dabei den Vorhaben von Frauen. Infos unter: www.yourexpedition.com

Teil III
Workshop

Egal was passiert: lass uns Profis sein.

Anonymus

Mir imponieren nur die Ratschläge, die der Ratgebende
selbst beherzigt.

Rosa Luxemburg, Politikerin

Ich würde alles noch einmal so machen, wie ich es getan habe.
Bis auf eine Ausnahme: Ich würde früher bessere Berater suchen.

Aristoteles Onassis, griechischer Reeder

9.

Workshop zur Individuellen Berufsfindung

Im vorangegangenen Teil des Buches haben Sie gesehen, wie andere vor Ihnen ihr Beratungstalent zum Beruf gemacht haben. Unternehmens-, Gesundheits-, Zeitmanagement-, Stil- und Bewegungsberater: die Möglichkeiten, sein Talent als Coach und seine kommunikativen Fähigkeiten auf dem Arbeitsmarkt einzusetzen, sind fast unbegrenzt.

Genau diese Vielfalt aber ist es, die einige zur Verzweiflung bringt. Wer alles machen kann, macht manchmal gar nichts. So wie Buridans Esel, der verhungert, weil er sich zwischen zwei großen Heubündeln nicht entscheiden kann. Damit es Ihnen bei der Berufsfindung nicht ähnlich ergeht, zeigen wir jetzt, wie Sie aus all den Möglichkeiten das Richtige für sich auswählen.

Die folgenden zehn Schritte sind die Grundlage der *Individuellen Berufsfindung*. Wer es ausführlicher möchte und sich viele Anregungen und Beispiele wünscht, findet sie in der Berufsfindungsfibel *Der Job, der zu mir passt*.[23]

Die Grundfragen der *Individuellen Berufsfindung* lauten:

1. Was kann ich? (Fähigkeiten)
2. Was will ich? (Motivationen)
3. Wo gibt es Tätigkeiten, in denen ich meine Fähigkeiten und Motivationen gewinnbringend einsetzen kann?

Auch wenn die meisten Beratertypen lieber reden als schreiben, sollten Sie die folgenden Schritte unbedingt schriftlich bearbeiten. Legen Sie einen Berufsfindungsblock oder einen Ordner an. Dort erarbeiten Sie eine Übersicht, die Ihnen hilft, ein Tätigkeitsgebiet zu entwickeln.

Begleiten wird Sie dabei das Beispiel des Beratungstalents Michael, der seine Stärke zum Beruf gemacht hat.

Schritt 1: Was kann ich?

Auch Kommunikations- und Beratertalente tun sich oft schwer damit, ihre eigenen Stärken und Fähigkeiten anderen zu vermitteln. Und schlimmer noch: Viele fühlen sich selbst unsicher, was das eigene Potenzial angeht. Deshalb stellen wir die Frage nach persönlichen Fähigkeiten hier einmal anhand *konkreter* Situationen Ihrer Biografie.

Und das geht so: Nehmen Sie Ihren Berufsfindungsblock zur Hand, und schreiben Sie einige Situationen der letzten Monate und Jahre auf, in denen Sie stolz auf sich waren. Situationen, in denen Sie sich selbst auf die Schulter geklopft haben und dachten: »Das habe ich wirklich gut gemacht.«

Nun schauen Sie sich diese Situationen einmal genauer an. Analysieren Sie: Welche Fähigkeiten habe ich damals eingesetzt? Ohne welche meiner Stärken hätte das Ganze nicht funktioniert?

Unser Beispiel: Michael war stolz auf sich, als er einige Freunde davon überzeugt hatte, mit auf eine Demonstration zu kommen. Er hatte damals jedem einen persönlichen Brief geschrieben und später so manche Nacht durchdiskutiert. Einige dieser Briefe, findet er, sind besonders gut gelungen. Während der Demonstration hatte es verschiedene heikle Situationen gegeben, in denen er Streitigkeiten schlichten musste, worauf er ebenfalls stolz war. Danach hatte er einen kleinen Kommentar in der Lokalzeitung veröffentlicht und darauf ein Dutzend Leserbriefe erhalten. Er ist außerdem stolz darauf, dass seine Freunde und Freundinnen ihn oft um Rat fragen, sei es in persönlichen oder in beruflichen Angelegenheiten. Auf Reisen ist es ihm in Diskussionen oft und gut gelungen, Vorurteile gegen Deutsche abzumildern.

Michaels Stärken-Liste:

- Überzeugungskraft
- gutes mündliches wie schriftliches Ausdrucksvermögen

- Selbstbewusstsein
- gutes Standing im Freundeskreis
- Konfliktmanagement
- gute interkulturelle Kommunikationsfähigkeit
- soziales Engagement
- politisches Bewusstsein
- vertrauenerweckendes Auftreten
- Fähigkeit, zwischen verschiedenen Interessengruppen zu vermitteln
- zwischenmenschliches Verständnis
- diplomatisches Geschick

Schritt 2: Was will ich?

Die Antwort auf die Frage *Was will ich?* fällt den meisten noch schwerer als die Angabe der eigenen Fähigkeiten. Daher untersuchen wir hier noch einmal Ihre Biografie. Diesmal geht es um Situationen, in denen Sie hochmotiviert waren. Schreiben Sie auf, wann Sie schon einmal über sich selbst hinausgewachsen sind. Wann haben Sie unglaubliche Energie entwickelt und hatten das Gefühl, die Welt auf den Kopf stellen zu können? Es gibt sie nämlich, allen Unkenrufen zum Trotz: die Tage, an denen Sie wirbeln und an denen es Ihnen ganz leicht fällt, etwas zu tun.

Nun analysieren Sie wieder: Was genau hat Ihre Energiereserven in diesen Momenten mobilisiert? War es entscheidend, dass die Situation etwas mit einem bestimmten Thema (Kunst, Gesundheit, Sport) zu tun hatte? Oder dass Sie anderen in einem schwierigen Augenblick zur Seite stehen konnten? Was genau hat Sie angetrieben? Fertigen Sie eine zweite Liste mit Ihren Motivationen an.

Unser Beispiel: Michael hatte besonders viel Energie in der Zeit, als er ein Studienjahr in Frankreich verbrachte. Dort war er in einer international zusammengesetzten Studentengruppe zum Thema Europa sehr aktiv, organisierte und moderierte beispielsweise eine Podiumsdiskussion zum Thema *Europäische Atomkraft und europäische Energiepolitik*. Besonders die thematische Vorbereitung und die wissenschaftliche Arbeit gefielen ihm. Später wurde er von seinen Kommilitonen immer wieder zu Fragen aus diesem Bereich konsultiert. Erstaunliche Energie legte er auch an den Tag, um während seines Aufenthalts mit internationalen Nachrichten versorgt zu sein. Zudem gilt Michael als ein richtiges Sportass und entwickelt besonders viel Energie beim Langstreckentraining. Michaels Motivationsliste:

- im Ausland leben, andere Länder kennen lernen
- Kommunikation mit Leuten aus unterschiedlichen Kulturkreisen
- internationale Politik betreiben
- die Entwicklung der Europäischen Union beobachten und analysieren
- zusammen mit anderen Themen erarbeiten
- wissenschaftlich arbeiten
- in einer Diskussion den eigenen Standpunkt vertreten
- sich mit den Standpunkten anderer auseinander setzen
- Ausdauersport

Schritt 3: Was ich tun würde, wenn ich nicht scheitern könnte

Nach der Analyse Ihrer Fähigkeiten und Motivationen geben wir Ihnen noch drei Fragen mit auf den Weg. Auch diese dienen als Wegweiser auf der Suche nach einem beruflichen Feld, das Sie wirklich motiviert und zu Höchstleistungen anstachelt.

1. Von dem amerikanischen Berufsberater Richard Bolles stammt die folgende besonders kurze Form der Berufsfindung: Von allen Leuten, die Sie kennen, wessen Job hätten Sie am liebsten? Denken Sie dabei an Menschen, die Sie schon einmal im Fernsehen gesehen oder von denen Sie gehört oder in der Zeitung gelesen haben. Notieren Sie einen oder mehrere Namen (Alfred Biolek, Madonna, Joschka Fischer). Michaels Wahl: Auslandskorrespondent Gerd Ruge; Barbara Lochbihler, Generalsekretärin von Amnesty International, Deutschland).
2. Viele Berufssuchende haben in ihrem Leben schon einmal Vorstellungen von einem erstrebenswerten Beruf gehabt, die sie dann ir-

gendwann aufgrund äußerer Umstände aufgaben. Wenn es einen solchen Berufswunsch bei Ihnen gab (Schauspielerin, Fußballtrainer, Grundschullehrerin) – bitte notieren. (Bei Michael: Entwicklungshelfer, Greenpeace-Aktivist, Prediger)

3. Eine der klassischen Berufsfindungsfragen lautet: Was würden Sie tun, wenn Sie *nicht* scheitern könnten? Stellen Sie sich vor, eines Tages erscheint die Berufsfee:»Du hast jetzt einen Berufswunsch frei.« Was wünschen Sie sich? (ein Reisemagazin moderieren, Motivationstrainer sein, die erste grüne Bundeskanzlerin werden). Michaels Wahl: als Diplomat ins Ausland gehen, Schriftsteller sein.

Zwischenergebnis: Die Anatomie Ihres Traumberufs

Aus den bisherigen Ergebnissen Ihres Workshops erstellen Sie nun ein Schaubild (siehe Schaubild Seite 196). Zur Erinnerung: Sie suchen nach einem Tätigkeitsgebiet, auf dem Sie Ihre Interessen und Fähigkeiten sinnvoll und gewinnbringend einsetzen können.

Fertigen Sie zu diesem Zweck Konzentrate aus den Listen mit Ihren wichtigsten Fähigkeiten und Motivationen, und übertragen Sie diese in Ihr Schaubild. Wählen Sie von allen bisher notierten Situationen diejenigen Punkte Ihrer Biografie aus, die Ihnen am meisten bedeuten. Tragen Sie auch weitere Details Ihres Traumberufs zusammen: Möchten Sie einen Beruf, in dem Sie viel draußen sind oder in dem Sie nicht so früh aufstehen müssen? Oder lieber einen, den Sie von zu Hause aus erledigen können? Halten Sie (beispielsweise unter dem Punkt *Extrawünsche*) fest, durch welche Eigenschaften sich Ihr Traumberuf auszeichnen sollte.

Die Grafik dient als Vorschlag für die Zusammenstellung Ihrer Antworten. Wichtig ist, dass Sie Ihre bisher notierten Ergebnisse sortieren. Das Schaubild dient als Grundlage für das folgende Brainstorming. Lesen Sie daher erst weiter, wenn alles seinen Platz hat.

Nr. 6
Ungeahnte Aktivität habe ich
entwickelt bei ...

Nr. 5
Was ich besonders gut kann ...

Nr. 3
Was ich schon einmal
werden wollte ...

Nr. 8
Extra-Wünsche ...

Nr. 2
Wenn ich auf keinen Fall scheitern
könnte, würde ich am liebsten ...

Nr. 4
»Das habe ich wirklich gut
gemacht«, habe ich gedacht, als ...

Nr. 1
Wessen Beruf ich am
liebsten hätte ...

Nr. 7
Was mich motiviert ...

*Mein
Traum-
beruf*

Schritt 4: Welche Tätigkeitsfelder ergeben sich aus diesen Interessen und Motivationen?

Neue Ideen entstehen vor allem aus der Verknüpfung von bereits Bekanntem. Das ist der Grund, warum Sie Ihre bisherigen Ergebnisse aufgeschrieben haben. Ihnen stehen nun die einzelnen Resultate für ein spielerisches Zusammensetzen zur Verfügung.

Wie das geht? Fantasieren Sie einmal:

- Wenn Sie am liebsten den Job von Ulrich Wickert hätten, wenn Sie besonders stolz auf Ihre selbst gedrehten Videos sind, wenn Sie außerdem als besonders schlagfertig gelten, ziehen Sie in Erwägung, sich in Richtung Medientraining und -beratung zu entwickeln.
- Wenn Sie besonders stolz darauf sind, in Ihrer Laienschauspielgruppe die Hauptrolle bekommen zu haben und Sie außerdem über eine feste Stimme, pantomimisches Talent und Sendungsbewusstsein verfügen, denken Sie darüber nach, den Beruf des Körpersprachetrainers anzustreben. Wenn Sie außerdem bei einem Weihnachtsmarkt Ihr Verkaufstalent entdeckt haben, können Sie sich möglicherweise in der Verkaufsberatung umsehen.
- Wenn Sie am liebsten stundenlang shoppen und sich in Mode, Schmuck und Kosmetik auskennen, ist vielleicht die Farb- und Stilberatung das Richtige oder die Einkaufsberatung.
- Wenn Sie gut mit Geld umgehen können, wenn Sie stolz auf Ihre Erfolge an der Börse sind und wenn Leute Sie auch in finanziellen Dingen um Rat fragen, denken Sie über eine Tätigkeit als Vermögensberater nach. Wenn Sport Sie zusätzlich motiviert: Auch Sportler brauchen Berater in finanziellen Fragen. Und Laufbahnberater, die ihnen während der aktiven Zeit zur Seite stehen, aber auch für die Zeit danach vorsorgen.

Vielleicht ist Ihnen bei der bisherigen Beschäftigung mit Berufsbildern für Berater bereits eine Idee gekommen. Falls nicht, tasten Sie sich vorsichtig an Ihren neuen Traumberuf heran. Veranstalten Sie zunächst ein ungezwungenes Brainstorming: Welche Tätigkeiten oder Bereiche wären Ihrer Traumberufgrafik nach *genau die Richtigen* für Sie?

Gehen Sie dabei spielerisch und nicht schematisch vor. Nicht immer ergibt eine Kombination von A und B bereits Ihren Traumberuf. Experimentieren Sie stattdessen mit Ihren Ergebnissen, und seien Sie kreativ! Formulieren Sie imaginäre Tätigkeitsfelder und echte Traumberufe, in denen Sie Ihre Fähigkeiten und Motivationen am liebsten einsetzen würden. Formulieren Sie die Lieblingssituation Ihres Lebens in ein berufliches Tätigkeitsfeld um!

Und Michael? Er entschließt sich, als Berater in die internationale Politik zu gehen. Was genau er dort tun wird und wie er es schafft, einen Fuß in die Tür zu bekommen – davon handeln die nächsten Schritte.

Schritt 5: Spezialisierung

Die meisten Berufswünsche sind viel zu allgemein. Unkonkrete Formulierungen wie »Ich will etwas im psycho-sozialen Bereich machen« oder »Ich stelle mir etwas im Coaching vor« eignen sich überhaupt nicht dazu, sich auf die Suche nach einem Arbeitsplatz zu machen. Daher geht es in diesem Schritt darum, Ihr Ziel einzugrenzen.

Eine berufliche Spezialisierung bringt erhebliche Vorteile mit sich: Durch ein spezielles Thema oder eine spezielle Zielgruppe schafft man sich ein individuelles Profil, mit dem man sich bei einer Bewerbung oder bei einer Auftragsvergabe leicht von anderen abheben kann.

Zur Erklärung einige Beispiele für gelungene Spezialisierungen:

• Medientrainer für Politiker
• Vermögensberaterin für Frauen
• Personal Trainer für Übergewichtige
• Wellnessberaterin für Manager
• Stilberaterin für Stars
• Sport- und Ernährungsberater für Herzinfarktgefährdete
• Zeitmanagementberater für Eltern
• PR-Beraterin für Non-Profit Organisationen
• Selbstbewusstseinstrainerin für Mädchen

Für die folgenden Überlegungen ist es wichtig, dass Sie Ihr berufliches Ziel inklusive Spezialisierung so konkret wie möglich fassen. Das bedeutet, dass Sie in einem klaren Satz formulieren, was Sie werden wollen, und nicht nur allgemeine Stichwörter zum Thema *Berufsfindung* notieren. *Clarity is power* – in der klaren Formulierung eines Ziels liegt die Kraft, dieses auch zu erreichen. Schauen Sie sich einmal die unterschiedliche Wirkung an zwischen dem Stichwort *Inneneinrichtung* und dem präzise und selbstbewusst formulierten:»Ich will Feng-Shui-Beraterin für die Einrichtung von Bürohäusern werden« Oder: »Ich will Trainer für Nachwuchs-Fernsehmoderatoren werden.«

Notieren Sie Ihre Ziele dort, wo Sie sie regelmäßig zur Kenntnis nehmen: im Kalender, über Ihrem Schreibtisch oder sichtbar neben dem Bett (um sie vor dem Einschlafen immer wieder durchzusehen).

Schritt 6: Wo gibt es solche Tätigkeiten?

Die verbleibenden Schritte leiten Sie nun an, Ihr frisch formuliertes Ziel in die Tat umzusetzen. Denn: Ob man ein Ziel erreicht oder nicht, hängt in erster Linie von der eingesetzten Strategie ab. Wer nicht wohlüberlegt plant und organisiert, kann nichts erreichen.

Es ist nun an der Zeit, die Welt nach Einsatzmöglichkeiten für Sie zu durchforsten. Beginnen Sie wieder mit der Sammlung von Ideen. Fragen Sie: Wo werden solche Tätigkeiten gebraucht? Oder: An welchen Orten *könnten* solche Tätigkeiten gebraucht werden? Ernährungsberater werden in Gemeinschaftspraxen von Ärzten oder Heilpraktikern gebraucht, im öffentlichen Gesundheitswesen, in Krankenhäusern, Kurkliniken, Sportparks, Ferienressorts, Wellness- und Schönheitsfarmen. Weitere Einsatzmöglichkeiten sind Schulen, Bildungseinrichtungen oder Frauenzeitschriften. Fertigen Sie eine Liste an, auf der sämtliche Ideen festgehalten werden.

Michaels Einsatzliste: Politikberater arbeiten bei und für

- einzelne Politiker
- Politikberatungen

- Wahlkampfteams
- Parteien
- internationale Organisationen: UNO, NATO, ILO, UNESCO
- Nicht-Regierungsorganisationen: Amnesty International, Greenpeace
- Bundesministerien: Wirtschaft, Außenpolitik, Umwelt
- politische Verwaltungen, Ausschusswesen
- Europäische Kommission
- Botschaften, Konsulate
- Politische Institute an Hochschulen
- Auslandsvertretungen der Politischen Stiftungen (Friedrich-Ebert-Stiftung, Konrad-Adenauer-Stiftung)
- Lobbys, Verbände, Interessenvertretungen
- Wirtschaftskonzerne (zum Beispiel Energieversorger, Telekommunikation)
- Institutionen für politische Bildung

Nach Zusammenstellen dieser Liste entscheidet sich Michael dafür, dass ihm der Einstieg über die Mitarbeit in einer Politikberatungsagentur oder einer parteinahen Stiftung am aussichtsreichsten und attraktivsten erscheint. Gehen Sie genauso vor: Fertigen Sie eine Liste mit möglichen Einsatzgebieten an, und wählen Sie dann einen oder zwei Bereiche aus. Formulieren Sie Ihr spezifisches Ziel nun inklusive Einsatzgebiet.

Einige Beispiele:

- Personalberater für High-Potentials in einer Unternehmensberatung
- Anti-Aging-Beraterin auf einer Schönheitsfarm
- Rechtsberater in einer Verbraucherschutzzentrale
- Berufsberater für arbeitslose Ingenieure in einem Berufsverband
- Ernährungsberater für Allergiker in einer Sport- und Freizeitanlage
- EDV-Berater in einem großen Architekturbüro
- Ayurvedaberaterin im Wellnessbereich eines Hotels
- Recyclingberater bei einem Baustoffhersteller

Schritt 7: Informationsphase

Im vorangegangenen Schritt haben Sie ein konkretes Einsatzgebiet für Ihre Tätigkeit festgelegt. Es ist nun an der Zeit, Informationen über die Unternehmen zu beschaffen, die in genau diesem Bereich tätig sind. Beginnen Sie Ihre Recherche mit einer Liste aller Firmen, Auftraggeber oder Projekte, die möglicherweise für Ihr Vorhaben infrage kommen.

Glücklicherweise gibt es in der Bundesrepublik für fast alles einen Verein, eine Interessengemeinschaft oder Initiative. Man muss dann lediglich in der Presseabteilung anrufen und um Zusendung von Informationen bitten. Wenn Sie Personalberater in einer großen Unternehmensberatung werden möchten, wenden Sie sich an den Verband deutscher Personalberatungen, und fragen Sie nach einer Mitgliederliste. Wollen Sie dagegen als Caster für Film und Fernsehen arbeiten, bietet sich ein Blick ins *Medienhandbuch* an. Hier finden Sie Adressen von Casting-Agenturen, Künstlervermittlungen und Produktionsgesellschaften.

In einigen Fällen ist die Beschaffung erster Adressen zeitaufwändiger: Wer beispielsweise als PR-Beraterin in einer Sportmarketingagentur arbeiten möchte, ist möglicherweise auf die Berichterstattung in der Tages- und Fachpresse angewiesen. In manchen Fällen liegen die Adressen noch nicht an einer zentralen Stelle gesammelt vor, sondern müssen einzeln recherchiert werden. Übrigens hilft es auch, bewusst Augen und Ohren offen zu halten. Ist man erst einmal für bestimmte Themen sensibilisiert, findet man überall interessante Neuigkeiten. »Berufsfindung macht magnetisch für Informationen«, behaupten die Berufsberater Johanna Frank und Lorenz Wolff.[24]

Ein Anruf pro Firma

Wenn Sie eine Liste mit allen für Sie interessanten Arbeitgebern zusammengestellt haben, beginnen Sie damit, diese systematisch abzutelefonieren. Bitten Sie jede Firma, jedes Projekt um ausführliches Informationsmaterial. Wenn Sie beispielsweise E-Commerce-Berater für einen Weiterbildungsträger werden wollen, empfiehlt sich ein Anruf bei allen Schulen, Akademien und Kollegs, die technische und kaufmännische Seminare anbieten. Dort kann man Ihnen Informationen über die bereits angebotenen Kurse und Weiterbildungen zuschicken. Wenn Sie lieber Ayurvedaberaterin im Wellnessbereich eines Hotels werden möchten, ist es mit einem Anruf möglicherweise nicht getan. Fahren Sie stattdessen hin, und machen Sie sich vor Ort ein eigenes Bild.

Manchen Berufssuchenden fällt es leichter, diese erste Informationsphase unter einem Vorwand durchzuführen. Um sich die Sache zu erleichtern, geben sie beispielsweise an, dass sie im Rahmen einer Hausarbeit eine Studie erstellen oder dass sie für einen Artikel recherchieren. Ob Sie eine Ausrede bemühen oder nicht, bleibt ganz allein Ihnen überlassen. Sagen Sie das, womit Sie sich wohl fühlen.

Die Informationen, die Sie auf diese Weise sammeln, arbeiten Sie sorgfältig durch. Heften Sie alles in Ihrem Berufsfindungsordner ab. Sie sollten jetzt bereits eine ganze Menge über die Unternehmen und Organisationen in Erfahrung gebracht haben, die sich möglicherweise für Ihre Arbeit interessieren. Allein die Beschäftigung mit diesen Informationen bietet Ihnen wertvolle Hinweise für Ihr weiteres Vorgehen.

Und Michael? Er recherchiert zunächst im Internet, welche Politikberatungen überhaupt in Berlin, Bonn und Brüssel arbeiten. Er schaut sich die Internetseiten an und lässt sich von allen Agenturen und Beratern Informationen und Veröffentlichungen zuschicken. Er sucht in den Archiven der großen Tageszeitungen nach Berichten über Politikberatungen und Wahlkampfmanager. Er besorgt sich amerikanische Fachbücher zum Thema Politikberatung und das Curriculum einer amerikanischen Universität, die entsprechende Studiengänge anbietet. Er findet ein süddeutsches Universitätsinstitut, an dem ein Professor wissenschaftliche Politikberatung anbietet und lässt sich eine Veröffentlichungsliste vom Lehrstuhl schicken. Alle gesammelten Informationen heftet Michael in seinem Berufsfindungsordner ab.

Eine Auswahl treffen

Wenn Sie alle Informationen zu den für Sie interessanten Organisationen und Projekten auf Ihrer Liste durchgearbeitet haben, wählen Sie die etwa zwei bis vier für Sie interessantesten Unternehmen aus. Diese Organisationen stehen von nun an im Zentrum Ihrer Aufmerksamkeit. Sammeln Sie weiter gezielt alles über diese, für Sie besonders attraktiven Unternehmen und Projekte! Je mehr Sie über Ihren zukünftigen Arbeitgeber wissen, desto stärker ist Ihre Position.

Wenn Sie als Existenzgründungsberater in einer Industrie- und Handelskammer arbeiten wollen, suchen Sie alles über die bisherigen Beratungsprogramme, beispielsweise welche Schwerpunkte gesetzt wurden (Ideenfindung, Businessplanerstellung, Finanzierung, PR). Finden Sie heraus, welche Berater und Kursleiter in den verschiedenen Kammern arbeiten und welche Programme dort mit Erfolg oder ohne Erfolg angeboten wurden. Schauen Sie sich die Kosten an, die Länge, Teilnehmerzahl und den Einsatz von technischen Hilfsmitteln. Möglicherweise finden Sie heraus, dass bislang nirgendwo E-Learning-Angebote für die Vorbereitung der Teilnehmer existieren (vielleicht eine gute Idee für Sie?).

Eine der besten Quellen für Informationen sind Leute, die in den betreffenden Projekten arbeiten oder einmal gearbeitet haben und die Auskunft über die internen Abläufe und Besonderheiten geben können. Wenn Sie nicht über entsprechende Kontakte verfügen, hören Sie sich in Ihrem Bekanntenkreis um, ob es nicht jemanden gibt, der Ihnen weiterhelfen kann.

Da sich Michael sehr für Europäische Politik und Umweltschutzthemen interessiert, entscheidet er sich für zwei Agenturen, die in Brüssel tätig sind und die sich mit Energiepolitik und Umweltthemen beschäftigen. Zusätzlich zu den bereits gesammelten Informationen findet Michael bei seinen Recherchen heraus, dass der Chef einer Politikberatungsagentur bereits seine Abschlussarbeit an der Universität über europäische Umweltpolitik geschrieben hat (die er in der Bibliothek einsehen kann). Er findet heraus, wer bisher zu den Kunden der Politikberatung gehörte. Zusätzlich besucht Michael Veranstaltungen der politischen Stiftungen zu europäischen Themen und verfolgt deren Veröffentlichungen.

Schritt 8: **Persönliche Kontakte gezielt aufbauen**

In nahezu jeder Phase Ihrer Berufsfindung, vor allem aber dann, wenn Sie das Gefühl haben, nicht weiterzukommen, werden Ihnen gute Kontakte helfen. Dabei geht es keinesfalls darum, dass Ihr Vater Sie in der Firma eines Studienkollegen unterbringt. Es geht vielmehr um die Beschaffung von guten Informationen und manchmal auch darum, Türen für Sie zu öffnen. Hineingehen und »Guten Tag« sagen müssen Sie jedoch selbst.

Leute, die in »Ihrem« Bereich arbeiten oder gearbeitet haben, liefern Ihnen besonders interessante Informationen für Ihr berufliches Vorhaben: Welche Entwicklungen zeichnen sich in einer Branche ab? Was sind die mittel- und langfristigen Pläne bestimmter Unternehmen? Welche Probleme bestehen dort oder welche werden sich voraussichtlich entwickeln? Wann werden welche Stellen frei? Und: Welche Leute sind besonders wichtig? Wer in dem von Ihnen angestrebten Bereich arbeitet, kann Ihnen viele Detailinformationen geben, die von außen schwer zu bekommen sind.

Wie man solche Leute findet? Zunächst einmal müssen Sie sich überlegen, zu wem Sie einen Kontakt aufbauen wollen. Wenn es Sie beispielsweise in den Wellnessbereich zieht, ist es nützlich, sich mit Masseuren, Kosmetikerinnen, Ernährungswissenschaftlern, Heilpraktikerinnen, Fitnesstrainern und Bereichsleitern in Hotels zu unterhalten. Auch Animateure aus Ferienclubs oder Schönheitschirurgen können interessante Gesprächspartner sein. Hören Sie sich in Ihrem Bekanntenkreis um, wer jemanden kennt, auf den diese Beschreibung zutrifft. Es wird sich schnell jemand finden, der einen Kontakt vermitteln kann.

Den Kontakt zu einer konkreten Person herzustellen ist oft viel leichter als man denkt. Die Bremer Strategieberaterin Dr. Kerstin Friedrichs beschreibt das so: »Mit maximal vier Kontakten kann man praktisch jeden Menschen auf der ganzen Welt erreichen.« Spielen Sie es einmal im Kopf durch: Sie wollen einen Kontakt zu Boris Becker herstellen (oder zu Angela Merkel oder zu Til Schweiger). Wen könnten Sie fragen? Wie viele Kontakte würden Sie benötigen?

Michael beispielsweise knüpft über einen ehemaligen Studienkollegen den Kontakt zu einem Berater, der für das Umweltministerium tätig ist. Er greift zum Hörer: »Guten Tag, hier spricht Michael Wolf. Ich habe Ihre Nummer von meinem Studienkollegen Rainer Müller, von dem ich Sie ganz herzlich grüßen soll. Es geht um Folgendes: Ich habe mich bislang ehrenamtlich bei Greenpeace mit Fragen der Umweltpolitik befasst und dort eine Reihe von Podiumsdiskussionen zum Thema *Klimaschutz der Europäischen Union* veranstaltet. Durch die veränderte Haltung der Amerikaner werden möglicherweise in Zukunft noch mehr Themen innereuropäisch diskutiert. Um meine Erfahrungen auf diesem Gebiet einzubringen und zu vertiefen, interessiere ich mich sehr für die Arbeit von Politikberatern. Darf ich Ihnen ein paar Fragen stellen? Es dauert auch nicht länger als zehn Minuten.« Da fast alle Leute sich freuen, wenn man sich ernsthaft für sie interessiert, stellen Sie Ihrem Gesprächspartner folgende Fragen:

1. Wie sieht Ihr ganz normaler Arbeitsalltag aus?
2. Wie sind Sie in diese Position gekommen?
3. Was muss man dafür können, fachlich und außer-fachlich?
4. Was sind die besonderen Vorteile und Erfolgserlebnisse dieses Berufs?
5. Was sind die spezifischen Nachteile und Belastungen?
6. Haben Sie einen Tipp, mit wem ich mich noch unterhalten sollte?[25]

Die Auskünfte Ihrer »Informanten« liefern Ihnen weitere wertvolle Hinweise darüber, wie Sie Ihren Traumberuf realisieren können. Auch hier gilt: Jede einzelne Information bringt Sie Ihrem Ziel ein kleines Stück näher. Natürlich notieren Sie die wichtigsten Punkte des Telefonats in Ihrem Berufsfindungsblock.

Für die erste Kontaktaufnahme

Kontaktpersonen spielen nicht nur bei der Informationsbeschaffung eine große Rolle. Sie helfen auch bei der Anbahnung von ersten Bewerbungsgesprächen. Wer seinen Anruf beim Projektleiter beginnen kann mit: »Ich soll Sie herzlich von Frau Wartenberg von der Heinrich-Böll-Stiftung grüßen«, wird schneller als andere auf offene Ohren treffen.

Überlegen Sie, auf wen Sie sich in einem ersten Gespräch berufen können. Vielleicht auf Ihren Universitätsprofessor, auf den Experten, den Sie auf einer Konferenz kennen gelernt haben oder auf eine andere wichtige Person, zu der Sie während Ihrer Recherche Kontakt aufgenommen haben. Selbstverständlich müssen Sie diese Leute von Ihrem Vorhaben unterrichten.

Schritt 9: Wie man schon vor der Bewerbung die ersten Arbeitserfahrungen sammelt

Wenn Sie sich bei Ihrem Traumunternehmen um einen Job oder einen Auftrag bewerben, sollten Sie in jedem Fall vorweisen können, dass Sie auf dem von Ihnen anvisierten Gebiet bereits etwas auf die Beine gestellt haben. Das bringt die Frage mit sich, wie es möglich ist, die allerersten Erfahrungen auf einem Tätigkeitsgebiet zu machen.

Der beste Weg, diese Erfahrungen zu sammeln, ist ein eigenes kleines (oder großes) Projekt. Damit beweisen Sie von Anfang an unternehmerisches Denken, Eigeninitiative und Begeisterungsfähigkeit. Mit einem eigenen Projekt können Sie Ihr Engagement und Ihre Ziele mit »Strahlen in den Augen« kommunizieren. Sie werden erstaunt sein, wie schnell Sie auf einmal Arbeitgeber von sich einnehmen. Es ist ungemein schwierig, sich der Anziehungskraft von Leuten zu entziehen, die mit Leib und Seele bei der Sache sind.

Wenn Sie also Ernährungsberater werden wollen, geben Sie einen Schnupperworkshop in Ihrem Sportverein, in der Apotheke ihrer Freundin oder im Bioladen an der Ecke. Sie können auch in Zusammenarbeit mit Ihrer ehemaligen Schule einen Fitnesstag ins Leben rufen, auf dem es neben Sportangeboten und Massagen auch einen Ernährungsworkshop gibt. Für zukünftige PR-Berater dagegen empfiehlt es sich, zunächst eine Mini-Kampagne für den eigenen Kirchenchor, einen befreundeten Künstler oder einen Bekannten, der sich gerade selbstständig macht, zu entwickeln.

Neben den beschriebenen Vorteilen eines eigenen Projekts zum Berufseinstieg kommt Ihnen höchstwahrscheinlich ein weiteres Phänomen zugute: Wer macht, was er wirklich gerne macht, wird in der Regel auch andere Jobangebote von außen erhalten. Viele Arbeitgeber suchen händeringend Leute, die etwas bewegen und Begeisterung vermitteln können. Diese Arbeitgeber werden aber nur dann auf Sie aufmerksam werden, wenn Sie sich mit Herzblut für Ihre Sache ins Zeug legen und Ihr Engagement auch deutlich zeigen.

Neben dem eigenen Projekt gibt es noch andere Möglichkeiten, die ersten Gehversuche auf einem neuen Gebiet zu machen: Praktika, Ehrenämter, die Teilnahme an Veranstaltungen von Arbeitgebern (Workshops, Aushilfstätigkeiten, Messeauftritte, Tage der offenen Tür). Entscheidend dabei ist immer, dass Sie einen Fuß in die Tür bekommen und erste Kontakte knüpfen.

Michael – Sie haben es im letzten Schritt bereits gelesen – plant als erstes Projekt eine Reihe von Podiumsdiskussionen, in die er seine Erfahrungen aus dem Studienjahr in Frankreich einbringen kann. Für die Unterstützung gewinnt er eine Bürgerinitiative und einen Journalisten der örtlichen Tageszeitung. Von nun an lädt er einmal im Monat Universitätsprofessoren, Politiker, Techniker und Vertreter von Umweltschutzorganisationen zu Diskussionen ein. Die Bürgerinitiative sorgt für den Raum, der Journalist für die Berichterstattung. Michael selbst plant die Veranstaltungen, spricht mögliche Teilnehmer an und moderiert die Diskussion. Dadurch knüpft er professionelle Kontakte zu allen Leuten, die sich in seiner Region mit Fragen der Umweltpolitik beschäftigen.

Schritt 10: Gezielt an den gewünschten Arbeitgeber herantreten

Das ist der Moment, auf den Sie in Ihrem persönlichen Workshop hingearbeitet haben! Bevor Sie den entscheidenden Schritt tun und Ihren Traumarbeitgeber kontaktieren, hier noch einmal das bisher Erarbeitete zusammengefasst:

1. In der Berufsfindung funktioniert nichts, bevor Sie nicht Ihre persönlichen Fähigkeiten ausgelotet haben und diese auch konkret benennen können. Schließlich werden Sie Ihrem potenziellen Arbeitgeber vermitteln müssen, warum er *ausgerechnet Sie* einstellen soll. Eine genaue Anleitung dazu finden Sie in Schritt eins des Workshops.

2. Suchen Sie sich nicht irgendein Berufsfeld, das Ihnen gerade aussichtsreich erscheint. Wenn Sie in einem Bereich nicht wirklich arbeiten wollen, werden Sie dort nicht viel erreichen können. Finden Sie stattdessen heraus, was Ihnen wirklich Spaß macht und was Sie morgens aus dem Bett treibt, auch wenn Sie eigentlich hundemüde sind. Beruflich erfolgreich wird, wer mit echter Begeisterung bei der Sache ist. Dazu gehört auch eine Spezialisierung, die zu Ihnen und Ihren Wünschen passt. Diese einzelnen Elemente Ihres beruflichen Ziels haben Sie in den Schritten zwei bis fünf entwickelt.

3. Stellen Sie eine Liste mit sämtlichen Orten zusammen, an denen eine solche Tätigkeit gebraucht wird oder gebraucht werden könnte. Suchen Sie aus dieser Liste den Bereich aus, der Sie am meisten anspricht. Sammeln Sie nun Adressen von Firmen und Projekten, die dort tätig sind, und lassen Sie sich deren Unterlagen schicken. Wählen Sie die attraktivsten Organisationen aus, und sammeln Sie über diese Traumarbeitgeber alle verfügbaren Informationen. Näheres dazu haben Sie in den Schritten sechs bis acht gelesen.

4. Machen Sie Ihre ersten Erfahrungen mit einem eigenen Projekt oder arbeiten Sie dort, wo es bereits Strukturen von ehrenamtlicher Arbeit gibt. Suchen Sie nach »ganz einfachen« Möglichkeiten, erste Erfahrungen zu sammeln. Auf diese Weise können Sie sich auch während einer Berufstätigkeit oder während eines Studiums Ihr (neues) berufliches Feld erarbeiten.

Wenn Sie alle Schritte bis hierhin erledigt haben, sind Sie nun bestens auf das entscheidende Telefonat vorbereitet. Wieso Telefonat?

Die meisten Bewerber scheuen sich vor einer ersten Kontaktaufnahme per Telefon. Dabei vergeben sie leichtfertig die wichtige Chance, durch einen persönlichen Anruf Initiative zu zeigen und einen guten Eindruck zu hinterlassen. Schließlich suchen die meisten Unternehmen heute kommunikationsstarke Mitarbeiter.

Vom unangekündigten Verschicken von Bewerbungsmappen ist dagegen abzuraten. Diese landen häufig wenig beachtet auf irgendwelchen Ablagen. Die meisten Leute werden täglich mit Post zugeschüttet und müssen einen Weg finden, mit der Informationsflut fertig zu werden. Dazu gehört leider in vielen Fällen, dass unaufgefordert eingesandte Bewerbungen keine große Beachtung finden.

Damit Ihr Gesprächspartner Ihnen auch zuhört, obwohl er Sie noch gar nicht kennt, sollten Sie im ersten Satz eine Trumpfkarte ausspielen, und das ist die Erwähnung eines persönlichen Kontakts oder der Bezug auf etwas, das Ihr Gegenüber geäußert oder getan hat. Wenn Sie beispielsweise in der Zeitung lesen, dass Ihre Zielperson in einem Interview eine bestimmte Meinung geäußert hat, dann können Sie sich in Ihrem ersten Satz darauf beziehen: »Guten Tag Frau Kieser, hier spricht Anne Müller. Gestern habe ich in Ihrem Interview mit dem Kölner Stadtanzeiger gelesen, dass Sie den Ausstieg aus der Atomkraft in keinem anderen Land außer der Bundesrepublik für möglich halten. Prinzipiell finde ich Ihre Begründung sehr interessant und richtig. Allerdings habe ich vor zwei Monaten eine Podiumsdiskussion zu diesem Thema geleitet: ...«

Der Mechanismus, den Sie hier nutzen, lautet: Jeder Mensch freut sich, wenn andere sich mit dem beschäftigen, was er gesagt, getan oder geschrieben hat. Wenn Sie sich bei einer politischen Stiftung als Politikberater bewerben, müssen Sie sich vorher mit den in- und ausländischen Projekten der Stiftung, mit dem Etat, den beteiligten Mitarbeitern und den Veröffentlichungen zum Thema beschäftigt haben. Je mehr Sie über die Meinungen Ihrer Zielperson wissen, desto stärker ist Ihre Position in Ihrem ersten Telefonat und während der gesamten Bewerbungsprozedur.

Entscheidend ist, dass Sie es in Ihrem ersten Telefonat schaffen, die Aufmerksamkeit Ihres Gegenübers zu wecken und ihn für sich zu interessieren. Ein Beispiel:

»Guten Tag Frau Schumann, hier ist Christina Merker. Ich habe auf Ihrer Informationsveranstaltung letzte Woche Ihre Ausführungen zur Rolle der Banken in der Existenzgründung gehört. Ich habe mich sehr darüber gefreut, dass Sie betonen, wie wichtig neue Unternehmer für die gesamte wirtschaftliche Entwicklung der Bundesrepublik sind. Auch die Thesen Ihres neuen Buchs dazu finde ich sehr interessant. Ich habe im Rahmen eines Frauenförderungsprojekts bereits kleine Beratungen zur Erstellung von Businessplänen gegeben. Da ich die Arbeit Ihrer Unternehmensberatung sehr interessant finde, würde ich mich gerne bei Ihnen um ein Praktikum bewerben. Kann ich Ihnen meine Unterlagen einmal vorbeibringen? Dann könnte ich Ihnen auch kurz einen Artikel von mir zum Thema *Frauen gründen anders* zeigen.«

Oder: »Guten Tag, Herr Schmitz, hier ist Michael Wolf. Ich habe Ihren Artikel im *Blickpunkt Bundestag* zu den neuesten Entwicklungen in der europäischen Energiepolitik gelesen. Ich finde Ihre Herangehensweise sehr richtig und habe auch in einigen Artikeln für eine kleine Tageszeitung hier vor Ort immer wieder darauf hingewiesen. Seit einem halben Jahr leite ich Podiumsdiskussionen zum Thema *Europäische Umweltpolitik*, auf der schon verschiedene Referenten mit uns über aktuelle Entwicklungen gesprochen haben. Ich denke, dass durch den europäischen Einigungsprozess noch wesentlich mehr in dieser Richtung überlegt werden muss. Da ich nächste Woche in Berlin bin, würde ich mich gern kurz bei Ihnen vorstellen. Wenn Sie auf eine Tasse Kaffee Zeit haben, bringe ich auch die Dokumentation über die Diskussionen mit.«

(Mit einem solchen Einstieg hat sich Michael übrigens geschickt aus der Position des Bittstellers herausmanövriert. Er ist nun ein »interessanter Gesprächspartner«. Eine strategisch viel günstigere Ausgangsposition für eine Bewerbung!)

Natürlich ist die Vorbereitung eines solchen Einstiegs mit sehr viel Arbeit verbunden. Deshalb kommen die meisten Bewerber nicht über ein »Guten Tag, hier ist Peter Schmitz, ich wollte mal fragen, ob ich bei Ihnen ein Praktikum machen kann« hinaus. Doch genau *das* ist Ihre Chance!

Wenn Sie Ihr Telefonat detailliert vorbereiten, wird es Ihnen auch gelingen, ein persönliches Treffen anzubahnen, bei dem Sie sich und Ihre Arbeitskraft präsentieren. Dieses Ziel halten Sie sich kurz vor dem Gespräch noch einmal klar vor Augen.

Die wichtigsten Regeln für Ihr Telefongespräch:

- Beginnen Sie mit dem Bezug auf einen persönlichen Kontakt und/oder dem Bezug auf etwas, das Ihr Gegenüber gesagt oder ge-

tan hat. Damit erreichen Sie die Aufmerksamkeit Ihres Gesprächs-
partners, Ihrer Gesprächspartnerin.

- Zeigen Sie, dass Sie sich gut informiert haben, und dokumentieren
Sie so, dass Ihr Interesse ernst ist.
- Berichten Sie von Ihrem Engagement, und transportieren Sie echte
Begeisterung.
- Bitten Sie nicht unterwürfig um ein Gespräch, sondern vermitteln
Sie, dass Sie Ihrem potenziellen Arbeitgeber etwas Interessantes an-
zubieten haben.

Wenn Sie die einzelnen Schritte des Workshops sorgfältig durcharbei-
ten, werden Sie kein Problem damit haben, in all diesen Punkten zu
glänzen.

Nicht für jedes berufliche Projekt lassen sich die Schritte des Workshops mit derselben Stringenz durchführen. Nehmen Sie die beschriebenen Lösungen daher als Wegweiser für Ihren ganz individuellen
Kurs. Kleben Sie nicht an einzelnen Details, sondern benutzen Sie die
aufgezeigte Systematik und Herangehensweise als Werkzeug.

Viel Erfolg!

Teil IV
Service

Kommunikationsregeln für Berater

Wer sich beraten lässt, erwartet, dass seine individuellen Bedürfnisse und Wünsche ernst genommen werden. Meist geht es darum, Probleme zu lösen, Ziele zu finden und sich neu zu orientieren. Manche suchen einen Sparringspartner, um neue Ideen durchzuspielen. Andere brauchen Bestätigung und das Gefühl gut aufgehoben zu sein. Daher ist es für Berater jeder Couleur wichtig, eine Atmosphäre zu schaffen, in der der Ratsuchende sich wohl fühlt. – Wie das?

- Ein gutes Beratungsgespräch ist zu allererst von Offenheit und Akzeptanz geprägt. Nur so können die Klienten ihre Geschichte aufrichtig erzählen. Um diesen Rahmen zu schaffen, muss der Berater in der Lage sein, sehr vielen verschiedenen Lebensmodellen mit Verständnis zu begegnen. Lebenserfahrung ist wichtig und die Motivation, immer wieder den eigenen Horizont zu erweitern.
- Eine gute Allgemeinbildung und Wissen über möglichst viele Bereiche des Lebens helfen, sich in den Fall des Klienten hineinzudenken.
- Berater sollten nie aus eigener Not in die Beratung gehen. Wer anderen in ihrer Unzufriedenheit helfen will, sollte nicht selbst labil sein. Depressionen, Paranoia und Entscheidungsunfähigkeit sprechen gegen eine Laufbahn als Berater. Zu den inzwischen sprichwörtlichen *Hilflosen Helfern* schrieb der Psychologe Wolfgang Schmidbauer bereits 1972 sein gleichnamiges Standardwerk.
- Natürlich sollten Sie als Berater gut reden können, um den Klienten positiv zu beeindrucken. Nur dann wird der Ratsuchende bereit sein, Ihre Vorschläge zu schätzen. Die Auseinandersetzung mit Texten anderer hilft, an der eigenen Sprache zu feilen.

- Damit Ihre Klienten Ihnen gern zuhören, ist es wichtig, an der eigenen Sprechweise zu arbeiten. Ihr Ausdruck sollte variieren und Ihr Vortrag lebendig, konkret und abwechslungsreich sein. Ein Engagement in einer Laienschauspielgruppe oder ein paar Stunden beim Sprechtrainer helfen.
- Trotzdem sollten Berater sich selbst zurücknehmen können. Schließlich geht es um den Kunden, nicht um den Berater!
- Ein guter Berater doziert nicht. Ein guter Berater fragt nach und geht auf die Antworten seines Gegenübers ein.
- Berater sind während der Beratung sehr nah an ihren Kunden. Damit diese sich auf die Nähe einlassen, sind eine sympathische Erscheinung und ein gepflegtes Äußeres wichtig.
- Nach einer Beratung sollte die Beratung tatsächlich zu Ende sein! Atmen Sie tief durch und schließen Sie die Akte. Fälle im Kopf mit nach Hause zu nehmen, zeigt mangelnde professionelle Distanz.
- Auch Berater brauchen Erholung und Ausgleich. Halten Sie sich also in Ihrer Freizeit mit Ratschlägen zurück. Ziehen Sie stattdessen selbst ab und zu einen Experten zurate, zum Beispiel zum Thema Entspannung und Wellness.

Kleines Wörterbuch

Abstinenz: Enthaltsamkeit

ad hoc: eigens dafür; aus dem Augenblick heraus

akquirieren: Neukunden werben

alert: munter, lebhaft, aufgeweckt

Anti-Aging: gegen das Altern

Approach: Herangehensweise

Artothek: Kunstsammlung

Attention Disorder Syndrom: Aufmerksamkeitsdefizit

Ayurveda: ganzheitliche Heilmethode aus Indien

Bad Taste: schlechter Geschmack

Basis-Know-how: Grundwissen

Beach-Walking: sportliches Gehen am Strand

Benchmarking: Instrument der Wettbewerbsanalyse für den ständigen Vergleich von Dienstleistungen, Produkten und Methoden

Bodytoning: Krafttraining

Brainstorming: Technik zur Ideenfindung

Branchentalk: Gespräche (und Klatsch) von Leuten aus einer Branche

Briefing: Informationsgespräch, kurze Einweisung

Bulimie: Ess- und Brechsucht

Camouflage: Tarnung; in der Kosmetik: Abdeckung von starken Hautproblemen

Change-Manager: Berater, der Veränderungsprozesse im Unternehmen begleitet

Cashflow: Kennzahl der Bilanz- und Unternehmensanalyse zur Beurteilung der Finanz- und Ertragskraft eines Unternehmens

Charisma: besondere Ausstrahlung

Coachee: Klient eines Coaches, also derjenige, der beraten/gecoacht wird

coachen: trainieren, betreuen

Cocooning: sich zurückziehen, es sich zu Hause gemütlich machen

Computational Science: Disziplin der Physik, in der mathematische Modelle für reale Systeme (Metalle, Gläser, Flüssigkeiten etc.) mit dem Computer simuliert werden

Consultant: Berater

Corporate Governance: Unternehmensführung

Corporate Identity: einheitliches Erscheinungsbild eines Unternehmens

Couleur: Farbe, auch: Richtung

Curriculum: Lehrplan, auch kurz für
Curriculum Vitae: Lebenslauf

Dadaismus: Kunstrichtung
Day Spa: Tagesschönheits- oder Wellnessfarm
Delphi-Verfahren: Befragung von Experten zu quantifizierbaren Zukunftsfragen
Demoskopie: Meinungsforschung
diffus: konturlos, verschwommen
Diskurs: Diskussion
Dotcom-Boom: Hochkonjunktur der Internetbranche

Easy Going: auf entspannte Art und Weise, locker
E-Business: Geschäfte, die über das Internet abgewickelt werden
E-Commerce: Handel im Internet
Enterprise Application: Softwareanwendung, die nur für ein bestimmtes Unternehmen entwickelt wurde
evolutionär: auf Entwicklung beruhend

Facilitator: »Ermöglicher«, Begleiter
Fluktuation: Personalwechsel in Organisationen durch ausscheidende Mitarbeiter bzw. Kündigungen
Fundraising: Suche nach Geldgebern für (oft soziale) Projekte
fusionieren: Zusammengehen von Unternehmen

generieren: erzeugen
Gloriole: Heiligenschein

Headhunter: »Kopfjäger«, Personalberater, die Führungskräfte ausfindig machen und abwerben

Implementierung: Verankerung einer Softwareanwendung
initiieren: den Anstoß geben, in die Wege leiten
Intranet: firmeninternes Internet
IT: Informationstechnologie, elektronische Datenverarbeitung
Iteration: Wiederholung

Just-in-time: pünktlich, oft im Sinne der Prozessoptimierung durch Verringerung von überflüssigen Wegen und Lagerhaltung

Kostensynergien: positive Kostenbeeinflussung durch Zusammenarbeit

Lean Management: schlankes Management mit ausgedünnten Zwischenebenen
Libraries: Firmen, die mit no-name-Stimmen Musik produzieren und diese ohne GEMA-Gebühren anbieten
Location: Ort, oft Drehort oder Veranstaltungsort

MBA: Master of Business Administration, kaufmännischer Hochschulabschluss
Media Lounge: Aufenthaltsraum (z. B. im Hotel, Flughafen) oder Veranstaltung für Leute aus der Medienbranche
Menetekel: unheildrohendes Zeichen
Mentoring: System zur Förderung des Nachwuchses innerhalb eines Unternehmens durch persönliche Betreuung durch Führungspersonen
Mergers: Unternehmenszusammenschlüsse

Messie: jemand, der krankhaft unordentlich ist

Mykologie: Pilzkunde

New Economy: »Neue Wirtschaft«, gemeint ist vor allem die Internetbranche im Gegensatz zu traditionellen produzierenden Branchen

Non Governmental Organisation (NGO): nicht-staatliche Organisation mit politischem Einfluss, z. B. Amnesty International oder Greenpeace

Non-Profit-Organisation: Organisation, die keine finanziellen Gewinne erwirtschaftet

Obligation and right to descend: Pflicht und Recht, einen Auftrag abzulehnen

Oecotrophologie: Ernährungswissenschaft

Outfit: Kleidung, Ausrüstung

Outplacement: Beratung und Coaching einer gekündigten Führungskraft mit dem Ziel der Wiedereingliederung auf dem Arbeitsmarkt (meist durch eine externe Agentur auf Kosten des ehemaligen Arbeitgebers)

Outsourcing: Auslagerung von einzelnen Arbeitsschritten an externe Firmen

Pragmatismus: Orientierung an praktischen Tatsachen

Prävention: Maßnahmen zur Früherkennung/Vermeidung

Principal: bestimmte, relativ hohe Führungsebene

Public History: wörtl.: Öffentliche Geschichte, also Forschung und Diskurs in der Öffentlichkeit

Real Life: das »richtige«, praktische Leben

Recruiting: Suchen und Werben von Nachwuchsführungskräften

Relaunch: Neupositionierung eines eingeführten Produkts mit einer anderen Aufmachung

Release-Partys: Feier zur Markteinführung (z. B. Neuerscheinung einer CD)

Relocation Management: Dienstleistung für Leute, die aus beruflichen Gründen umziehen (z. B. Haussuche)

Ressourcen: Quellen (Kraft, Zeit, Geld, Mitarbeiter etc.)

Roadshow: Aufführung auf der Straße, oft Werbeveranstaltung mit Showprogramm an öffentlichen Orten

Rookie: Anfänger

scannen: Bilder als Datei einlesen, auch: kurz etwas durchsehen

Score-Musik: für eine Filmproduktion komponierte Musik

Sensorium: Empfindungsvermögen

Selfmadefrau: Frau, die aus eigener Kraft beruflich sehr erfolgreich ist

Slogan: wirkungsvoll formulierte Redewendung, oft in der Werbung

Soap Opera: täglich (seichte) Fernsehserie

Social Event: Veranstaltung, auf der viele Leute zusammenkommen (Konzert, Party)

Soft Skills: «weiche Fähigkeiten« im Gegensatz zu Fachkenntnissen, zum Beispiel Kommunikationsfähigkeit, Teamfähigkeit, soziale Kompetenz

Soundtrack: Filmmusik
Source: Quelle
Sparringspartner: Trainingspartner
Sponsoring: Zuwendungen von Unternehmen oder Privatleuten an Sport-, Kunst-, Kultur- und Sozialeinrichtungen
Stock Options: Aktienoptionen
Stretching: Übungen zur Dehnung der Muskeln und Bänder
Summerfellowship: Sommerpraktikum
Supply Chain: Materialkette vom Rohstoffabbau über Verarbeitung bis zu Verkauf und Wartung

Tae-Bo: Fitness-Sportart (Mischung aus Aerobic und Thai-Boxen)
Telecom-Wars: Konkurrenzkampf in der Telekommunikationsbranche, vor allem ausgelöst durch die Privatisierung von Staatsmonopolen
telemetrisch: die elektronische Fernmessung/-steuerung betreffend

to make the dinosaur dance: den Dinosaurier zum Tanzen bringen
tough: stark
Toxikologie: Lehre der Behandlung und Verhütung von Vergiftungen
Transferees: Klienten eines Relocation-Services
Transfer-Pricing: Preisgestaltung für Übertragungsleistungen

Venture-Forum: Veranstaltung zum Knüpfen neuer Geschäftskontakte, vor allem zwischen Gründern und Geldgebern
virtuell: nicht wirklich vorhanden, sondern nur als Möglichkeit oder elektronische Simulation

War for Talents: Wettbewerb um (Nachwuchs-)Talente
Webdesign: Gestaltung von Internetseiten
Work-Life-Balance: Ausgeglichenheit zwischen Arbeit und Leben

Anmerkungen

1 Quelle: www.manager-magazin.de, 28.7.2001.
2 *Financial Times Deutschland*, 14.7.2001, S. 20.
3 Quelle: www.bdu.de
4 *Softwaremagazin*, 2/3 2001.
5 München 2001.
6 Matthias Horx, *Die Wilden Achtziger*, München 1988.
7 Quelle: www.zukunftsinstitut.de
8 *Süddeutsche Zeitung*, 5./6.1. 2002, S. V1/1.
9 *Der Spiegel*, Nr. 1/2000, S. 48–51.
10 *Der Spiegel*, Nr. 1/2000, S. 48–51.
11 Quelle: www.bdu.de
12 *Manager Magazin*, Nr. 11/2000, aus: www.manager-magazin.de
13 Quelle: www.bdu.de
14 Quelle: www.dgb.de
15 Quelle: Branchenanalyse Volksbanken und Raiffeisenbanken und Uni Magazin, Nr. 2/2000, S. 57.
16 Baums, Georg, Der Kontakter – Kundenberater und Manager, S. 33.
17 Baums, Georg, Der Kontakter – Kundenberater und Manager, S. 77.
18 Quelle: Branchenbrief der Volksbanken und Raiffeisenbanken
19 Quelle: www.offroadkids.de
20 Quelle: www.nmbg.de
21 Quelle: www.mieterverein-muenchen.de
22 *Junge Karriere*, Nr. 3/1998, S. 90.
23 Uta Glaubitz, *Der Job, der zu mir passt*, Frankfurt/New York 1999.
24 Lorenz Wolff, Johanna Frank, *Berufszielfindung und Umsetzungsstrategie für Studium/Ausbildung/Weiterbildung*, Speyer 1992, S. 25.
25 Ähnlich Richard Bolles, *What color is your parachute?*, Berkeley 1997, S. 141. Siehe auch Richard Bolles, *Durchstarten zum Traumjob. Das Bewerbungshandbuch für Ein-, Um- und Aufsteiger*, Frankfurt/New York 2000, S. 163.

Berufsregister